Ulrich Frank-Planitz

KONRAD ADENAUER

KONRAD

Deutsche Verlags-Anstalt Stuttgart

ADENAUER

Eine Biographie in Bild und Wort von Ulrich Frank-Planitz

CIP-Titelaufnahme der Deutschen Bibliothek

Frank-Planitz, Ulrich:
Konrad Adenauer : eine Biographie in Bild und Wort /
von Ulrich Frank-Planitz. –
Stuttgart : Deutsche Verlags-Anstalt, 1990
ISBN 3–421–06557–8

Die ersten beiden Auflagen erschienen 1975
im Gustav Lübbe Verlag, Bergisch Gladbach
Schutzumschlag und Layout: Arno Häring, Bensberg
Reproduktion: Druckhaus Koblenz
Gesamtherstellung: Friedrich Pustet, Regensburg

Printed in Germany 1990

Inhalt

Vorbemerkung

Augenblicke der Vernunft sind selten in der Geschichte, besonders der deutschen. In einem solchen Augenblick wurde Konrad Adenauer erster Regierungschef der zweiten deutschen Republik. Zu Lebzeiten ebenso umstritten wie gefeiert, gilt er heute vielen als bedeutendster mitteleuropäischer Staatsmann seit Otto von Bismarck. Sein einhundertster Geburtstag am 5. Januar 1976 bietet den Anlaß, die Entwicklung seit der Reichsgründung im Spiegel seines Lebens zu betrachten. Denn dieses Leben ist zu einem Synonym für das letzte Jahrhundert deutscher Geschichte geworden: In der Epoche Bismarcks geboren und aufgewachsen und zur Zeit Kaiser Wilhelms II. ein junger, erfolgreicher Kommunalpolitiker, hat er die Weimarer Republik an verantwortlicher Stelle mitgeprägt. Nach zwölf Jahren eines erzwungenen, von Verfolgung und Haft überschatteten Ruhestandes unter der Herrschaft Hitlers ist ihm dann im Nachkriegsdeutschland eine Schlüsselrolle zugefallen, die seinen Namen zur Chiffre für vierzehn Jahre werden ließ.

Als der damals 73jährige 1949 Bundeskanzler wurde, war eine skeptische Generation auf der Suche nach einem neuen Leitbild jenseits von rechtsextremer Romantik und linksradikalen Utopien. Er lenkte ihren Blick mit genialer Nüchternheit auf das, was er seit dreißig Jahren für den richtigen Weg Deutschlands hielt und was im westlichen Teil des von den Siegermächten geteilten Landes unausweichlich war – den Anschluß an das freie Europa. Es gelang ihm, einem geschlagenen Volke das Gefühl zu vermitteln, daß sich die Hinwendung zum Westen aus eigenem Willen, als ein Akt der Selbstbestimmung vollzog.

Konrad Adenauer verstand sich nicht nur als Werkzeug der Geschichte, er wollte sie auch aktiv mitgestalten. Wie vor ihm der große französische Diplomat Talleyrand nutzte er die Gunst der Stunde, die ihm die Entzweiung der ehemaligen Kriegsgegner bot; er ersetzte in zäher Arbeit die Sträflingskleidung des Besiegten Stück für Stück durch die Uniform des Verbündeten. Daß er nicht in die Gewaltpolitik Hitlers verstrickt war, trug ihm das Vertrauen seiner Partner im Ausland ein. Daß er in der Heimat ausgeharrt hatte, erleichterte vielen Mitläufern des Gewaltherrschers das Bekenntnis zur Demokratie. Daß ihm die außenpolitische Konstellation, das innenpolitische Ruhebedürfnis und Mitstreiter wie Ludwig Erhard, Theodor Heuss und Ernst Reuter zu Hilfe kamen, mindert nicht seine Leistung: Fast immer war er es, der die politischen Zufälle zu historischen Zwangsläufigkeiten bündelte. Und seine Persönlichkeit, auch sein Alter gaben dem neuen Deutschland in der Bundesrepublik Würde, Autorität und Selbstbewußtsein.

Die »Ära Adenauer« – das unterscheidet den Mann, der ihr seinen Namen lieh, von Talleyrand – war keine Zeit der bloßen Restauration vergangener Zustände. Sie hat, im Gegenteil, Vergangenes überwunden und Anstöße gegeben, die weiterwirkten: Der inzwischen beinahe in Vergessenheit geratene konfessionelle Zwiespalt wurde nahezu ausgeräumt. Neben den Katholiken wurde auch die Arbeiterschaft mit dem Staat politisch und sozial ausgesöhnt. Vor diesem Hintergrund gelang schließlich die Etablierung eines stabilen Parteiensystems.

Auch die Europäisierung der deutschen Politik war ein Bruch mit der Vergangenheit. Daß Bismarcks Nationalstaat damit zu einem Gegenstand von Sonntagsreden verkümmerte, nachdem sich der europäische Umweg zur Wiedervereinigung als Parkplatz der Geschichte erwiesen hatte, wurde von den Deutschen als Preis für das Gefühl hingenommen, sich diesmal für die richtige Seite entschieden zu haben: Der unerwartete Wohlstand der Massen, den der Westen ermöglichte, entzog dem befürchteten Aufstand der Massen, den der Osten schürte, die Grundlage.

Konrad Adenauers Patriarchat erscheint im Rückblick als die goldene Zeit der Bundesrepublik. Als er 1967, inzwischen 91jährig, starb, war schon wieder nationaler Reif in die europäischen Blütenträume gefallen, dämmerte vielen Deutschen bereits eine Ahnung vom Umfang des geistigen Defizits, das sie im Eifer des Wiederaufbaus gar nicht wahrgenommen hatten. Aber noch in seiner Todesstunde schlug sie der alte Mann in seinen Bann, und die Faszination, die von ihm ausging, hat ihn überlebt, ja sie ist mit dem zeitlichen Abstand zu seinem Wirken eher gewachsen. Einhundert Jahre nach seiner Geburt berufen sich selbst seine Gegner von einst auf ihn: Der herzlich unpathetische Mitbegründer der Bundesrepublik ist zu einem überparteilichen Mythos, zu einer legendären Figur geworden.

Diese Biographie will keinen Beitrag zur Heldenverehrung liefern. Sie möchte vielmehr ein politisch wie soziologisch exemplarisches Leben beschreiben – den Aufstieg eines Mannes aus einfachen Verhältnissen. Die vorliegende Arbeit konnte nur entstehen dank der Hilfsbereitschaft und des Entgegenkommens der Familie Adenauer und der Stiftung Bundeskanzler-Adenauer-Haus. Stellvertretend für viele andere sei an dieser Stelle Dr. Konrad Adenauer junior, Dr. Carl Gussone, Bundesminister a.D. Paul Lücke und Dr. Anneliese Poppinga Dank gesagt. Sie haben dieses Buch von Anfang an durch Rat und Tat gefördert. Der Dank gilt auch der Hilfe der Bundesbildstelle im Presse- und Informationsamt der Bundesregierung, den Historischen Archiven der Städte Köln und Bonn, dem Rheinischen Bildarchiv, dem Pressearchiv des Deutschen Bundestages und dem Kölnischen Kunstverein. Sie haben ebenso wie viele Gesprächspartner dazu beigetragen, daß dieses Buch sich nicht darauf beschränken muß, längst bekannte Tatsachen nachzuerzählen.

Ulrich Frank-Planitz

Das Kaiserreich

Die Motorisierung beginnt – Auto Kaiser Wilhelms II. im Jahre 1904

Die Entlassung Bismarcks als Reichskanzler 1890: »Der Lotse geht von Bord!«

Proklamation des deutschen Kaiserreichs am 18. Januar 1871 in Versailles

Der Erste Weltkrieg – Untergang des Marine-Luftschiffes L 19 in der Nordsee

Kaiser Wilhelm II., Feldmarschall v. Hindenburg (links) und General Ludendorff (rechts) im Hauptquartier

Deutschlands Gründerzeit – Gemälde eines Eisenwalzwerkes von Adolf v. Menzel

Vorspiel

Konrad Adenauer: irgendein Kölner Abiturient, der davon träumt, Notar zu werden. Notar oder Richter. Vielleicht auch Advokat oder Staatsanwalt, wenn es nicht anders geht. Aber auf jeden Fall Jurist. Nichts deutet Außergewöhnliches an. Irgendein Abiturient, der studieren will. Studieren und nicht Geld zählen, Schecks prüfen, Zinsen berechnen, wie es der Vater an diesem Märztag des Jahres 1894 empfiehlt. Es ist schließlich kein verwegener Wunsch, den der Achtzehnjährige seit Tagen, Wochen, Monaten mit sich herumschleppt und den er doch für sich behält, über den er nicht redet. Der Vater weiß ohnehin Bescheid, und es ist ihm nicht wohl zumute, als er jetzt vorschlägt: »Du hast doch eine ausgesprochen kaufmännische Begabung . . . und da habe ich mir gedacht, beim Bankhaus Seligmann wird am 1. April eine Lehrstelle frei . . .«
Noch nach sechzig Jahren erinnert sich der Sohn an diese Worte, die dem Vater selbst nicht so recht über die Lippen wollen. Ist er nicht ungerecht? Weiß er nicht selbst ganz genau, daß sich sein Jüngster zurückgesetzt fühlen muß? Benachteiligt gegenüber den Brüdern, die studieren konnten? Er weiß es, aber er weiß auch, daß das Geld für den Dritten nicht reicht, daß der Erlös aus dem Verkauf des Hauses aufgebraucht, die zufällige Erbschaft vertan ist. Und er tröstet ihn und sich mit dem Gedanken, daß ein guter Bankkaufmann mehr Geld verdienen kann als ein schlechter Jurist. Der Sohn versteht. Und fügt sich. Es ist Resignation dabei und viel Einsicht, Einsicht ins scheinbar Unabänderliche. Hat er den Mantel der Geschichte vorüberrauschen hören? Nein, es ist kein heroischer Augenblick, keine Flucht vor der Unsterblichkeit. Vielleicht ein bürgerliches Drama, vielleicht. Aber niemand verpaßt eine Sternstunde der Menschheit. Irgendein Schicksal. Irgendeines?

Jugend unter Bismarck

Otto von Bismarck, 1894

Elternhaus. Das deutsche Kaiserreich war noch keine fünf Jahre alt, als Konrad Adenauer am 5. Januar 1876 in Köln – das sich seit 1857 auf Wunsch des preußischen Königs Friedrich Wilhelm IV. Cöln schreiben und diese Schreibweise bis 1919 beibehalten mußte – geboren wurde. Sein damals 42 Jahre alter Vater verehrte und bewunderte den Reichsgründer Otto von Bismarck. Hat er ihn 1894 sogar um ein Autogramm für seinen jüngsten Sohn gebeten?
Im Nachlaß Konrad Adenauers fand sich eine Photographie mit Bismarcks Unterschrift und der Widmung »Dem jungen Herrn Konrad Adenauer.« Hat Konrad Adenauer das Autogramm nie erwähnt, weil er die Bewunderung seines Vaters für Bismarck nicht teilte? Oder handelt es sich, wie auch vermutet wird, um eine wohlmeinende, vom gängigen Vergleich zwischen dem Reichsgründer und dem ersten Kanzler der Bundesrepublik herausgeforderte Fälschung?
Adenauers Vater hätte es gewiß für vermessen gehalten, wäre ihm prophezeit worden, daß sein dritter Sohn einmal mit dem Fürsten Bismarck verglichen würde. Sicher, ihm lag daran, daß seine Kinder vorankamen. Aber allein der seiner Generation angeborene Sinn für hierarchische Ordnung sorgte dafür, daß er allenfalls an einen Aufstieg aus seiner Gesellschaftsschicht in die nächsthöhere zu denken wagte.
Johann Conrad Adenauer hatte es ohnehin bereits weit gebracht. Der Bonner Bäckermeisterssohn war im Alter von sechs Jahren Vollwaise geworden, als sein erst 29jähriger Vater Franz Adenauer (oder Adeneuer? Die Schreibweise des Familiennamens schwankte zu dieser Zeit noch) in Meßdorf bei Bonn tödlich verunglückte. Seine Mutter war drei Jahre zuvor gestorben, und er wuchs bei seiner Stiefmutter auf. Obwohl Franz Adenauer in Bonn offenbar ein Haus besessen hat – bis 1836 wird der Name »Adeneuer« in der Kasernenstraße unter der Nummer 375 als Hausbesitzer erwähnt; ein Jahr später ist Franz Adenauer in Meßdorf ansässig –, scheint er wenig Geld hinterlassen zu haben. Seinem Sohne blieb nach dem Besuch der Volksschule jedenfalls nichts anderes übrig, als in einer Ziegelei zu arbeiten. Unter solchen Umständen war es schon ein Fortschritt, daß er schließlich Berufssoldat werden konnte.
Johann Conrad Adenauer blieb zwölf Jahre lang preußischer Soldat. 1866 wurde er in der Schlacht von Königgrätz schwer verwundet und wegen Tapferkeit vor dem (österreichischen) Feind zum Leutnant befördert. Stand ihm

nun eine militärische Karriere offen? Sein neuer Rang hatte recht zweifelhafte Folgen: Seinen bisherigen Kameraden entfremdet, blieb er, der mittellose Handwerkerssohn, im noch immer vom Adel bestimmten Offizierskorps ein Außenseiter.

Die Entscheidung über seine künftige Laufbahn wurde bald darauf durch seine Verlobung mit der Kölner Bankbeamtentochter Helene Scharfenberg erleichtert. Wollte er die sechzehn Jahre Jüngere heiraten und Leutnant bleiben, dann mußte seine Braut eine hohe Kaution hinterlegen. Sie diente dem Nachweis, daß das junge Paar trotz niedrigen Solds ein standesgemäßes Leben führen konnte. Dafür aber besaßen weder der künftige Schwiegervater mit seinen vielen Kindern, noch der Bräutigam genügend Geld, so daß Johann Conrad

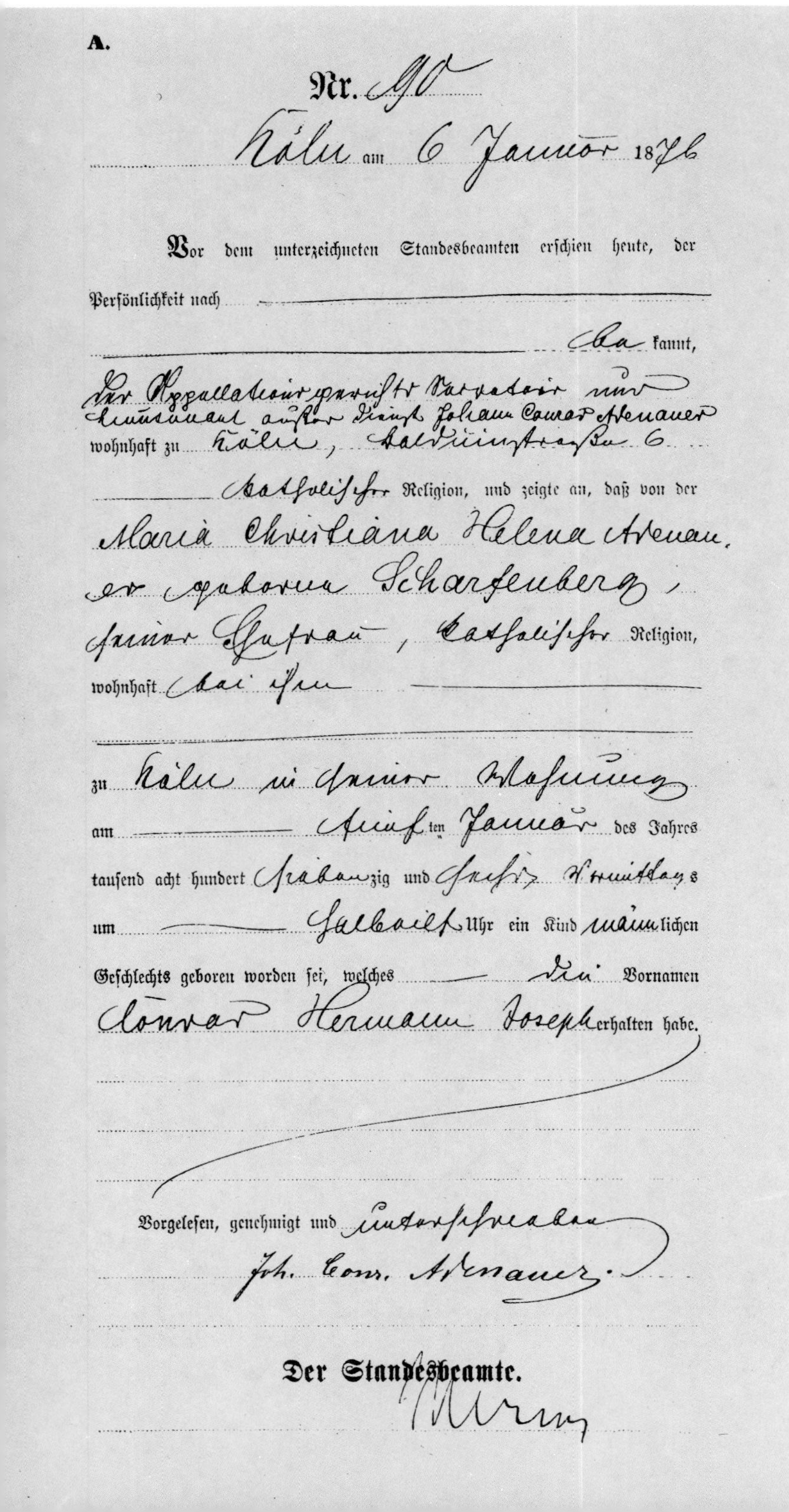

A.

Nr. 90

Köln am 6 Januar 1876

Vor dem unterzeichneten Standesbeamten erschien heute, der Persönlichkeit nach bekannt,

der Appellationsgerichts-Secretair und Lieutenant außer Dienst Johann Conrad Adenauer

wohnhaft zu Köln, Balduinstraße 6

katholischer Religion, und zeigte an, daß von der

Maria Christiana Helena Adenauer, geborene Scharfenberg, seiner Ehefrau, katholischer Religion,

wohnhaft bei ihm

zu Köln in seiner Wohnung

am fünften Januar des Jahres

tausend acht hundert siebenzig und sechs Vormittags

um halbeilf Uhr ein Kind männlichen Geschlechts geboren worden sei, welches die Vornamen

Conrad Hermann Joseph erhalten habe.

Vorgelesen, genehmigt und unterschrieben

Joh. Conr. Adenauer.

Der Standesbeamte.

Johann Conrad Adenauer

Adenauer seinen Abschied nahm. Die Armee stellte ihm einen »Zivilversorgungsschein« aus, der ihm die Stellung eines Gerichtssekretärs in Kleve einbrachte. Im August 1871 heiratete er und wurde Sekretär am Kölner Landgericht. Später wechselte er zum Kölner Appellationsgerichtshof über, dem Vorläufer des heutigen Oberlandesgerichts, wo er zum Obersten Sekretär aufrückte und als Kanzleirat pensioniert wurde.

Sein bescheidenes Einkommen erlaubte es ihm, in der Kölner Balduinstraße 6 ein (damals) dreistöckiges Haus mit kleinem Garten zu kaufen. Was er selbst nicht erreicht hatte, sollte seinen Kindern August, Johannes, Konrad und Lilli vergönnt sein – eine angesehene Position im akademischen Mittelstand. Deshalb wurden der zweite und ein Teil des ersten Stockwerkes vermietet, und

rechts: Köln, Balduinstraße 6.
Hier stand Adenauers Geburtshaus

links, von oben nach unten:
August Adenauer, Hans Adenauer,
Lilli Suth, geb. Adenauer

Grab der Familie Adenauer auf dem Alten Bonner Friedhof

aus demselben Grund nahm die Mutter Hausarbeit an. Einer der Mieter, Konrad Adenauers Patenonkel Tonger, erwies sich zudem als Wohltäter: Er vermachte der Familie Adenauer bei seinem Tode 30000 Mark in Form von Aktien, mit denen das Studium der Söhne finanziert werden sollte. Im Bankenkrach der Gründerjahre wurden diese Aktien jedoch entwertet.
Johann Conrad Adenauers Wunsch ging dennoch in Erfüllung: Sein 1872 geborener Sohn August wurde Rechtsanwalt; er starb 1952 als Justizrat und Honorar-Professor an der Universität Köln. Der 1873 geborene Johannes (Hans) Adenauer war bei seinem Tode 1937 Domkapitular in Köln, und Lilli Adenauer (1879 bis 1950) heiratete den späteren Kölner Oberstadtdirektor Willi Suth. Als der Kanzleirat 1906 im Alter von 72 Jahren starb, hatte auch sein jüngster Sohn Konrad die erste Stufe der bürgerlichen Karriereleiter genommen – er war zum Beigeordneten der Stadt Köln gewählt worden.

Abstammung. Die drei Söhne des Johann Conrad Adenauer scheinen die ersten Aufsteiger einer Familie gewesen zu sein, deren Spuren sich schon im 17. Jahrhundert verlieren. Stammen sie von einem Manne aus dem Städtchen Adenau ab, das in der Nähe des heutigen Nürburgrings liegt? Es ist anzunehmen, daß der Name Adenauer eine Herkunftsbezeichnung ist – sie taucht als Adenaur, Adenaw, Adenawer, Adenäuer, Adenhewer, Adenewer, Adeneuer und in der bekanntesten Form Adenauer wiederholt in Urkunden von Eifelstädten und -dörfern auf, wobei ebenso viel dagegen wie dafür spricht, daß es sich um Angehörige ein und derselben Sippe handelt. Der Düsseldorfer

Flerzheim in der Voreifel

Staatsarchivrat Wilhelm Stüwer hat einen Johann Adenhewer aus Ersdorf in der Grafschaft Neuenahr entdeckt, der 1547 »mit sechs Talern (wegen Beleidigung – UFP) in Strafe genommen wurde.« Ist dieser Johann Adenhewer der älteste Namensträger der späteren Adenauers?

Die jüngsten Forschungen des Oberarchivrates Joachim Deeters aus Köln enden bei einer Bauernfamilie im Dorfe Flerzheim in der Zülpicher Börde – wenige Kilometer westlich von Bonn. Dort wurde Konrad Adenauers Urgroßvater 1763 als Jakob Adenewer geboren. Er heiratete 1810 als Jacques Adeneuer, unterschrieb aber als »Adenäuer«. Dessen Vater Johann lebte von 1726 bis 1781 in Flerzheim. Von seinem Großvater sind keine gesicherten Daten überliefert, nur der Vorname ist bekannt: Dionysius. Er scheint vor 1695 geboren worden zu sein. Der Enkel Jakob Adeneuer wurde 1823 auf dem Alten Friedhof in Bonn beigesetzt; das einfache Grab ohne Stein haben Konrad Adenauer und seine Geschwister angekauft.

In der ältesten Steuerliste des Dorfes Flerzheim, dessen Grund und Boden der Abtei Heisterbach gehörte, ist um 1590 ein Heinrich Adenaw aufgeführt. Die Hälfte der zwölf rheinischen Vorfahren Konrad Adenauers stammt aus diesem Dorf und den Nachbargemeinden Ober- und Niederdrees. Nur drei Dörfer weiter, ebenfalls am Swistbach wie Flerzheim, liegt die Burg Metternich – Stammsitz der Grafen gleichen Namens, deren berühmtester, der später gefürstete Clemens von Metternich, Staatskanzler des Kaisers von Österreich und 1815 die beherrschende Figur des Wiener Kongresses war. Für die Metternichs war es von jeher selbstverständlich, sich jenseits der Landes-, ja

Burg Metternich
(Luftbildaufnahme
Freigeg. Reg. Präs.
Düsseldorf
Nr. OF 929)

der Staatsgrenzen zu verheiraten. Als Konrad Adenauers Vater 1871 die Tochter eines Thüringers heiratete, erregte das in einer Bauern- und Handwerkerfamilie dagegen Aufsehen.

Konrad Adenauer hat sich dem deutschen Bewußtsein so sehr als rheinischer Katholik eingeprägt, daß die thüringische Ahnenreihe seiner Mutter ebenso in Vergessenheit geraten ist wie das evangelische Bekenntnis seines Großvaters August Scharfenberg. Dieser war als Oboist zur Militärkapelle des 25. Infanterieregiments nach Köln gekommen und später »Bankassistent« geworden. Sein Geburtsort Sachsa ist erst 1945 wegen Begradigung der Zonengrenze niedersächsisch geworden, vorher gehörte er jahrhundertelang zur nordthüringischen Grafschaft Klettenberg. August Scharfenbergs Vater war als »Stadtmusicus« in Sachsa heimisch geworden; er entstammte einer Handwerkerfamilie aus dem kursächsischen Teil Thüringens. Vielleicht ist Konrad Adenauer nur ganz zu begreifen, wenn man berücksichtigt, daß der Nachkomme von Bäckern und Musikern, von Schneidern und Metzgern, von Krämern und Trödlern, von Schmieden und Schreinern, von Müllern und Bauern kein ganz lupenreiner Rheinländer war.

Bad Sachsa
im 19. Jahrhundert

Adenauers Eltern

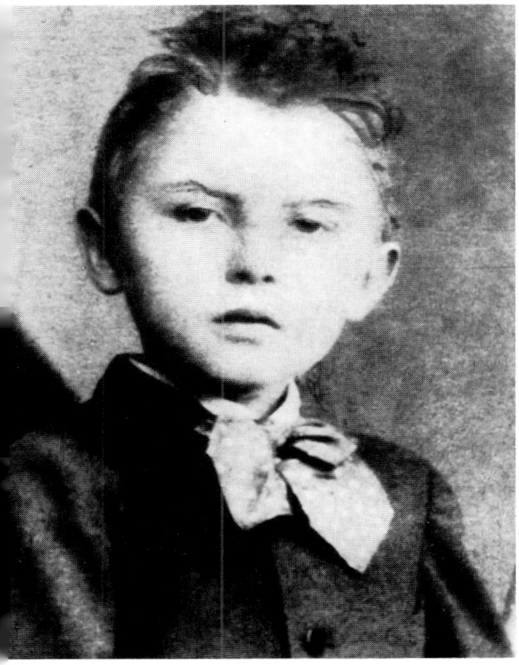

Adenauer während der Schulzeit

Kindheit und Schulzeit. Vom thüringischen Erbe Konrad Adenauers ist zu seinen Lebzeiten wenig die Rede gewesen. Hat die ihm angeborene Sprödigkeit Adenauer gehindert, anhand der Familiengeschichte die Verdächtigung auszuräumen, er habe keine innere Beziehung zu den mitteldeutschen Kernlanden der Reformation, sie seien ihm gleichgültig, weil sie ein Fremdkörper in dem von ihm angeblich angestrebten katholischen Europa in den Grenzen Karls des Großen sein müßten? Adenauer hat stets Wert auf eine strenge Trennung zwischen Privatleben und Politik gelegt. Nur auf seine frühen Kölner Jahre hat er wiederholt hingewiesen und betont, daß ihm, dem Sohn eines mittleren Beamten, nicht alle Türen offenstanden und sein Aufstieg ohne die sozialen Umwälzungen, die sich um die Jahrhundertwende abspielten, nicht möglich gewesen wäre. Tatsächlich ist sein Lebensweg ein permanentes Dementi der nicht allein von marxistischen Historikern gern kolportierten These von der nach wie vor ungebrochenen Herrschaft einer Oberschicht, deren Ahnen die deutsche Geschichte bereits im vorigen Jahrhundert bestimmt haben.

Konrad Adenauer hatte nicht nur mit soziologischen, sondern auch mit körperlichen Schwierigkeiten zu kämpfen. Denn er, den die ganze Welt im hohen Alter wegen seiner Lebens- und Schaffenskraft bewunderte, war ein kränkliches Kind. Sechs Wochen lang mußte er in Gips liegen und anschließend ein Jahr lang mit einer Stahlschiene am Bein herumlaufen, wie seine letzte Sekretärin Anneliese Poppinga in ihren »Erinnerungen an Konrad Adenauer« berichtet. Auch später hat ihm sein Körper zu schaffen gemacht: Wegen einer »schwachen Lunge« wurde der Soldatensohn vom Militärdienst befreit, als Diabetiker konnte er vor seiner ersten Heirat keine Lebensversicherung abschließen und mit vierzig Jahren erkrankte er an Thrombose.

Als er fünf Jahre alt war, begann ihn der Vater am Feierabend zu Hause zu unterrichten, so daß er bei der Einschulung die erste Volksschulklasse überspringen konnte. Zwei Zeugnisse, die Johann Conrad Adenauer für seinen

Sohn ausstellte, sind erhalten. Um auch ihm und seiner Schwester – wie seinen älteren Brüdern – eine höhere Schulbildung zu ermöglichen, mußte das Haus in der Balduinstraße verkauft werden. Als Adenauer zehn Jahre alt war, zog die Familie in eine Mietwohnung in der Kölner Schaafenstraße. Die Wohnverhältnisse waren nun noch beengter. Adenauer hat wiederholt erzählt, er habe bis zu seinem siebzehnten Lebensjahr sein Bett mit einem seiner Brüder teilen müssen.

Die Ferien verbrachte die Familie zumeist bei einem Jugendfreund des Vaters, der in Lessenich bei Bonn einen Gasthof besaß. Hier hatte Adenauer Gelegenheit zu Gartenarbeit, die er seit dem Auszug aus der Balduinstraße vermißte. Sie war ein gesunder Ausgleich für sein starkes Lesebedürfnis, das er durch die Lektüre der Bücher von Karl May und Jules Verne, Joseph Conrad und Charles Dickens befriedigte. Daneben las er Reisebeschreibungen und die üblichen Abenteuer- und Wildwestgeschichten. Seine im Alter sehr ausgeprägte lyrische Neigung wurde durch Gedichte von Ludwig Uhland und Emanuel Geibel angeregt; sie konzentrierte sich schließlich auf Heinrich Heine und Joseph von Eichendorff. Diese Neigung blühte im Verborgenen. In der

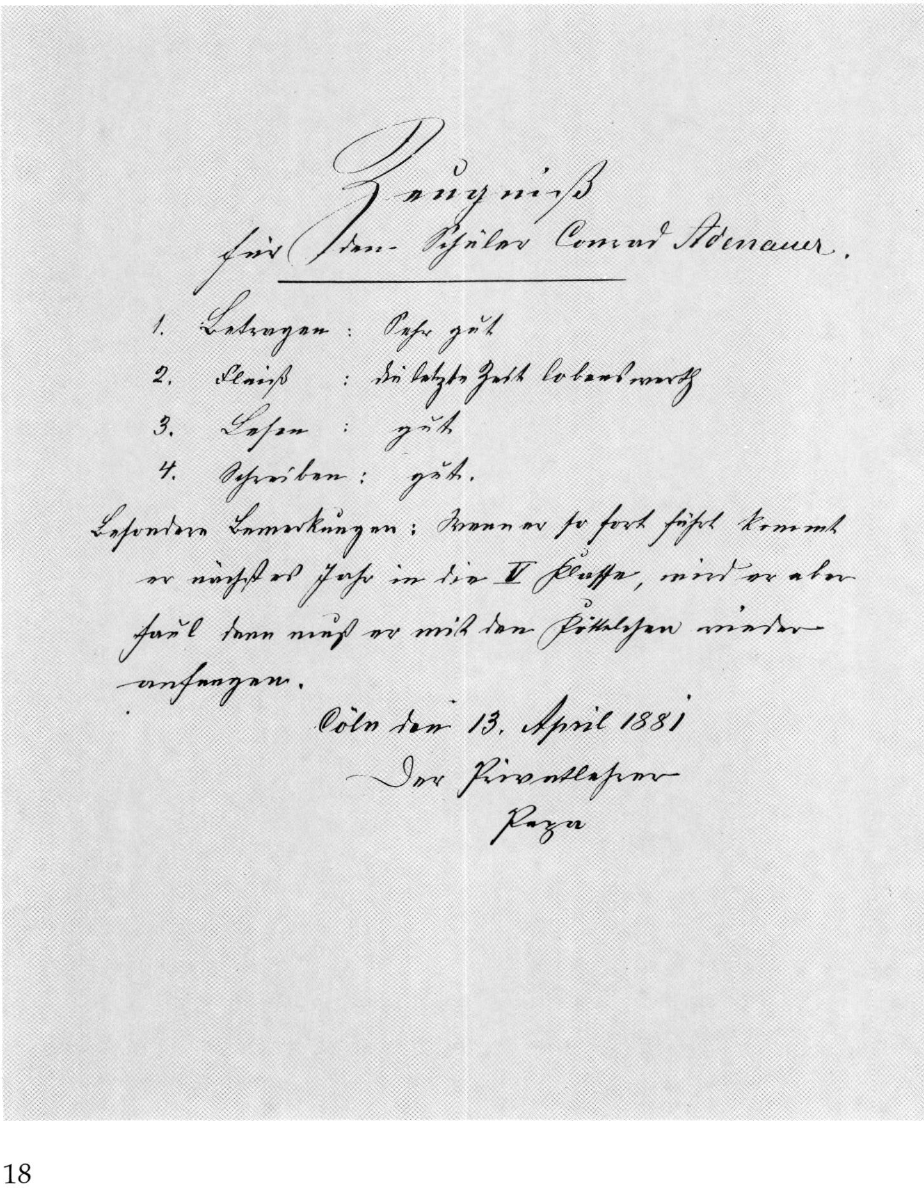
Zeugniß
für den Schüler Conrad Adenauer.

1. Betragen: Sehr gut
2. Fleiß: die letzte Zeit lobenswerth
3. Lesen: gut
4. Schreiben: gut.

Besondere Bemerkungen: Wenn er so fort fährt kommt er nächstes Jahr in die V Klasse, wird er aber faul dann muß er mit den [illegible] wieder anfangen.

Cöln den 13. April 1881
Der Hauptlehrer
[illegible]

Schulzeugnis des Vaters

Öffentlichkeit kultivierte Adenauer als Bundeskanzler nur seine Leidenschaft für Kriminalromane.
Einem seiner Lehrer am Gymnasium St. Aposteln, der mit dem Archäologen Heinrich Schliemann befreundet war, verdankte Adenauer die Förderung seines Interesses für bildende Kunst: Er legte sich eine kleine Sammlung von Kunstdrucken an und abonnierte eine Monatszeitschrift, die Reproduktionen bedeutender Kunstwerke publizierte. Hier zeigt sich ebenso wie bei seiner Vorliebe für Gartenarbeit die Beständigkeit seiner Interessen. Die Liebe zur Musik scheint dagegen in der Schulzeit eher schwach entwickelt gewesen zu sein – nur von einem Opernbesuch in Köln (Lortzings »Zar und Zimmermann«) wird berichtet.

Das Abitur. Konrad Adenauer war auf dem Gymnasium St. Aposteln beileibe kein Musterschüler, aber immerhin im Durchschnitt der Viertbeste. Der einzige Mitschüler, dem er sich näher anschloß, Ildefons Herwegen, verließ die Klasse schon in der Quarta. Er wurde später Abt des Klosters Maria Laach, wo Adenauer 1933 Zuflucht fand. Zu den anderen Klassenkameraden, die

Adenauer (zweiter von links) und seine Klasse

tüchtige Ärzte, Rechtsanwälte und Pastoren geworden sind, ging der Kontakt nach dem Abitur rasch verloren. Dabei hatten sie gerade vor der Reifeprüfung ein gemeinsames Erlebnis, das Adenauer auch noch im Alter bedrückte: Der Klassenlehrer Brüggemann war erkrankt, und sein Vertreter machte den Oberprimanern wenig Hoffnung auf eine erfolgreiche Prüfung. Daraufhin überredeten die Schüler Professor Brüggemann, ihnen die Themen der Deutsch- und Lateinarbeit zu verraten. Adenauer setzte durch, »daß jeder einzelne in seiner Arbeit so viele Fehler anbringt, wie es annähernd seinen bisherigen Leistungen entspricht.« Zum ersten Male legte Adenauer bei dieser Gelegenheit eine Probe seiner Autorität und seiner taktischen Talente ab – ein frommer Fuchs, würde es einmal heißen.

Das Abiturzeugnis vom 6. März 1894 verzeichnet in Turnen die Note »genügend«, in Gesang »sehr gut« und in den anderen Fächern – Deutsch, Latein, Griechisch, Französisch, Geschichte, Erdkunde, Mathematik, Physik und Religion – »gut«. Geschichte, Latein und Deutsch waren Adenauers Lieblingsfächer. Neben Latein sprach er bis ins hohe Alter hinein auch leidlich Altgriechisch, ohne freilich seine Reden so gern mit antiken Zitaten anzureichern wie sein Parteifreund und Minister Franz Josef Strauß.
Es lohnt sich, wegen des nach dem Kriege häufig geäußerten Vorwurfs, er besitze nur einen geringen Sprachschatz und rede ziemlich simpel, die ausführliche Beurteilung seiner Deutsch-Leistungen aus dem Abiturzeugnis zu zitieren: »Er hat in erfreulichem Maße die Fähigkeit erworben, ein in seinen

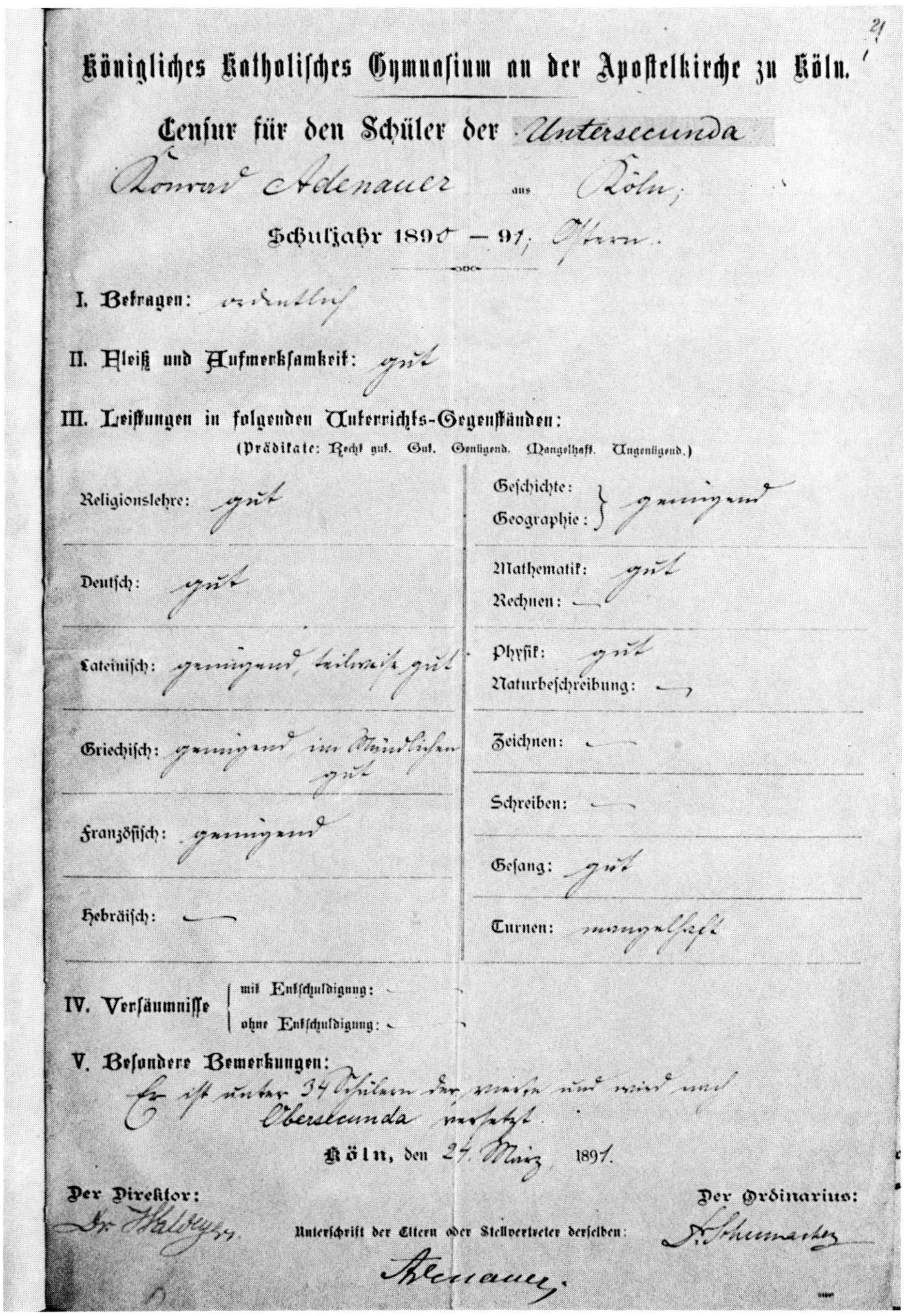

Königliches Katholisches Gymnasium an der Apostelkirche zu Köln.

Censur für den Schüler der Untersecunda

Konrad Adenauer aus Köln,

Schuljahr 1890 – 91, Ostern.

I. Betragen: ordentlich

II. Fleiß und Aufmerksamkeit: gut

III. Leistungen in folgenden Unterrichts-Gegenständen:

(Prädikate: Recht gut. Gut. Genügend. Mangelhaft. Ungenügend.)

Religionslehre: gut	Geschichte: / Geographie: } genügend
Deutsch: gut	Mathematik: gut / Rechnen: —
Lateinisch: genügend, teilweise gut	Physik: gut / Naturbeschreibung: —
Griechisch: genügend, im Mündlichen gut	Zeichnen: —
Französisch: genügend	Schreiben: —
	Gesang: gut
Hebräisch: —	Turnen: mangelhaft

IV. Versäumnisse { mit Entschuldigung: — / ohne Entschuldigung: —

V. Besondere Bemerkungen:
Er ist unter 34 Schülern der zwölfte und wird nach Obersecunda versetzt.

Köln, den 24. März 1891.

Der Direktor: Dr. Waldeyer

Unterschrift der Eltern oder Stellvertreter derselben: Adenauer

Der Ordinarius: Schumacher

Der Abiturient

Gesichtskreis fallendes Thema in wohlgeordneter Gedankenfolge und in richtiger und fließender Darstellung schriftlich zu entwickeln. Im mündlichen Vortrage bekundet er dieselbe Fähigkeit.« Besonders stolz war Adenauer auch auf eine Beurteilung seiner Aufsätze in der Unterprima: »Sie sind kurz, haben aber eine gute und klare Disposition. Adenauer, Disposition ist Ihre Stärke!« Sein Abituraufsatz über das Thema »Tasso und die beiden Frauengestalten im Goetheschen Drama« wurde allerdings mit »nur genügend« benotet, ohne sein Gesamtprädikat »gut« in Deutsch zu beeinflussen.

Der bayerische Kultusminister Hans Maier schrieb 1971 über Adenauers Verhältnis zur deutschen Sprache: »In der Tat fehlt seinen Reden und schriftlichen Äußerungen phantasievolle Beweglichkeit und literarischer Glanz . . . Doch hing dieser stilistische Grundzug, was oft übersehen wurde, aufs genaueste mit dem Charakter und der Arbeitsweise des Politikers Adenauer zusammen. Adenauer verfügte über eine reduzierende Intelligenz. Er schälte an jedem politischen Problem das Zufällige ab, bis der Kern bloßgelegt war. Dann entwarf er Technik und Taktik der Problemlösung . . . Seine Äußerungen sind stets situationsbezogene Plädoyers, nicht Deutungen seiner Politik und Persönlichkeit, und da ihnen das Bindemittel literarischer Selbstdarstellung fehlt, erscheinen sie dem Betrachter oft punktuell und spröde.«

Adenauer, das ist nachzutragen, hat – den Traditionen der Zeit entsprechend – als lebende Fremdsprache in der Schule nur Französisch gelernt. Englische Sprachkenntnisse scheint er sich erst mit 83 Jahren angeeignet zu haben! Anneliese Poppinga erzählt: »Für den 19. November 1959 war eine Reise des Bundeskanzlers nach London vorgesehen. Vor dieser Reise bat er mich, ihm Englisch-Unterricht zu geben . . . Der Inhalt der Sätze sollte einfach sein, sie waren nicht etwa für Verhandlungen gedacht . . . Sein Vokabular wuchs zusehends, und innerhalb weniger Tage beherrschte er mehr als sein bisheriges Paradestück . . .: ›Early to bed and early to rise makes a man healthy, wealthy and wise!‹«

Adenauer beim Besuch der englischen Königin Elizabeth II.

Aufstieg unter Wilhelm II.

Berufswünsche. Als Kind stand für Adenauer fest, daß er Gärtner werden wollte – ein Kindertraum, wenn auch nicht der übliche. Nach dem Abitur rechnete er fest mit einer juristischen Laufbahn. Als der Vater seinen akademischen Ehrgeiz aus finanziellen Erwägungen zügeln mußte und ihm unter Anspielung auf seine kaufmännische Begabung eine Banklehre vorschlug, hatte er nicht einmal so Unrecht. Der Graphologe Ernst Hoferichter urteilte im Todesjahr Konrad Adenauers über dessen Schrift: »Wüßte man vom Schreiber dieser Zeilen weder Amt noch Beruf, so müßte man aus der Schreibbewegung vor allem auf gute Anlagen für einen großen Industriellen oder weitsichtigen Handelsmann schließen . . . Er wäre auch ein bedeutender Großkaufmann geworden.«

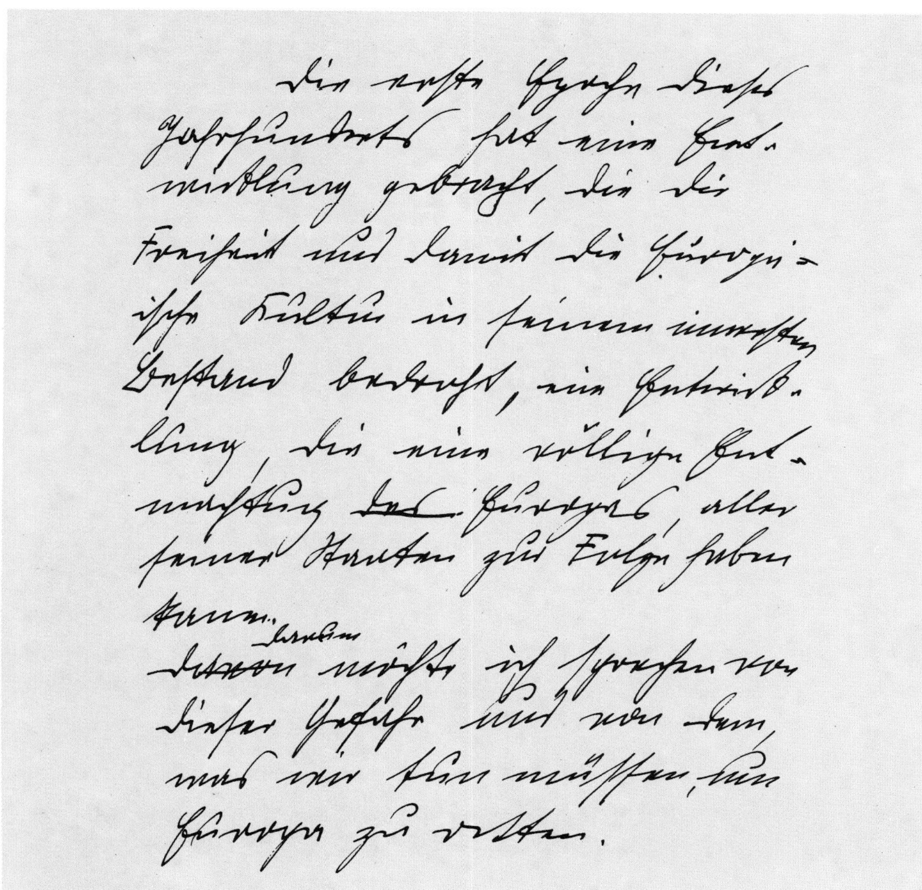
Die erste Hälfte dieses Jahrhunderts hat eine Entwicklung gebracht, die die Freiheit und damit die europäische Kultur in ihrem innersten Bestand bedroht, eine Entwicklung, die eine völlige Entmachtung ~~des~~ Europas, aller seiner Staaten zur Folge haben kann.
[illegible] möchte ich sprechen von dieser Gefahr und von dem, was wir tun müssen, um Europa zu retten.

Notizen zur Madrider Rede, 1967

Er wurde es nicht. Zwar trat er am 1. April 1894 in das Kölner Bankhaus Seligmann ein, aber schon vierzehn Tage danach quittierte er den Dienst, weil seinem Vater »meine deprimierte Stimmung« nicht verborgen geblieben war. »Kurze Zeit darauf«, teilte Adenauer dem Schriftsteller Paul Weymar mit, der eine autorisierte Biographie über ihn geschrieben hat, »kam der Bescheid, daß man mir ein Stipendium bewilligt hatte, und mit dem Geld der Krämerstiftung und der Hilfe meiner Eltern habe ich dann studiert.« Große Sprünge durfte sich der Student Adenauer freilich nicht erlauben, denn er mußte mit neunzig Mark im Monat auskommen.

Der Student der Rechte. Über Adenauers Studentenjahre ist wenig bekannt. Man weiß nicht, warum er mit dem Studium in Freiburg begonnen hat, welche Vorlesungen er dort hörte und welche Professoren ihn besonders beeindruckten. Fest steht nur, daß er in die katholische Studentenverbindung »Brisgovia« eintrat, in der besonders Söhne mittlerer Beamter und Gewerbetreibender aktiv waren. Kommilitonen aus dem Freiburger Semester haben sich daran erinnert, daß Adenauer schon damals den Eindruck erweckte, »als ob er durch eine unsichtbare Isolierschicht von den anderen getrennt lebte«. Selbst bei einem Ausflug in den Schwarzwald spielte er eine Sonderrolle: Als einziger von dreizehn Kommilitonen erschien er am Montagmorgen 8.15 Uhr wieder pünktlich im Hörsaal – immerhin nach 85 Kilometern Fußmarsch und einer durchzechten Nacht.

»Sein Fleiß und seine Pflichttreue konnten einem manchmal auf die Nerven

Adenauer mit Kommilitonen

gehen«, gestand nach dem Zweiten Weltkrieg sein ehemaliger Leibbursch aus der »Brisgovia«, »aber im geheimen imponierte er uns allen, zumal wir wußten, daß er seine körperlichen Leistungen nicht etwa seinen Kräften, sondern seiner Energie und Zähigkeit verdankte.«

In Freiburg hatte Adenauer den westfälischen Bauernsohn Raimund Schlüter kennengelernt, der wie er Rechts- und Staatswissenschaften studierte und den er noch nach Jahrzehnten als seinen einzigen wirklichen Freund bezeichnete. Mit ihm ging er 1894/95 für zwei Semester nach München. Von den akademischen Lehrern aus der Münchner Zeit erwähnte Adenauer später nur den Nationalökonomen Lujo Brentano, bei dem Theodor Heuss dann 1905 promovierte. Über seine juristischen Vorlesungen und Seminare hat er nichts gesagt, und auch Brentano blieb ein bloßes Stichwort. Dafür war umso mehr von Kulturgenüssen die Rede – zum Beispiel von der Alten Pinakothek. Es war anscheinend das erste Mal, daß Adenauer bedeutende Originale zu sehen bekam, und die Einsichten, die er in den Münchner Museen gewann, haben »in meinem ganzen Leben nachgewirkt«. Neben Kunstwerken lockten ihn das Theater und die Oper, wo er vor allem Richard Wagner entdeckte, von dem er sich aber bald wieder abwandte.

Die Münchner Semester waren – das Examen schien noch in weiter Ferne – die unbeschwerteste Zeit in Adenauers Leben. Zusammen mit Schlüter packte ihn trotz bedrängter finanzieller Verhältnisse die Reiselust. Von Wanderungen nach Böhmen und in die Schweiz hat er selbst erzählt. Und in seinem Nachlaß fanden sich Bilder von einer Reise nach Oberitalien, auf der er zusammen mit Schlüter nicht mehr als 150 Mark ausgegeben und dennoch Venedig und Florenz, Ravenna und Assisi gesehen hat.

So farbig wie manche Berichte aus der Münchner Studentenzeit, wo er sich der katholischen Verbindung »Saxonia« angeschlossen hatte, sind die Erzählungen über die drei Bonner Semester nicht. Die Rheinische Friedrich-Wilhelms-Universität war die Köln am nächsten gelegene Hochschule. Trotzdem dürfte Adenauer das Studium hier schwerer gefallen sein als in Freiburg oder München: Die Universität galt als eine der exklusivsten des jungen Reiches. Sie war erst 1817 gegründet worden und sollte die neuen preußischen Landesherren auch geistig im katholischen Rheinland verankern. Unmittelbar am Fluß stand das Verbindungshaus der feudalen »Saxo-Borussen«, die das gesellschaftliche Leben der ehedem kurkölnischen Residenz beherrschten.

Mit Studienfreund Schlüter

Es galt jetzt, das erste juristische Staatsexamen vorzubereiten – und zwar in möglichst knapp bemessener Zeit; denn im Elternhaus war Schmalhans nach wie vor Küchenmeister. Für die »Arminia«, wie die Münchner »Saxonia« eine Kartellverbindung der Freiburger »Brisgovia«, blieb unter diesen Umständen wenig Zeit. Nur die Teilnahme an einem Kostümfest ist verbürgt. Schlüter war mit nach Bonn gekommen, sie büffelten gemeinsam. Eine schlichte Übung, sich wach zu halten, wurde in Bonn entwickelt: Adenauer stellte die Füße in eine Schüssel mit kaltem Wasser. Vom Wintersemester 1895 bis zum Wintersemester 1896 dauerte die Examensvorbereitung; nach der vorgeschriebenen Mindeststudiendauer von sechs Semestern legte Adenauer im Sommer 1897 seine Referendarprüfung mit dem Prädikat »gut« ab. Für eine Doktorarbeit fehlte das Geld.

Der Referendar und Assessor. Nach seinem ersten juristischen Staatsexamen kehrte Konrad Adenauer nach Köln zurück, um dort seine praktische Ausbildung am Amts-, Land- und Oberlandesgericht, bei der Staatsanwaltschaft und in einem Anwaltsbüro zu absolvieren. Diese Referendar- und die anschließende Assessorzeit wären sang- und klanglos vorübergegangen, hätten sie nicht drei Ereignisse überschattet. Das erste markiert den inneren Abschied von den festgefügten Anschauungen des streng katholischen Elternhauses, in dem sich Zweifel an den Lehren der Kirche von selbst verboten. Der inzwischen 22jährige konnte solche Zweifel nicht länger unterdrükken und fand schließlich Hilfe bei einem Schweizer Protestanten, dem Theologen Carl Hilty, der ihm in seiner Schrift »Was ist Glaube?« den Rat

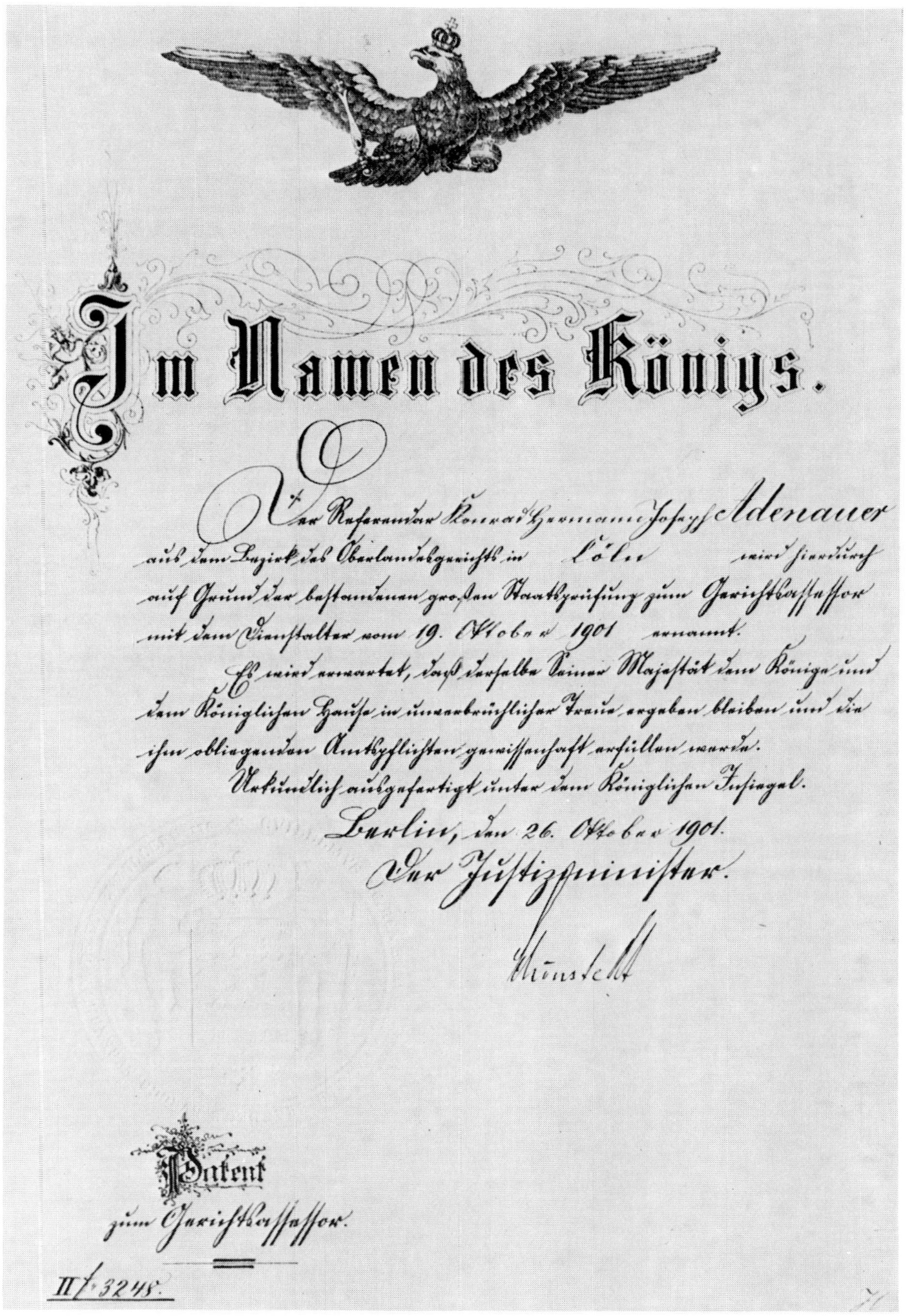

Im Namen des Königs.

Der Referendar Konrad Hermann Joseph Adenauer aus dem Bezirk des Oberlandesgerichts in Cöln wird hierdurch auf Grund der bestandenen großen Staatsprüfung zum Gerichtsassessor mit dem Dienstalter vom 19. Oktober 1901 ernannt.

Es wird erwartet, daß derselbe Seiner Majestät dem Könige und dem Königlichen Hause in unverbrüchlicher Treue ergeben bleiben und die ihm obliegenden Amtspflichten gewissenhaft erfüllen werde.

Urkundlich ausgefertigt unter dem Königlichen Insiegel.

Berlin, den 26. Oktober 1901.

Der Justizminister.

Schönstedt

Patent zum Gerichtsassessor.

II/ 3248.

mit auf den Weg gab: »Handle recht, so wirst du bald glauben können, gehorche zuerst, dann wirst du sehen.« Adenauer hat diese Lebensregel des »praktischen Christentums« nicht nur bei der Bewältigung seiner religiösen Krise, sondern auch bei seiner politischen Tätigkeit beherzigt, in der das Pragmatische immer den Vorrang vor dem Theoretischen besaß. Auch eine andere Lebensregel Hiltys leuchtete ihm ein; sie hat eine ohnehin vorhandene Neigung verstärkt: »Eine gewisse Neigung zur Einsamkeit ist absolut notwendig für die ruhige, geistige Entwicklung sowohl, als für das Glück überhaupt.« Noch heute sind fünf Werke des überaus populären evangelischen Theologen im Buchhandel erhältlich.

Das zweite Ereignis dieser Jahre griff tief in Adenauers Leben ein, auch wenn einer seiner Biographen, der Bonner Korrespondent Georg Schröder, das Ergebnis des im Herbst 1901 in Berlin abgelegten Assessorexamens sicher überinterpretiert: »Als besonders enttäuschend mußte er wohl den Abschluß empfinden, denn er erreichte nur das Prädikat ›ausreichend‹. Das aber versperrte ihm den Weg zu einer Vertretung am Gericht, gestattete ihm nur, um eine Vertretung bei der Staatsanwaltschaft nachzusuchen, die er auch in Köln erhielt . . . Berlin ist hier zum ersten Male für Konrad Adenauer mit einer persönlichen Niederlage verbunden. In dieser Stadt sollte er später scheitern, als er versuchte, als Reichskanzler eine neue Regierung zu bilden . . . Berlin ist ihm darum fremd, wird ihm immer fremd bleiben.«

Sein Freund Schlüter hatte mehr Examensglück und bekam eine Assessorenstelle am Amtsgericht des Eifel-Städtchens Gmünd, wo er sich bald mit einer Arzttochter verlobte. Statt einer Einladung zur Hochzeit erhielt Adenauer vierzehn Tage vor dem Trauungstermin eine Trauernachricht: Raimund Schlüter war ganz plötzlich gestorben. Es ist schwer abzuschätzen, welchen Einfluß der frühe Verlust des einzigen Freundes auf Adenauers weitere Entwicklung hatte, aber der ohnehin schwer Zugängliche wirkte von nun an noch verschlossener, noch distanzierter, noch spröder.

links: Im Kölner Tennisklub »Pudelnaß«

rechts: Verlobungsbild

Rubens, »Die Heilige Familie mit Elisabeth und Johannes dem Täufer«

Die Ehe mit Emma Weyer. Konrad Adenauer war auf der Suche nach sich selbst. Die Arbeit an der Staatsanwaltschaft – sie dauerte zwei Jahre – scheint ihn nicht sonderlich befriedigt zu haben. Jedenfalls nahm er ein Angebot des Justizrates Kausen an, der um die Jahrhundertwende als bester Zivilanwalt Kölns galt. Zwar fand er auch als Anwaltsassessor nicht jene beschauliche Existenz, von der er träumte: ein Notariat auf dem Lande. Aber nur wenige Jahre später sollte ihm Kausen, der die Zentrumsfraktion in der Kölner Stadtverordnetenversammlung führte, den Zugang zur Politik öffnen, die ihn schließlich über den unerfüllten Jugendtraum hinwegtröstete.
Kurz nach seinem Eintritt in das Anwaltsbüro Kausen wurde Adenauer Mitglied in einem Tennisklub mit dem merkwürdigen Namen »Pudelnaß«. Dieser Schritt veränderte sein Leben schlagartig. Denn der Jurist, von dem keine Studentenliebe bekannt ist, lernte hier ein vier Jahre jüngeres Mädchen kennen, das ihn lyrisch anschwärmte, und auf Gedichte, man weiß es, reagierte er sensibel. Die am 10. September 1880 geborene Emma Weyer, Tochter des 1884 im Alter von 48 Jahren verstorbenen Generaldirektors einer Versicherungsgesellschaft, stammte aus einer der ersten Familien Kölns. Ihre Mutter

rechts oben: Emma Adenauer mit ihrem Sohn Konrad

war eine geborene Wallraf. Emma Weyers Großvater, der durch Bodenspekulationen reich gewordene Stadtbaumeister Johann Peter Weyer, besaß eine Privatsammlung von beinahe sechshundert Bildern. Darunter sollen Gemälde von Cranach, Dürer, Holbein, Stefan Lochner, Memling, Rogier van der Weyden, van Dyck, van Eyck, Ruysdael, Rembrandt und Rubens gewesen sein. Für sie errichtete er ein pompöses Galeriegebäude, das vom Baedeker zu den Sehenswürdigkeiten von Köln gezählt wurde. Als Glanzstück der Sammlung bezeichnete man Rubens' »Die Heilige Familie mit Elisabeth und Johannes dem Täufer«; heute im Kölner Wallraf-Richartz-Museum. 1862 mußten die besten Bilder versteigert werden. Weyer erhielt für sie nur 65.076 Taler. Der heimlichen Verlobung seiner Enkelin am Rolandsbogen südlich von Bonn im Frühsommer 1901 folgte im Frühjahr 1902 die offizielle. Am 28. Januar 1904 heiratete Konrad Adenauer Emma Weyer. Sie war keine Schönheit, aber eine gebildete, lebenskluge und einfühlsame Frau, die die ersten politischen Erfolge ihres Mannes noch miterlebt, wahrscheinlich durch ihre familiären Verbindungen sogar erleichtert hat. 1911 bezog sie mit ihm in der Max-Bruch-Straße in unmittelbarer Nachbarschaft des Lindenthaler Stadtwaldes ein behäbiges und dennoch repräsentatives Haus, in dem heute Angehörige der polnischen Botschaft leben. Zuvor hatte die Familie in einer Etagenwohnung, dann, nach dem Tode von Johann Conrad Adenauer, in einem gemieteten Haus zusammen mit Adenauers Mutter gewohnt, die ihre Schwiegertochter überlebte: Sie starb, 70jährig, im Jahre 1919.
Schon 1906, bei der Geburt ihres ersten Sohnes Konrad (genannt »Koko«)

Die Familien Weyer und Wallraf: Adenauer letzte Reihe, dritter von links

rechts unten: Das Haus in der Max-Bruch-Straße 6

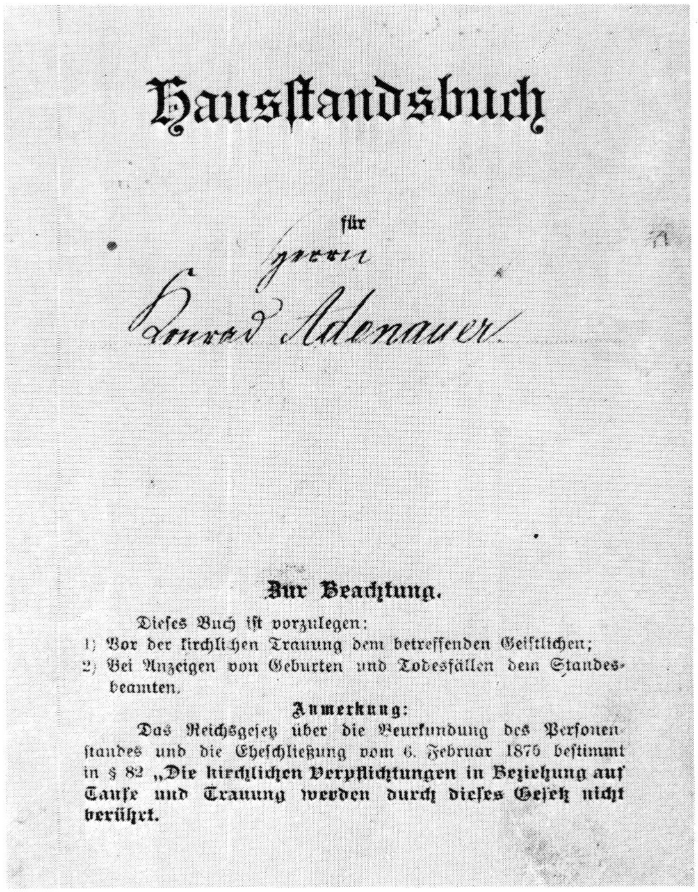

Hausstandsbuch

für

Herrn

Konrad Adenauer

Zur Beachtung.

Dieses Buch ist vorzulegen:

1) Vor der kirchlichen Trauung dem betreffenden Geistlichen;

2) Bei Anzeigen von Geburten und Todesfällen dem Standesbeamten.

Anmerkung:

Das Reichsgesetz über die Beurkundung des Personenstandes und die Eheschließung vom 6. Februar 1875 bestimmt in § 82 **„Die kirchlichen Verpflichtungen in Beziehung auf Taufe und Trauung werden durch dieses Gesetz nicht berührt.**

waren bei Emma Adenauer Komplikationen aufgetreten. Nach Aussagen ihres Bruders, des späteren Amtsgerichtsdirektors Max Weyer, erholte sie sich nur langsam. Zwar verlief die Geburt ihres zweiten Sohnes Max 1910 reibungslos. Aber die Geburt ihrer Tochter Maria (»Ria«) warf sie 1912 abermals aufs Krankenlager, das sie bald nicht mehr verlassen konnte. 1916 verkrafteten ihre kranken Nieren eine Pilzvergiftung nicht mehr; sie starb im 37. Lebensjahr nach einer glücklichen, nur von ihrem Leiden überschatteten Ehe.

Adenauers Mutter

Der Beigeordnete. Als Hilfsrichter am Landgericht, wo er in der Hoffnung auf ein Notariat arbeitete, hatte Adenauer erfahren, daß Justizrat Kausen und der damalige Kölner Oberbürgermeister Wilhelm von Becker die freiwerdende Stelle eines Beigeordneten der Stadtverwaltung mit einem jungen Juristen aus Saarbrücken besetzen wollten. Der 30jährige ging daraufhin zu Kausen und sagte: »Warum nehmen Sie nicht mich? Ich meine, so gut wie andere kann ich den Posten auch ausfüllen!« Kausen war von der mit gesundem Selbstbewußtsein vorgetragenen Bewerbung seines früheren Angestellten so angetan, daß er ihn seiner Fraktion zur Wahl vorschlug. Die Stadtverordnetenversammlung bestand wegen des preußischen Dreiklassenwahlrechts, das die SPD benachteiligte, nur aus Mitgliedern des Zentrums und der Liberalen. Sie wählten Adenauer am 7. März 1906 mit 35 von 37 Stimmen zum Kölner Beigeordneten.

Die Art und Weise, wie Adenauer Beigeordneter wurde, ist für seinen gesamten Lebensweg kennzeichnend: Er hatte sich selbst ins Spiel gebracht. Nicht anders wurde er Oberbürgermeister, Präsident des Preußischen Staatsrates und Bundeskanzler. Sooft ihm jedoch ein Amt angeboten wurde, versagte sich ihm das Glück: So war es in Rheinberg bei Oberhausen, wo ihm ein Bürovorsteher das Notariat streitig machte, und so erging es ihm, als er Reichskanzler werden sollte. Selbst seine Entlassung aus dem Oberbürgermeisteramt nach dem Zweiten Weltkrieg und sein Verzicht auf die Nachfolge von Bundespräsident Heuss lassen solche Deutung zu, denn in beiden Fällen waren ihm Amt und Kandidatur angetragen worden.

Oberbürgermeister von Becker

Adenauers Vater soll seinen Sohn nach der Wahl zum Beigeordneten darin bestärkt haben, nicht anderen die Initiative zu überlassen, sondern selbst zu handeln: »Jetzt mußt du dir vornehmen, Oberbürgermeister von Köln zu werden.« Drei Tage danach war er tot. Der Sohn befolgte den Ratschlag seines alten Herrn. Zunächst verwaltete er das Steuerdezernat, das er als »eine nicht gerade fesselnde Aufgabe« bezeichnete. Nebenbei jedoch gewann er politischen Einfluß auf das Zentrum, das ihn schon 1909 als Nachfolger des Ersten Beigeordneten und stellvertretenden Oberbürgermeisters Farwick nominierte. Zwar wurde gegen ihn als »Günstling der zehnten Stelle« polemisiert. Aber am Ende stimmte doch die große Mehrheit der Stadtverordnetenversammlung für seinen Sprung von der zehnten an die erste Stelle der Kölner Beigeordneten.

Auch finanziell verbesserte sich Adenauer, bei seiner Wahl zum Ersten Beigeordneten am 1. Oktober 1909 gerade 33 Jahre und erst drei Jahre in den Diensten der Stadt Köln, erheblich: Hatte er bisher 6000 Mark jährlich verdient,

so wurde nun sein Gehalt mehr als verdoppelt, denn der Stellvertreter des Oberbürgermeisters erhielt 1250 Mark monatlich. Er war jetzt sowohl für das Finanz- als auch für das Personaldezernat verantwortlich. Die Stunde der Bewährung schlug im Jahre 1914 beim Ausbruch des Ersten Weltkrieges, als er zusätzlich das Ernährungsdezernat übernahm.
Adenauer erkannte sehr schnell, daß nach dem »Wunder an der Marne«, also nach dem bis heute nicht völlig geklärten Rückzug der deutschen Truppen wenige Kilometer vor den Toren von Paris, an einen »Blitzsieg« nicht mehr zu denken war. Deshalb begann er, alle Lebensmittel zu horten, deren er habhaft werden konnte, um die Versorgung der Kölner Bevölkerung auch bei langer Kriegsdauer sicherzustellen. Außerdem ließ er städtische Grünanlagen

Das alte Kölner Rathaus

bestellen, schloß mit Landwirten in der Kölner Umgebung Verträge ab, kaufte 10000 Stück Jungvieh auf, erwarb in den Niederlanden 750 Milchkühe und pachtete Weiden in Oldenburg, Gummersbach und Waldbröl. Gleichzeitig erfand er mit zwei Nahrungsmittelfabrikanten ein Brot aus Mais-, Gersten- und Reismehl, das als »Kölner Brot« weithin bekannt wurde. Für eine Lebensmittelrationierung war er bereits im November 1914, vergeblich, eingetreten; seine Gedanken wurden erst gegen Kriegsende, als es zu spät war, aufgegriffen. 1915 veröffentlichte er über »Die neue Regelung unserer Nahrungsmittelwirtschaft« bei der Deutschen Verlagsanstalt Concordia sein erstes Buch – es sollte bis zur Publizierung seiner Memoiren genau fünfzig Jahre später sein einziges bleiben.

Die neue Regelung unserer Nahrungsmittelwirtschaft

Von

K. Adenauer

Erstem Beigeordneten der Stadt Köln

Concordia Deutsche Verlags-Anstalt

Berlin SW 11

Der Oberbürgermeister. Adenauers Leistungen blieben nicht unbemerkt: Köln war damals die bestversorgte Stadt des Deutschen Reiches. 1916 streckten deshalb die Aachener Stadtväter Fühler aus, um ihn als Oberbürgermeister in ihre Stadt zu holen. Er schwankte und sondierte in Köln das politische Terrain, da der amtierende Oberbürgermeister Max Wallraf, ein angeheirateter Onkel, Berliner Ambitionen erkennen ließ. Als die Aachener zum zweiten Male bei Adenauer anklopften, wandte er sich direkt an Wallraf, der ihm jedoch antwortete: »Deinen Verzicht auf Aachen aber durch die Versicherung zu gewinnen, daß ich in Jahresfrist von meinem Posten zurücktrete, ist mir nicht möglich.«

Als Wallraf 1917 zum Staatssekretär im Reichsamt des Inneren berufen wurde, wäre Adenauers Wahl zu seinem Nachfolger fast an einem Autounfall gescheitert. Der Fahrer hatte den Dienstwagen gegen eine Straßenbahn manövriert und der Erste Beigeordnete war dabei durch die Trennscheibe geschleudert worden. Der Unfall hatte ziemlich schlimme Folgen, denn Adenauers Gesicht war plattgedrückt, der Unterkiefer zerschmettert, die Oberlippe durchgerissen; Jochbein und Nase waren gebrochen, mehrere Zähne ausgeschlagen. Adenauer aber schleppte sich – manche Augenzeugen behaupteten sogar, er ging kerzengerade! – in ein immerhin fünfzehn Minuten entferntes Krankenhaus. Dort wurde er sofort ohne Narkose operiert, weil er zuviel Blut verloren hatte. »Diesem Unfall«, scherzte er später, »verdanke ich meinen sogenannten Charakterkopf!«

Obwohl er im Februar 1932 erneut verunglückte, ohne freilich diesmal verletzt zu werden, hat das seine Vorliebe für schnelle Autos nicht beeinträchtigt. Ja, die Legende will sogar wissen, es sei ihm nie schnell genug gegangen. Sein letzter Fahrer Peter Seibert leugnet nicht ab, daß sein Chef gern zügig fuhr: »Aber ausdrücklich angetrieben hat er mich nicht. Ich wußte nur, daß es rasch gehen mußte, wenn er auf die Uhr sah.« Autofahren hat Adenauer nicht gelernt, und einen eigenen Wagen besaß er bis an sein Lebensende nicht.

Neben dem »Charakterkopf«, der viele an einen alten Indianerhäuptling erinnerte, trug er von dem Unfall im Jahre 1917 eine leichte Sehstörung und eine große Anfälligkeit für Kopfschmerzen davon. Beides machte ihm immer wieder zu schaffen. Die Kölner Stadtverordneten fürchteten sogar, er könnte auch geistig Schaden genommen haben. Deshalb beschlossen sie nach Wallrafs Rücktritt, ihn auf seinen Gesundheitszustand hin zu prüfen. Als er sich im

Oberbürgermeister Wallraf

Bezugspreis bei Botenzustellung im engern Verbreitungsbezirk 65 Pf., im erweiterten 70 Pf monatlich, mit dem wöchentl. illustriert Unterhaltungsblatt Welt und Zeit in Wort und Bild 10 Pf mehr.
Postbezug, ohne Zustellgeb. Ausgabe A mit Colonia M 2,25 (3 Mon.), M 1,50 (2 Mon.), M 0,75 (1 Mon.).
Ausgabe B mit Colonia und Welt und Zeit in Wort und Bild 10 Pf monatlich mehr.

Kölner Local-Anzeiger

General-Anzeiger für die rheinische Hauptstadt. * Kölner Fremdenblatt.

Anzeigenpreis Die einspaltige Kolonel-Zeile (38 mm breit) 25 Pf., 3. und letzte Seite 30 Pf., für Köln 20 bzw. 25 Pf. Platzvorschriften 10% Zuschl.
Reklamepreis Die 90 mm breite Kolonel-Zeile 75 Pf., für Köln 50 Pf., zweite Seite 60 Pf.
Hierzu 10% Kriegszuschlag. Platzvorschriften 10% Zuschl. Offertengebühr 25 Pf.
Geschäftsstellen: Marzellenstrasse 37 u. Breitestr. 86.

Nr. 260. Fernspr. Geschäftsstelle u. Redaktion Marzellenstr. 37: A 6920 bis 6923 und A. Geschäftsstelle Breitestraße 86: A 6636. Köln, Mittwoch, 19. September 1917. 31. Jahrgang. Heute 8 Seiten

Der neue Kölner Oberbürgermeister.

Köln, 19. September 1917.

In der Sitzung der Stadtverordneten, die gestern abend 7 Uhr im Hansasaale stattfand, waren unter dem Vorsitz des Beigeordneten Zschirnt anwesend:

Bank, Bollig, Comp, Dech, Dedenbach, Eickmann, Esch, Faßbinder, Feinhals, Froitzheim, Giesen, Gödde, Kirschbaum, Kleinsorge, Krings, Lohr, Lamertz, Linfert, Maier, Maus, Mertens, Meyer, Mönnig, Rings, Roggendorf, Roß, Schreiber, Schulte, Sedlmayr, Smeets, Steinkrüger, Thiemann, Thönnissen, Andreas, Bau, Breuer, Brügelmann, Callmann, Charlier, Eliel, Falk, Geuer, Hagen, Holzapfel, Jung, von Mallinckrodt, Perthel, Röderscheidt, von Recklinghausen, Schnitzler, Wietboff, Wirtgen, Zörner.

* * *

Gegen Wilson.

Vor Eintritt in die Tagesordnung weist der Vorsitzende, Beigeordneter Zschirnt, auf die tiefe Bewegung hin, die infolge der Wilsonnote durch das ganze deutsche Volk gehe und die auch an der Kölner Bevölkerung nicht spurlos vorübergegangen sei. Von beiden Seiten des Hauses sei ihm ein Einspruch, der an den Reichskanzler gesandt werden soll, zugegangen, dem sich die Verwaltung gern und von Herzen anschließe, und der folgenden Wortlaut habe:

Die Stadtverordnetenversammlung der Stadt Köln erhebt mit Entrüstung Einspruch gegen den anmaßenden Versuch des Präsidenten Wilson, in seiner Antwort auf die Friedensnote des Papstes sich in innere Angelegenheiten des deutschen Volkes einzumischen, der deutschen Regierung im Widerspruch mit den unwiderleglichen Tatsachen die Schuld am Ausbruch des Krieges zuzuschieben und zwischen Kaiser und Volk Zwietracht zu säen. Wir wissen uns eins mit dem Hohenzollernherrscher, der während seiner beinahe 30jährigen Regierung so oft als Hüter und Schützer des Friedens sich erwiesen und so unendlich viel zur Blüte des deutschen Volkes geleistet hat, daß unser gesamtes Volk in unerschütterlicher Dankbarkeit und Treue sich mit dem Kaiser verbunden fühlt.

Wenn etwas geeignet war, diese Bande der Liebe und Anhänglichkeit des deutschen Volkes zu seinem angestammten Herrscher noch fester und inniger zu knüpfen, so waren es die unwürdigen Treibereien des Präsidenten der Vereinigten Staaten. Alle Bemühungen Wilsons und unserer Feinde, unsere vaterländische und monarchische Einheit zu durchbrechen, werden machtlos zerschellen an des deutschen Volkes Treue zu Kaiser und Reich! (Bravo!)

* * *

Darauf wurde in die

Bürgermeisterwahl

eingetreten. Als Stimmzähler waren die Stadtverordneten Falk, Moennig und Rings tätig. Vor der Wahl wurden die Bedingungen festgesetzt, gegen die Stadtverordneter Bau namens einiger seiner Freunde Einspruch erhob, weil sie sich nicht damit einverstanden erklären könnten, daß während des Krieges eine anderweite Regelung der Gehalts- und sonstigen Bezüge erfolgen solle wie bisher; daher würden einige seiner Freunde gegen die Festsetzung dieser Bedingungen stimmen. Diese lauten:

Für den Fall, daß der Erste Beigeordnete Adenauer zum Bürgermeister gewählt wird, wird das Gehalt, vorbehaltlich der Genehmigung des Bezirksausschusses auf jährlich 30 000 M. zuzüglich 12 000 M. Dienstaufwands- und Wohnungsentschädigung festgesetzt. Die Gesamtsumme ist ruhegehaltsfähig. Sobald Dienstwohnung überwiesen wird, kommen für diese 3000 M. jährlich in Abzug. Als Wahlbedingung wird festgesetzt, daß der Gewählte eine Wahl zum Landtage oder Reichstage und Nebenämter, mit denen ein Einkommen verbunden ist, nur mit Zustimmung der Stadtverordneten-Versammlung annehmen darf. Sollte er als Vertreter der Stadt zum Mitgliede des Aufsichtsrates oder Vorstandes einer Erwerbsgesellschaft bestellt werden, so ist er verpflichtet, die ihm in dieser Eigenschaft zufließende Gewinnbeteiligung an die Stadtkasse abzuführen.

Diese Bedingungen wurden mit überwiegender Mehrheit angenommen.

Dann folgte die Wahl, bei der 54 Stimmen abgegeben wurden. Von diesen waren zwei unbeschrieben, während die übrigen 52 sämtlich auf den Ersten Beigeordneten Adenauer lauteten. Dieser ist somit zum Bürgermeister der Stadt Köln gewählt.

Darauf schloß der Vorsitzende die Wahl und damit die Sitzung mit folgenden Worten: „Möge die getätigte Wahl für Stadt und Bürgerschaft Heil und reichen Segen bedeuten, so daß die Bürgerschaft und der Gewählte sich mit ungetrübter Befriedigung dieser Stunde erfreuen können!"

* * *

Die mit den Vorarbeiten zur Bürgermeisterwahl betraute Kommission hatte von der Ausschreibung der Stelle abzusehen beschlossen. Die Lage der Stadt ließ mit Rücksicht auf die Kriegsverhältnisse die baldige Besetzung der Stelle als nötig erscheinen. Diesem dringenden Erfordernis konnte um so eher Rechnung getragen werden, als in der Person des Herrn Adenauer ein Mann zur Verfügung stand, der den Nachweis zur Genüge erbracht hatte, daß er vollauf befähigt ist, die Geschicke Kölns in einer ihrer Vergangenheit, Gegenwart und Zukunft entsprechenden Weise zu leiten. Fraglich war nur, ob in dem Gesundheitszustand des Hrn. Adenauer, der im März d. J. in Ausübung seines Dienstes von einem schweren Automobilunfall betroffen worden war, ein Hindernis für seine Berufung als Oberbürgermeister erblickt werden müsse. Nachdem volle Gewißheit geschaffen war, daß ein Hindernis auch nach dieser Richtung nicht vorlag, einigten sich die beiden Fraktionen des Rathauses, Hrn. Adenauer zum Bürgermeister — der Titel Oberbürgermeister wird durch den König besonders verliehen — zu wählen.

Hr. Adenauer wurde in Köln am 5. Januar 1876 als Sohn des späteren Obersekretärs Konrad Adenauer am Oberlandesgericht geboren, steht also im 42. Lebensjahre. Von 1885 bis 1894 besuchte er das Gymnasium an St. Aposteln, bezog dann die Universität und hörte neben juristischen insbesondere volkswirtschaftliche Vorlesungen. 1897 bestand er die Referendar-Prüfung, wurde 1901 Gerichtsassessor, war dann zwei Jahre bei der Staatsanwaltschaft in Köln, zwei Jahre als Vertreter des verstorbenen Rechtsanwalts beim Oberlandesgericht, Geh. Justizrat Kausen, tätig und übte danach ein halbes Jahr lang richterliche Tätigkeit aus.

Am 7. März 1906 wurde Hr. Adenauer von der Kölner Stadtverordnetenversammlung zum Beigeordneten mit 35 von 37 abgegebenen Stimmen gewählt und am 13. Juni 1906 in sein Amt eingeführt. Bemerkenswert waren die Ausführungen, die er bei seiner Einführung durch den damaligen Oberbürgermeister an die von diesem gehaltene Ansprache knüpfte. Nachdem er diesem, den Beigeordneten und Stadtverordneten für das ihm entgegengebrachte Vertrauen gedankt, führte er u. a. aus:

Die Stelle eines Beigeordneten einer großen Kommunalverwaltung bietet eine reiche Fülle interessanter und anregender Arbeit, namentlich in neuerer Zeit, da zu den wirtschaftlichen Aufgaben der Kommune eine ganze Reihe ethischer, kultureller und sozialer Natur hinzugekommen sind. Ich schätze die Arbeit in der kommunalen Selbstverwaltung um deswillen sehr hoch, weil sie unmittelbar darauf gerichtet ist, das Allgemeinwohl, das allgemeine Beste zu fördern. Endlich kommt für mich persönlich noch ein weiterer Umstand hinzu, der die Stellung, die ich Ihrem Vertrauen verdanke, mir persönlich schätzenswert macht. Sie wissen alle, daß der Kölner mit ganz besonderer Liebe und Pietät an seiner Vaterstadt hängt, und mir, als geborenem Kölner, gewährt es deshalb eine ganz besondere Befriedigung, daß ich meine Arbeit in den Dienst meiner Vaterstadt stellen kann. Ich habe mir gestattet, in kurzen Worten darzulegen, wie hoch ich mein neues Amt schätze, und zwar aus zwei Gründen. Erstens bitte ich, diese Wertschätzung als Gradmesser dafür anzusehen, wie sehr ich mich Ihnen für die Wahl verpflichtet fühle, und zum zweiten bitte ich, aus dieser Wertschätzung den Schluß ziehen zu wollen, daß es mein ernstes Bestreben sein wird, die Pflichten dieses Amtes, so viel in meinen Kräften steht und mit der peinlichsten Gewissenhaftigkeit zu erfüllen.

Welch hohe Auffassung von den Pflichten seines Amtes und von diesem selbst Hr. Adenauer hatte, ging aus diesen Ausführungen zur Genüge hervor. Mit vorbildlicher Pflichttreue, die keine Rücksicht auf sich selbst kennt und die ganze Kraft des Mannes in den Dienst der Sache zu stellen bereit ist, hat er denn auch seit seiner Zugehörigkeit zur städtischen Verwaltung seines Amtes gewaltet, und zwar mit großen, auch von führenden Männern der liberalen Rathausfraktion unumwunden anerkannten Erfolgen. Am 22. Juli 1909 wurde Hr. Adenauer als Nachfolger des damaligen Ersten Beigeordneten Farwick, des heutigen Oberbürgermeisters von Aachen, gewählt. Als solcher bekundete er in der Vereinfachung des Verwaltungsapparates, in der Aufstellung des Haushaltsplanes, in der Vereinbarung von Verträgen eine ebenso große Umsicht wie Geschicklichkeit, die ihm auch die Beachtung führender Männer der Industrie zuzog. Als Finanzdezernent waltete er seines Amtes, wie es ein Finanzmann von Beruf nicht wirksamer hätte tun können.

Neue Aufgaben stellte der Krieg dem damaligen ersten Vertreter des Oberbürgermeisters. Der Charakter der Stadt als Festung erforderte schnelle und ausreichende Versorgung der Stadt mit Lebensmitteln usw. für den Fall einer Belagerung; dann folgte die dauernde Versorgung einer Bevölkerung von 650 000 Seelen. Auch dieser Aufgabe ist Hr. Adenauer gerecht geworden, wie die rückhaltlose Anerkennung bekundete, die ihm aus den Reihen der verschiedenen politischen Parteien und aus allen Schichten der Bevölkerung zuteil wurde. Daran ändert auch nichts die Tatsache, daß Hr. Adenauer, durch die Kriegsverhältnisse, die zu ändern nicht in seiner Macht stand, gezwungen wurde, manche in das wirtschaftliche Leben tief einschneidende und die Interessen vieler Erwerbsstände empfindlich berührende Maßregel zu treffen. Aber auch hier ging er so schonend wie möglich zu Werke. Daß Hr. Adenauer trotz der Riesenarbeit, die während länger als 2½ Kriegsjahren auf seinen Schultern lag und die Kräfte eines einzelnen Mannes überstieg, noch Zeit fand, in vielbeachteten literarischen Arbeiten Stellung zu wirtschaftlichen Tagesfragen zu nehmen, beweist die ihm eigene ausserordentliche Arbeitskraft.

Eine schwere, angesichts der durch den Krieg geschaffenen Verhältnisse außerordentlich verantwortliche Aufgabe ist es, die mit dem neuen Amt auf die Schultern des neuen Oberhauptes unserer Stadt gelegt wird, eine Aufgabe, der nur ein Mann von eiserner Willens- und Tatkraft, ein Mann selbstloser Arbeitswilligkeit wird gerecht werden können. Ein solcher Mann ist Hr. Adenauer. Daß er seine ganze Kraft, sein vielseitiges Wissen und Können und seine reiche, im Dienste der Stadt gesammelte Erfahrung daran setzen wird, diese Aufgabe zu erfüllen, davon sind wir überzeugt; daß es ihm gelinge und eine lange und segensreiche Tätigkeit zum Besten der Stadt und der gesamten Bürgerschaft ihm beschieden sein möge, ist unser aufrichtiger Wunsch.

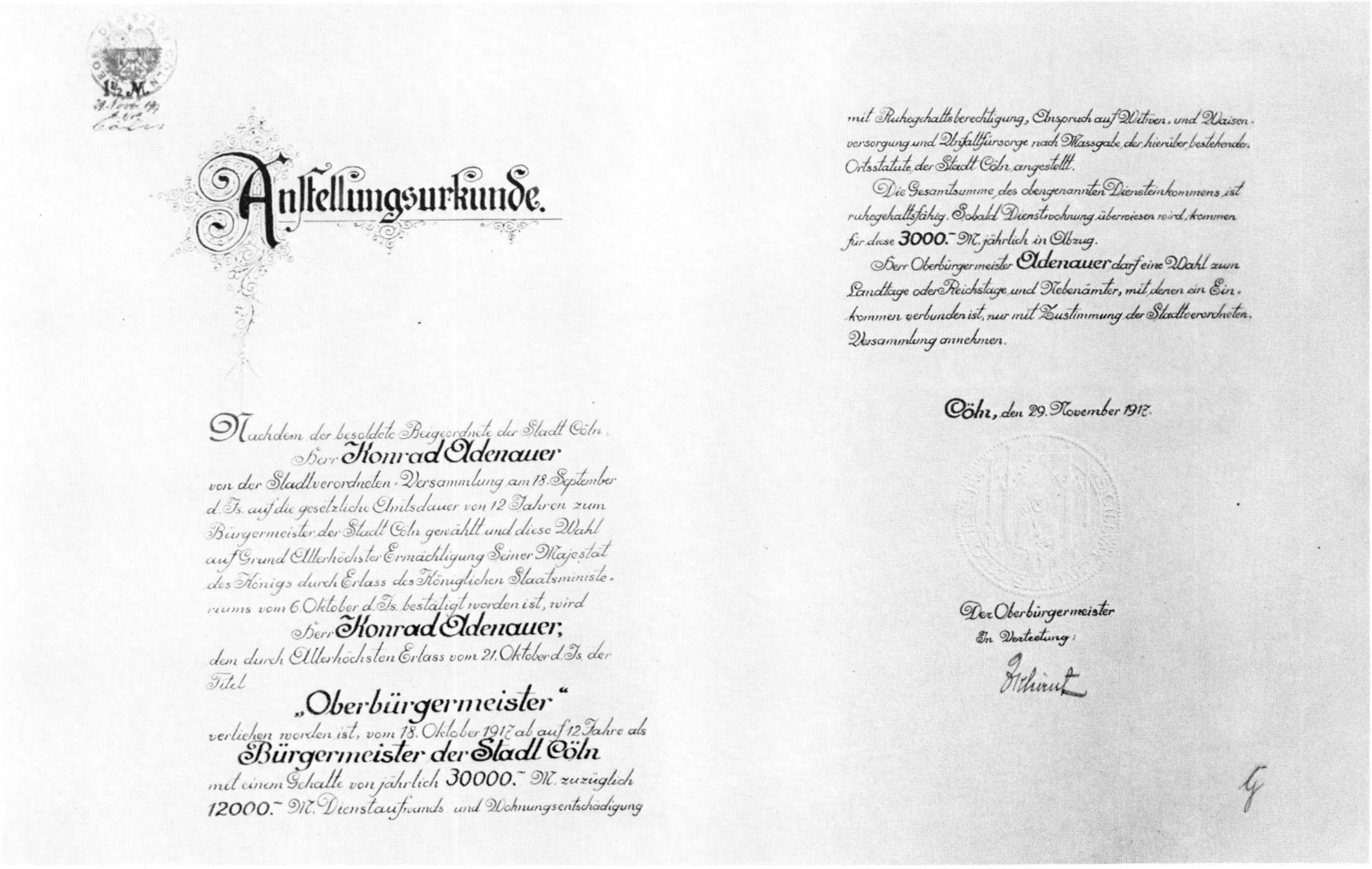
Anstellungsurkunde.

Nachdem der besoldete Beigeordnete der Stadt Cöln, Herr Konrad Adenauer von der Stadtverordneten-Versammlung am 18. September d. Js. auf die gesetzliche Amtsdauer von 12 Jahren zum Bürgermeister der Stadt Cöln gewählt und diese Wahl auf Grund Allerhöchster Ermächtigung Seiner Majestät des Königs durch Erlass des Königlichen Staatsministeriums vom 6. Oktober d. Js. bestätigt worden ist, wird Herr Konrad Adenauer, dem durch Allerhöchsten Erlass vom 21. Oktober d. Js. der Titel

„Oberbürgermeister"

verliehen worden ist, vom 18. Oktober 1917 ab auf 12 Jahre als

Bürgermeister der Stadt Cöln

mit einem Gehalte von jährlich 30000.– M. zuzüglich 12000.– M. Dienstaufwands- und Wohnungsentschädigung mit Ruhegehaltsberechtigung, Anspruch auf Witwen- und Waisenversorgung und Unfallfürsorge nach Massgabe der hierüber bestehenden Ortsstatute der Stadt Cöln angestellt.

Die Gesamtsumme des obengenannten Diensteinkommens ist ruhegehaltsfähig. Sobald Dienstwohnung überwiesen wird, kommen für diese 3000.– M. jährlich in Abzug.

Herr Oberbürgermeister Adenauer darf eine Wahl zum Landtage oder Reichstage und Nebenämter, mit denen ein Einkommen verbunden ist, nur mit Zustimmung der Stadtverordneten-Versammlung annehmen.

Cöln, den 29. November 1917.

Der Oberbürgermeister
In Vertretung:

August 1917 nach einem viermonatigen Krankenhausaufenthalt zur Nachkur in St. Blasien im Schwarzwald aufhielt, verwickelten ihn die Stadtverordneten Hugo Mönnig und Johann Rings auftragsgemäß in ein scheinbar harmloses Gespräch, das er nach zwei Stunden mit dem inzwischen klassisch gewordenen Satz abbrach: »Meine Herren, anomal bin ich nur äußerlich!« Damit waren alle Zweifel ausgeräumt.

Am 18. September 1917 wählte ihn die Stadtverordnetenversammlung, in der 36 Zentrumsmitglieder und 24 Liberale saßen, mit 52 gültigen bei zwei ungültigen Stimmen auf zwölf Jahre zum Bürgermeister (der Titel Oberbürgermeister wurde besonders verliehen) – in Abwesenheit, denn er mußte zunächst noch in St. Blasien bleiben. Erst am 18. Oktober wurde er in sein Amt eingeführt. Aus diesem Anlaß sagte er: »Sich ganz auswirken, mit den Kräften des Verstandes und der Seele, mit seiner ganzen Persönlichkeit schöpferisch tätig sein zu können, ist der schönste Inhalt menschlichen Lebens. Das Feld hierzu haben Sie mir durch die Wahl zum Bürgermeister der Stadt Köln geöffnet . . . Sozial bluten wir aus allen Wunden. Aber der Krieg hat uns auch die Augen für unsere sozialen Pflichten geöffnet. . . . Der Hebung aller Klassen, die einer solchen bedürfen, muß unsere soziale Arbeit gelten, und sie muß sich erstrecken auf alle Gebiete menschlichen Lebens.«

Eine Woche später wurde Adenauer von Kaiser Wilhelm II. in dessen Eigenschaft als König von Preußen der Titel Oberbürgermeister verliehen, am 16. Februar 1918 berief er ihn ins preußische Herrenhaus. Er war nun, mit 41 Jahren, der jüngste Oberbürgermeister des Deutschen Reiches – so wie er

4

5

Es wird hiermit bescheinigt, daß der Paßinhaber die durch die Photographie dargestellte Person ist und die darunter befindliche Unterschrift eigenhändig vollzogen hat.

Cöln, den 15. April 1918

Der Polizei-Präsident.

Auf Anordnung:

drei Jahrzehnte später einmal der älteste Regierungschef der Welt sein sollte. Aber an höhere politische Weihen dürfte er damals, mitten im Krieg, nicht gedacht haben; im Gegenteil, er hat später bekannt, und dieses Bekenntnis wirkt durchaus überzeugend, daß er sich im Jahre 1917 auf dem Höhepunkt seiner Karriere, wenn auch nicht seiner Lebensleistung glaubte. Schließlich war Köln mit 650000 Einwohnern die zweitgrößte Stadt Preußens und die viertgrößte des Reiches, und der Kölner Oberbürgermeister galt als »König der Rheinlande«. Was wollte er mehr? Immerhin, noch lag beinahe ein Vierteljahrhundert vor der Schwelle der Pensionierung.
Nach seinem Rücktritt als Bundeskanzler meditierte er über das, was ihn seinerzeit bewegte: »Eine gute Mittelstandsposition – Notar auf dem Lande, Natur ringsrum, die Kinder großziehen, sie etwas werden lassen, das war mein Ideal. Es ist eben alles anders gekommen. Aber Ehrgeiz hatte ich nie. Als ich noch Oberbürgermeister war, sicher, da strebte ich an, noch einmal zum Oberbürgermeister gewählt zu werden . . . Nun ja, und nach meiner Pensionierung, da wollte ich dann Honorar-Professor werden, an der Universität wirken, um mit der Jugend zusammenzusein; nicht ordentlicher Professor, das war zuviel Arbeit.«

Die Weimarer Republik

Friedensvertrag von Versailles – Die deutsche Delegation bei der Unterzeichnung am 28. Juni 1919

Die Besetzung des Rheinlandes – Französische Soldaten 1921 am »Deutschen Eck« bei Koblenz

November-Revolution 1918 in Berlin –
Meuternde Matrosen am Brandenburger Tor

Inflation in Deutschland –
Reichsbanknote vom 20. Oktober 1923

Weltwirtschaftskrise in Deutschland –
Berliner Arbeitsloser 1930

Mitte unten: Der Deutsche Reichstag –
Verfassungsfeier am 11. August 1922

Vorspiel

Himmelfahrtstag 1926. Seit gestern ist das Reich wieder einmal ohne Kanzler. Die Republik hat in knapp acht Jahren nun schon dreizehn Regierungen und neun Kanzler verbraucht. Ihr letztes Opfer ist Hans Luther, vormals Oberbürgermeister von Essen. Wer soll ihr nächstes werden? Unschlüssig liest Konrad Adenauer erneut das Telegramm seiner Parteifreunde von Guérard und Stegerwald: »Erbitten dringend morgen Ihre Anwesenheit in Berlin.« Er weiß nur zu genau, was er da in Händen hält. Schon fünfmal wurde sein Name als Kanzlerkandidat genannt. Einmal, vor fünf Jahren, hat er ernsthaft verhandelt. Und ist in Köln geblieben. Jetzt, mit fünfzig Jahren, bietet sich ihm die vielleicht letzte Chance, die Führung der deutschen Politik zu übernehmen.

Die Führung der deutschen Politik? Die Aufgabe reizt ihn. Aber in Berlin bestimmt nicht der Kanzler, sondern der Außenminister die Richtlinien. Und das wird so bleiben, solange der Außenminister Gustav Stresemann heißt. Also ein Kabinett Adenauer ohne Stresemann und seine Deutsche Volkspartei? Eine kleine Koalition aus Zentrum, Sozialdemokraten und Linksliberalen? Sie haben im Reichstag nur die schmale Mehrheit von vier Stimmen. Das reicht für eine zielbewußte Politik, wie sie ihm vorschwebt, nicht aus. Nur eine Große Koalition kommt für ihn in Frage. Sie hätte eine beruhigende Mehrheit von mehr als fünfzig Stimmen. Damit könnte man regieren . . .

Alle Überlegungen, alle Zielstellungen enden bei Stresemann. Kann er sich mit dem selbstbewußten und deshalb schwierigen Mann arrangieren? Diese Frage läßt sich nur an Ort und Stelle beantworten. In Berlin. Morgen wird er fahren. Morgen oder übermorgen. Er muß die Möglichkeiten, die ihm die Depesche anbietet, ausloten. Aber er darf nichts überstürzen, sich nicht von seinem Ehrgeiz überwältigen lassen. Denn vom Schleudersitz des Reichskanzlers gibt es schwerlich einen Weg zurück ins Kölner Rathaus. Hier könnte er jetzt, ein Vierteljahr nach der Befreiung, viele alte Pläne verwirklichen. Pläne, die während des Krieges, der Revolution und der britischen Besatzung ruhen mußten. Wo liegt seine Zukunft? In Berlin? Oder doch in Köln?

Preußen und die Rheinlande

Der Zusammenbruch der Monarchie. »Der Krieg«, so hatte Adenauer schon im Herbst 1917 festgestellt, »hat uns tiefe Wunden geschlagen, und der Friede, der Wiederaufbau, wird uns noch schwerere Aufgaben bringen als der Krieg.« Bereits Anfang 1918 prophezeite er seinem Vorgänger Wallraf die Niederlage, und er war davon überzeugt, daß die Monarchie die Niederlage nicht überleben würde. Daß sie dann so schnell und kraftlos zusammenbrach, überraschte freilich auch ihn. Bis zuletzt hatte sich die Oberste Heeresleitung gegen Verhandlungen mit der Entente gesträubt. Nun, im Herbst 1918, verlangte sie von der Reichsregierung umgehend Waffenstillstandsverhandlungen. Die aufgestaute Spannung machte sich zuerst in Kiel Luft, wo Matrosen gegen ihre Führung meuterten.

Revoltierende Soldaten und Arbeiter in Kiel

Am 6. November wurde Adenauer gemeldet, revolutionäre Matrosen seien in einem Zug unterwegs nach Köln. Es gehört nicht viel Phantasie dazu, sich auszumalen, was diese Nachricht bedeutete: Köln war nicht nur die größte Stadt hinter der Westfront, sondern zugleich auch die Hauptfestung im Westen des Reiches. Alle Transporte zur Westfront und von dort zurück passierten Köln. Wenn in dieser Stadt die Revolution ausbrach . . . Adenauer versuchte, den Zug mit den revolutionären Matrosen unterwegs zu stoppen. Aber er scheiterte an der Entschlußlosigkeit des Kölner Kommandanten, eines Generalleutnants Kruge, und an der Reichsbahndirektion, die darauf bestand, daß auch während einer Revolution ihr Fahrplan pünktlich eingehalten werden müsse . . .

Beinahe ein halbes Jahrhundert später kommentierte Adenauer diese Vorgänge mit den Worten: »Sie können sich kaum vorstellen, wie die Revolution vor sich ging . . . Es war ein Kinderspiel, es war ja alles schon so morsch . . . alles fiel zusammen wie ein Kartenhaus.« Tatsächlich leistete die sechzigtausend Mann starke Garnison keinen Widerstand, als ein Arbeiter- und Soldatenrat unter Vorsitz des späteren sozialdemokratischen Reichsinnenministers Sollmann die Macht übernahm. Nur Adenauer blieb stur an seinem Schreibtisch sitzen und hielt es für das Beste, Sollmann Räume im Rathaus anzubieten. Als es nach der gewaltsamen Befreiung von fünftausend Militärgefangenen zu Übergriffen und Plünderungen kam, schlug er vor: »Übertragen Sie mir die Verantwortung dafür, daß in der Stadt Sicherheit und Ordnung herrschen.«

Der Arbeiter- und Soldatenrat nahm dieses Angebot an und bestellte am 8. November 1918 den vom Kaiser ernannten Oberbürgermeister zum »Beauftragten zur Aufrechterhaltung von Ruhe und Ordnung«! Auf einer Bescheinigung, die Adenauer ebenso sorgsam aufbewahrte wie seine rote Armbinde und einen Passierschein des Arbeiter- und Soldatenrates, hieß es: »Jeder, wer es auch sei, hat sich seinen Anordnungen zu fügen.« Vorher hatte

Adenauers Armbinde 1918

der »revolutionäre« Oberbürgermeister dafür gesorgt, daß 300 000 Liter Alkohol, die in einem Heeresdepot lagerten, vorsichtshalber in den Rhein flossen. Im März 1933 erinnerte er sich:
»Köln stand vor einem Abgrund . . . ich bin nicht geflohen wie so mancher andere . . . Und unsere Arbeit, die auch von besonnenen Elementen der sozialdemokratischen Partei unterstützt wurde, hat Erfolg gehabt. Am 10. November 1918 haben wir einen Wohlfahrtsausschuß unter meinem Vorsitz gegründet, dem im Gegensatz zum Arbeiterrat neben Sozialdemokraten Vertreter aller bürgerlichen Parteien angehörten; unmittelbar darauf folgte die Bildung einer Bürgerwehr, die aus Mitgliedern aller Parteien und Schichten bestand. Unseren vereinten Kräften gelang es, allmählich wieder Ruhe und Ordnung zu schaffen, den Arbeiter- und Soldatenrat auszuschalten, die militärischen Lager zu retten, die Versorgung mit Lebensmitteln wieder in Gang zu bringen, die nötigen Vorbereitungen zu treffen, um den reibungslosen Durchzug der 6. und 17. Armee, die bis zu einem bestimmten Tage auf dem anderen Rheinufer sein mußten, zu sichern.«
In Köln wie in anderen Städten und Landstrichen des Reiches hatten die Revolutionäre eine Zeitlang neben dem bürokratischen Unterbau der alten Autoritäten ziellos hin und her operiert. Dann war ihnen die Macht oder das, was sie dafür hielten, ebenso rasch wieder entglitten, wie sie sie erobert hatten. Fast überall überlebten die kommunalen Selbstverwaltungen und die staatliche Beamtenschaft sowohl die Monarchie als auch die Revolution. In Köln hatte sich zudem ein Mann als »Krisenmanager« – wie man heute sagen würde – bewährt, für den diese Herausforderung ein ähnliches Schlüsselerlebnis war wie später die Hamburger Flutkatastrophe für den Sozialdemokraten Helmut Schmidt. Vier deutsche Armeekorps zogen im Herbst 1918 durch die Stadt, die nach den Erinnerungen eines Beauftragten aus dem Hauptquartier des Generalfeldmarschalls von Hindenburg wochenlang »einem riesigen Heerlager« glich: »Sie mußten verpflegt werden, sie mußten ihre rückstän-

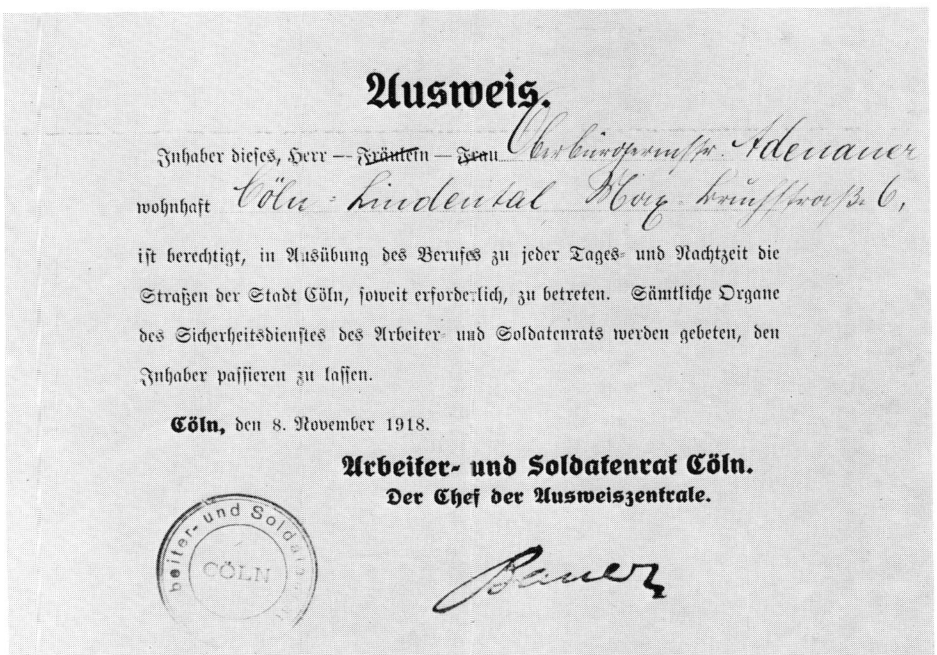
Ausweis.

Inhaber dieses, Herr – ~~Fräulein~~ – ~~Frau~~ Oberbürgermeister Adenauer

wohnhaft Cöln-Lindenthal Max-Bruchstraße 6,

ist berechtigt, in Ausübung des Berufes zu jeder Tages- und Nachtzeit die Straßen der Stadt Cöln, soweit erforderlich, zu betreten. Sämtliche Organe des Sicherheitsdienstes des Arbeiter- und Soldatenrats werden gebeten, den Inhaber passieren zu lassen.

Cöln, den 8. November 1918.

Arbeiter- und Soldatenrat Cöln.
Der Chef der Ausweiszentrale.

beiter- und Soldat... CÖLN

Bauer

dige Löhnung erhalten, und – dies war Adenauers Anordnung – sie sollten entwaffnet aus dem Heeresdienst entlassen werden . . . Nur der Soldat, der seine Waffen abgegeben hatte, erhielt Entlassungsschein, Fahrkarte, Wehrsold und Marschverpflegung bis in die Heimat.«
Der Oberbürgermeister, der gleichsam als Konkursverwalter der untergegangenen Monarchie handelte, fürchtete damals nichts so sehr wie das Potential einer oder mehrerer Bürgerkriegsarmeen, die Politik mit der Waffe in der Hand zu machen versuchten. Rückblickend könnte man, überspitzt, sogar behaupten, Adenauer habe den enttäuschten, betrogenen und hungernden Soldaten die Revolution gegen Graupen abgekauft: Er hatte große Mengen jener nicht sonderlich wohlschmeckenden Hülsenfrüchte angeschafft, mit denen er das durchziehende Militär und die notleidende Zivilbevölkerung aus Feldküchen versorgte – was ihm den nicht immer liebevoll gemeinten Spottnamen »Graupenauer« eintrug.

Die Westdeutsche Republik. Die Sorge vor weiteren revolutionären Verwicklungen wurde Adenauer am 6. Dezember 1918 durch britische Truppen genommen, die Köln bis zum 31. Januar 1926 besetzt hielten. Zwischen ihnen und dem Oberbürgermeister bahnte sich bald ein korrektes Verhältnis an, weshalb die Franzosen das Kölner Stadtoberhaupt in jenen Jahren für einen »Mann der Briten« hielten. Dennoch wird bis heute die Legende kolportiert, Adenauer habe die unter grünweißen Farben marschierenden Separatisten unterstützt, die auf die Gründung einer vom Deutschen Reich losgelösten, eng an Frankreich angelehnten Rheinrepublik hinarbeiteten.
Letztlich beruht diese Legende auf einem Mißverständnis. Unter Separatismus wurde zunächst die Absicht verstanden, im Zuge einer Reichsreform das in Deutschland dominierende Preußen aufzuteilen. Dabei sollten die Rheinprovinz und Westfalen zu einer Westdeutschen Republik zusammengeschlossen werden – nicht als selbständiger oder von Frankreich abhängiger Staat, sondern als deutsches Bundesland. Erst später wurden die Verfechter einer Rheinrepublik Separatisten genannt, was bei vielen, die die verwickelten Vorgänge im Westen Deutschlands nicht selbst erlebt hatten, den Verdacht nährte, auch Adenauer habe zu ihnen gehört. In Wahrheit beschimpfte einer der führenden Rheinrepublikaner, der von Paris ausgehaltene Wiesbadener Staatsanwalt Dorten, gerade ihn als »Verräter an der rheinischen Sache«, und ein Separatistengericht verurteilte ihn in Abwesenheit zum Tode.
Adenauer hatte sich am 1. Februar 1919 an die Spitze einer schwarz-rot-goldenen Rheinland-Bewegung gestellt, um die grünweißen Rheinrepublikaner unter Kontrolle zu bringen. Daneben ging es ihm um die Schaffung eines rheinisch-westfälischen Bundeslandes oder wenigstens um eine größere Selbständigkeit der Rheinlande innerhalb Preußens. Zu diesem Zweck hatte er die linksrheinischen Mitglieder der deutschen National- und der preußischen Landesversammlung zusammen mit den Oberbürgermeistern der besetzten rheinischen Städte nach Köln eingeladen. »Ich glaube«, so erklärte er bei dieser Gelegenheit, ». . . daß sich die Länder am Rhein, nicht etwa nur das linke Rheinufer, nicht etwa nur die Rheinprovinz, sondern auch die angrenzenden rechtsrheinischen Landesteile zu einem westdeutschen Bundesstaat, zu einer

Staatsanwalt Dorten

Westdeutschen Republik im Verbande des Deutschen Reiches zusammenschließen . . . Diese Westdeutsche Republik würde wegen ihrer Größe und wirtschaftlichen Bedeutung in dem neuen Deutschen Reiche eine bedeutungsvolle Rolle spielen und demgemäß auch die außenpolitische Haltung Deutschlands in ihrem friedensfreundlichen Geiste beeinflussen können.«
Gegenüber Adenauers Neugliederungsplänen erscheint die Existenz eines Bundeslandes, das nach Fläche und Einwohnerzahl größer war als alle anderen 25 zusammen, widersinnig. Aber Preußen war eben nicht nur ein Bundesland, sondern zugleich eine Idee, ein Mythos. Daran scheiterten alle noch so vernünftigen Überlegungen zu einer Länderneugliederung. Außerdem traf Adenauers Voraussage – »Entweder wir kommen direkt oder als Pufferstaat zu Frankreich, oder wir werden eine Westdeutsche Republik; ein Drittes gibt es nicht« – nicht ein: London widersetzte sich entsprechenden französischen Annektionsplänen, und auch Paris ging nicht so zielstrebig vor, wie es Anfang 1919 den Anschein hatte.
Immerhin war Adenauer im Recht, als er das Verhältnis zu Frankreich im Februar 1919 als die entscheidende Komponente einer auf Friedenssicherung angelegten Außenpolitik eines neuen Deutschland bezeichnete und dabei darauf hinwies, daß dieses Verhältnis sich nur dann befriedigend entwickeln könne, wenn Deutschland bereit sei, dem französischen Sicherheitsbedürfnis Rechnung zu tragen. Hier dokumentiert sich, wie sehr alles, was Adenauer nach dem Zweiten Weltkrieg dachte und tat, in Überlegungen wurzelte, die er lange vor seiner Kanzlerschaft angestellt hatte.

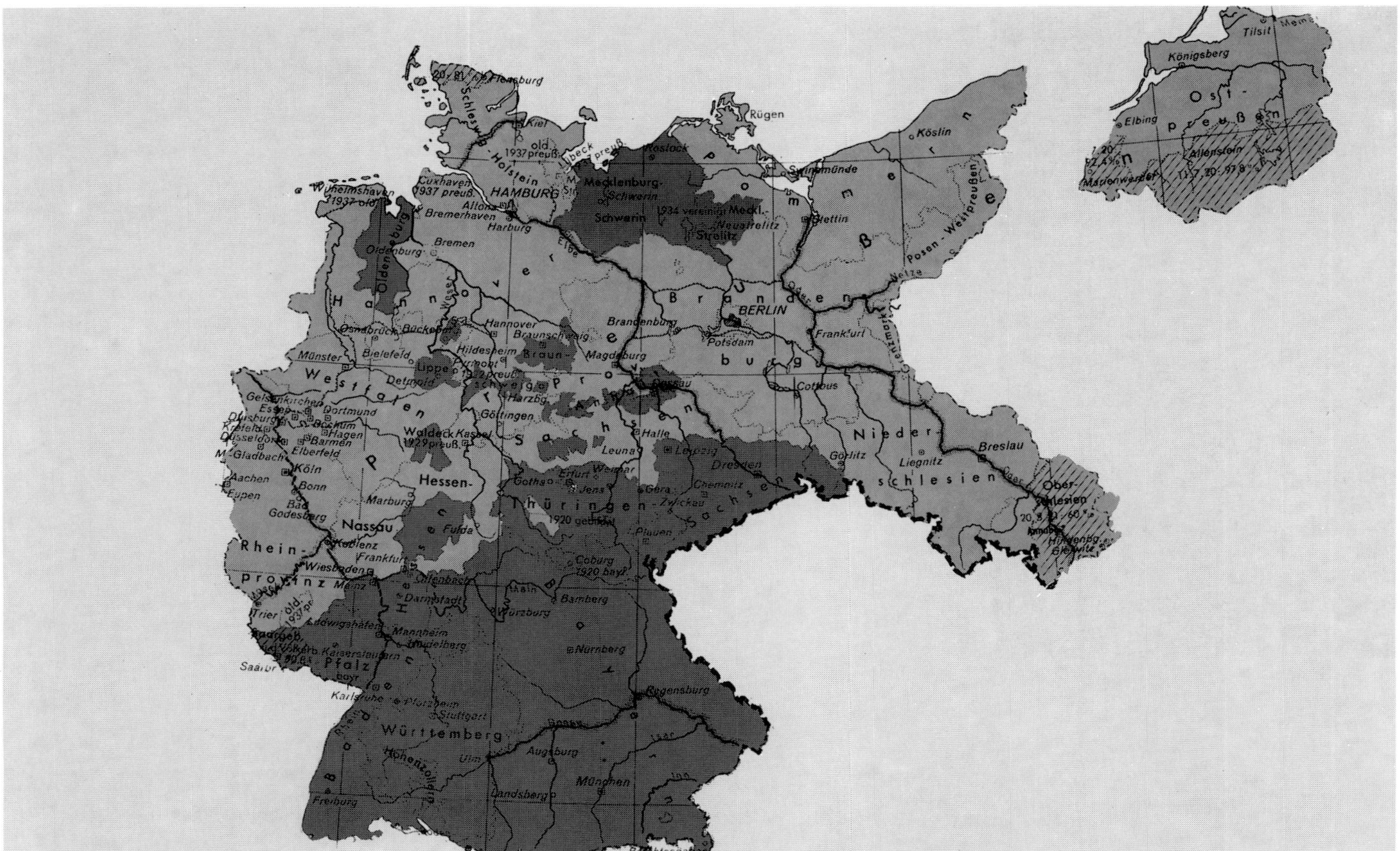

Die Weimarer Republik:
Preußen = hell,
alle anderen Länder = dunkel

Allerdings täuschte er sich damals in der Bereitschaft Frankreichs, sich um einer Befriedung Europas willen mit einer Aufteilung Preußens zufriedenzugeben. Stattdessen bestand Paris darauf, ganz Deutschland wirtschaftlich, politisch und militärisch durch immense Reparations- und Gebietsforderungen nachhaltig zu schwächen. Damit mußte auch die deutsche Außenpolitik auf die – wie Adenauer meinte: ausgetretenen – Pfade Bismarcks zurückkehren, der glaubte, Deutschland könne sich nur in einem Balanceakt zwischen Ost und West behaupten. Konrad Adenauer dagegen, der im Februar 1919 seine erste große außenpolitische Rede gehalten hatte, schien wieder in der Versenkung rheinischer Kommunalpolitik zu verschwinden.

Eine europäische Wirtschaftsunion? Hinter Adenauer lagen erfolgreiche Jahre beim Wiederaufbau und Ausbau Kölns, als er sich 1923 erneut den Problemen gegenübersah, die ihn schon vier Jahre zuvor beschäftigt hatten. Auch diesmal sollte er außenpolitisch Recht behalten, ohne innenpolitisch Recht zu bekommen: Die Reichsregierung hatte Vertreter aus den Rheinlanden und dem Ruhrgebiet für den 13. November 1923 zu einer Sitzung nach Berlin gerufen. Bei dieser Gelegenheit erklärte sich der damalige Reichsfinanzminister Luther im Interesse einer Stabilisierung der neugeschaffenen Rentenmark außerstande, den von Engländern und Franzosen besetzten Gebieten weitere Subventionen aus der Reichskasse zu zahlen. Nach Adenauers Erinnerungen forderte Reichskanzler Stresemann die westdeutschen Vertreter auf, der Hohen Interalliierten Rheinlandkommission in Koblenz das Recht abzuhandeln, eigene Steuern erheben zu dürfen.

Reichskanzler Luther

Adenauer wußte, daß Paris – nachdem der passive Widerstand gegen die Franzosen im Ruhrgebiet abgebrochen worden war – wieder mit dem Gedanken spielte, die Rheinlande entweder zu annektieren oder in einen von Frankreich abhängigen Pufferstaat umzuwandeln. Deshalb protestierte er in Berlin scharf gegen die finanzielle Preisgabe der Rheinlande und erklärte, Westdeutschland müsse »mehr wert sein als ein oder zwei oder selbst drei neue Währungen«, zumal eine wertbeständige Währung ohnehin von den immensen Reparationsforderungen gefährdet sei.

Drei Tage später gab Adenauer einer Pariser Zeitung ein Interview, in dem es hieß: »Es liegt nicht im Interesse Frankreichs, Deutschland zu unterwerfen, sondern sich mit ihm zu verständigen. Mit Gewalt zwischen dem durch einen Friedensvertrag voller Schrecken niedergedrückten Deutschland und Frankreich einen neutralen Rheinstaat schaffen zu wollen, heißt Deutschland dahin drängen, daß es in einigen Jahren nach dessen Vernichtung trachtet, das heißt, einen Krieg wahrscheinlich, ja nahezu sicher machen.« In Berlin hatte er sich nur bereit erklärt, mit dem französischen Hochkommissar Tirard über eine Herabsetzung der alliierten Reparationsforderungen zu verhandeln. Gleichzeitig suchte der Kölner Oberbürgermeister britische Rückendeckung, was in Paris den Eindruck festigte, der »gallige und zähe Adenauer« sei Englands Sprachrohr auf deutschem Boden.

In Wirklichkeit wollte Adenauer die deutschen und französischen Interessen auf einen Nenner bringen. Wiederum eilte er seiner Zeit weit voraus: Gemeinsam mit dem Industriellen Stinnes, einem Parteifreunde Strese-

manns, ließ er in Paris den für die damalige Zeit überaus kühnen Plan einer Wirtschaftsunion zwischen dem rheinisch-westfälischen und dem lothringischen Industrierevier sondieren; auch eine Einbeziehung der belgischen und der luxemburgischen Industrie wurde erörtert. Die ersten Umrisse der Montan-Union von 1950 tauchen hier auf. Aber die Franzosen wollten ihr deutsches Trauma auf konventionellem Wege, das heißt durch eine Reduzierung des territorialen und damit des ökonomischen Potentials der Deutschen, überwinden, wobei sie deren Vitalität und Dynamik erheblich unter-, ihre eigene jedoch ziemlich überschätzten und außerdem die weltpolitische Konstellation verkannten. So wurden bald nach dem Ersten Weltkrieg Tatsachen geschaffen, die Hitler als Vorwand zur Auslösung des Zweiten Weltkrieges dienten.

Für Adenauer bedeutete das Scheitern seiner weit vorausschauenden Pläne, die ohnehin durch eine Stabilisierung der deutschen Währung, die Ablösung des gegenüber Deutschland besonders unversöhnlichen Ministerpräsidenten Poincaré in Paris und die Billigung des Dawes-Planes für die Lösung der Reparationsfrage im Jahre 1924 überholt wurden, den zweiten Rückzug auf seine stabile Kölner Basis. Seine Berufung in höhere Ämter der Weimarer Republik stand auch danach immer wieder zur Diskussion. Aber seine außenpolitischen Talente wären vermutlich selbst dann, wenn er das Kölner Rathaus mit dem Berliner Kanzlerpalais vertauscht hätte, angesichts der politischen Lage im Europa der zwanziger und dreißiger Jahre verkümmert: Noch war Stresemann der Mann der Stunde.

Der Kanzlerkandidat der Gewerkschaften

Adenauer, Stresemann und Bismarck. Stresemann war nur wenige Monate Reichskanzler gewesen. Kurz nach jener denkwürdigen Sitzung, in der er die finanzielle Preisgabe der Rheinlande vorgeschlagen hatte, wurde er gestürzt. Aber auch unter dem neuen Reichskanzler Marx, der zugleich Fraktionsvorsitzender des Zentrums im Reichstag war, blieb Stresemann als Außenminister die bestimmende Figur der deutschen Politik. Die Jahre von 1923 bis 1929, die die einen die »Goldenen Zwanziger«, die anderen die »trügerischen Jahre« der Weimarer Republik genannt haben, tragen seinen Namen. Die »Ära Stresemann« lebte vom Optimismus und von der Phantasie dieses Mannes, der in Locarno die Verständigung mit Frankreich suchte und zugleich die seit dem Vertrag von Rapallo bestehenden Beziehungen zur Sowjetunion intensivierte. Adenauer, dem diese »Schaukelpolitik« mißfiel, argwöhnte, Stresemann wolle hinter einem europäischen Mantel die alte Großmachtpolitik Bismarcks wiederaufnehmen.

Reichskanzler Marx

Im Gegensatz zu Adenauer besaß Stresemann das Charisma eines populären Volksführers, so daß seine ursprünglich auf Besitz und Bildung gegründete Deutsche Volkspartei auch breite Schichten anzusprechen vermochte: »Was geh'n denn Dich die Andern an, Du wählst wie Gustav Stresemann.« Der Sohn eines Berliner Bierhändlers repräsentierte ein liberal denkendes und national fühlendes Bürgertum. Die Volkspartei war unter seiner Führung zur Vertretung mittelständischer Schichten geworden, die sich erst spät mit der Republik abgefunden, sie dann aber doch wesentlich mitgetragen haben. Nach Stresemanns Tode 1929 schwenkte die Partei wieder nach rechts.
Adenauer kam aus einem anderen politischen Lager als Stresemann, der bei mehreren Gelegenheiten zu seinem Gegenspieler wurde. Er war gewissermaßen in die Zentrumspartei, die politische Organisation des deutschen Katholizismus, hineingeboren worden. Während die Kölner Liberalen die politischen Interessen des rheinischen Bürgertums vertraten, sofern es nicht streng katholisch war, begriff sich das Zentrum als soziale Union: Ihm gehörten mehr Arbeiter und Bauern, Handwerker und kleine Gewerbetreibende, Priester und Aristokraten als Unternehmer an. Das Zentrum war eine Volkspartei mit einem starken linken Flügel, den die christlichen Gewerkschaften bildeten. Adenauer war zweimal ihr Kanzlerkandidat in der Weimarer Republik, was gern unterschlagen wird, um aus ihm einen Rechten, einen »Agenten des Kapitalismus« zu machen.

Auch Adenauers positives Verhältnis zur Sozialdemokratie, verdeckt durch seine Frontstellung gegenüber Schumacher nach 1945, resultierte aus der Zentrumstradition: Beide Parteien waren von Bismarck in die Opposition gedrängt worden, beide vertraten Minderheiten, für beide waren das nationalliberale Bürgertum und der protestantische Adel die Hauptgegner. Bismarck hat in seinen »Gedanken und Erinnerungen« für den Fall eines Zusammenbruchs der Monarchie eine katholisch-sozialistische Koalition vorausgesagt – nach 1918 bildeten SPD und Zentrum, unterstützt von den Linksliberalen der Deutschen Demokratischen Partei, die staatstragende »Weimarer Koalition«.

Adenauer meinte wohl mit Recht, daß sich Bismarcks Befürchtungen aus seiner wenig weitblickenden Innenpolitik herleiteten: »Die Veränderungen, die zwangsläufig im Zuge der fortschreitenden Industrialisierung kommen mußten, hat er nicht richtig eingeschätzt und nicht in Rechnung gestellt. Und er hat verkannt, welche Bedeutung, welch tragende Rolle durch sie der Arbeiterschaft eines Tages zufallen würde.« Freilich war er objektiv genug, nicht Bismarck allein für fatale Entwicklungen der deutschen Geschichte verantwortlich zu machen. Seiner Ansicht nach lagen die Ursachen weiter zurück: »Der Wille des Volkes erzwang 1848 den Zusammentritt der ersten, demokratischen deutschen Volksvertretung, aber es gelang ihr nicht, ein demokratisches deutsches Reich zu schaffen. Das hat für das deutsche Volk verhängnisvolle Folgen gehabt. Anstelle der sittlichen Idee der nationalen Freiheit gewann allmählich nach der Reichsgründung von 1871 ein auf die Macht gegründeter Nationalismus Boden.«

Die eine der beiden Äußerungen stammt aus dem Jahre 1964, die andere aus dem Jahre 1951. Da Adenauers Weltanschauung und sein Geschichtsverständnis ebenso wenig prinzipiellen Wandlungen unterlagen wie seine außenpolitische Konzeption, ist anzunehmen, daß auch diese Einsichten lange in ihm heranreiften. Dafür spricht auch sein Urteil über einen anderen Aspekt

Unterzeichnung des Vertrages von Locarno:
Nr. 1 Reichskanzler Luther
Nr. 2 Reichsaußenminister Stresemann

von Bismarcks Innenpolitik, das ebenfalls aus dem Jahre 1964 stammt: »Durch den Kulturkampf, den er den Katholiken aufzwang, hat er bewirkt, daß sie sich im Reichstag zu einer Partei zusammenschlossen, im Zentrum. Auch dies war nicht gesund für die innenpolitische Entwicklung . . .«
Tatsächlich machte Bismarcks Kulturkampf die Hoffnungen der Zentrumsgründer auf einen evangelischen Flügel der Partei zunichte. Zwar haben ihrer Reichtagsfraktion beinahe immer Protestanten angehört – in der Endzeit der Weimarer Republik stellte sie auch einen jüdischen Kandidaten auf –, aber sie blieb abgestempelt als katholische Partei. Auch eine vorübergehende Umbenennung in »Christliche Volkspartei« nach dem Ersten Weltkrieg und zwei weitere Versuche des »Volksvereins für das katholische Deutschland« (1920 und 1922), das Zentrum doch noch in eine interkonfessionelle »Partei der Mitte« umzuwandeln, mißlangen. Am letzten Versuch war auch Adenauer beteiligt. Als Präsident der 62. Generalversammlung deutscher Katholiken erklärte er am 22. August 1922 in München: »Wir müssen beim Kampf für die Geltung christlicher Grundsätze in den öffentlichen Dingen bei den Nichtkatholiken Bundesgenossen suchen und die Gegnerschaft jener, die wir nicht als Bundesgenossen gewinnen können, möglichst entkräften. Vielleicht oder sogar sicher haben wir uns früher zu sehr . . . von den Nichtkatholiken ferngehalten. Dadurch haben wir die gemeinsamen christlichen Ideale, die auch im evangelischen Lager viele pflegen und hochhalten, nicht gefördert. Soweit wir das irgendwie können, müssen wir mit Bestrebungen Gleichgesinnter im evangelischen Lager Hand in Hand gehen und suchen, uns gegenseitig zu unterstützen und zu fördern.«
Auch dieser Appell Adenauers blieb ohne Echo. Es war sein Schicksal, seiner Zeit zu weit vorauszueilen. Vielleicht ist es eine glückliche Fügung des Schicksals gewesen, daß er sich nicht im Parteienkampf der Weimarer Republik verschlissen hat und daß seine politischen Ideen aufgespart wurden für eine Zeit, die dafür aufnahmebereiter war.

Gustav Stresemann

Der verhinderte Regierungschef. Als Adenauer 1949 Bundeskanzler wurde, kannten die meisten Deutschen nicht einmal seinen Namen. Aber er war keine Neuentdeckung der Nachkriegszeit; er wurde vielmehr insgesamt achtmal als Kanzlerkandidat der Weimarer Republik genannt und, so Adenauer nach 1945 wörtlich, »zweimal wäre es beinahe dazu gekommen, daß ich Reichskanzler wurde, das eine Mal war sogar bereits ein Termin beim Reichspräsidenten vereinbart, allerdings war das geschehen, bevor ich meine endgültige Zustimmung gegeben hatte.« Der Kölner Oberbürgermeister gehörte schon in der ersten deutschen Demokratie zum politischen Spitzenpersonal – als Mitglied des Provinziallandtages und als Vorsitzender des Provinzialausschusses der Rheinprovinz, als Präsident des rheinischen Städtetages, als Mitglied des Reichsvorstandes der Deutschen Zentrumspartei und vor allem als Präsident des Preußischen Staatsrates von 1921 bis 1933.
Zweimal stand der Kölner Oberbürgermeister sogar nur wenige Schritte vom Sessel des Reichskanzlers entfernt. In beiden Fällen hatte ihn Adam Stegerwald, der Vorsitzende der christlichen Gewerkschaften, ins Spiel gebracht. Nach dem Rücktritt des Reichskanzlers Fehrenbach, der ebenfalls zum Zentrum gehörte, und langer Unschlüssigkeit der Parteien verlangte Reichspräsident Ebert am 10. Mai 1921, SPD und Zentrum sollten sich innerhalb von drei Stunden über den neuen Kanzler verständigen. Daraufhin wurde Adenauer, drei Tage nach der Wahl zum preußischen Staatsratspräsidenten, von seiner Partei gefragt, ob er bereit sei, das Amt zu übernehmen. Adenauer erklärte sich dazu bereit, stellte aber vier Bedingungen, die als verklausulierte Ableh-

Reichsminister a. D. Stegerwald

unten links:
Adenauer und Reichspräsident Ebert

unten rechts: Adenauer und
Reichspräsident v. Hindenburg

nung wirken mußten. Tatsächlich entschied sich das Zentrum am Ende für Joseph Wirth, der auch vom Reichspräsidenten favorisiert wurde.
Fünf Jahre später, nach dem Rücktritt des Reichskanzlers Luther, war Reichspräsident von Hindenburg fest entschlossen, den Kölner Oberbürgermeister mit der Regierungsbildung zu betrauen: Nach einer Aussage Adenauers gegenüber Anneliese Poppinga soll nicht nur, wie er später sagte, der Termin beim Staatsoberhaupt vereinbart, sondern seine Ernennungsurkunde bereits ausgestellt gewesen sein. Auch diesmal, im Mai 1926, stellte er Forderungen. So wollte er sich seine Minister »nach ausführlicher Rücksprache mit den Parteien« selbst aussuchen; außerdem bestand er auf einer Großen Koalition aus SPD, Zentrum, Deutscher Demokratischer Partei und Deutscher Volkspartei, was diese aber ablehnte. Dahinter wurde, wahrscheinlich zu Recht, die Entschlossenheit Stresemanns vermutet, einen Reichskanzler Adenauer auf jeden Fall zu verhindern.
Stresemann wäre vielleicht nicht so erfolgreich gewesen, hätte Adenauer nicht gezögert. In einem anderen Fall griff er energisch zu: 1921, als Duisburgs Oberbürgermeister Jarres für das Amt des preußischen Staatsratspräsidenten kandidierte, verhinderte er dessen Wahl zu seinen eigenen Gunsten. Denn Adenauer wußte, daß er auf diesem Posten zu den drei mächtigsten Männern Preußens zählte: Von ihm, dem Ministerpräsidenten und dem Landtagspräsidenten hing zum Beispiel der Beschluß über eine Auflösung des preußischen Landtages ab. Ein solcher Beschluß wurde im Februar 1933 von den Nationalsozialisten gefordert, die das Parlament des größten deutschen

Die Zentrumsfraktion des Preußischen Staatsrats

Bundeslandes auf scheinlegale Weise ausschalten wollten. Adenauer verweigerte die Auflösung mit der Begründung, der statt des rechtmäßigen sozialdemokratischen Ministerpräsidenten Braun erschienene frühere Reichskanzler von Papen maße sich als »Reichskommissar für Preußen« ein Amt an, das die Verfassung nicht kenne.

Papen hatte die preußische Regierung am 20. Juli 1932 absetzen und sich vom Reichspräsidenten zum Reichskommissar ernennen lassen. Innenminister Severing war zuvor von Adenauer beschworen worden, »die ganze preußische Polizei« aufzubieten, denn »es liegt doch in der Luft, daß hier etwas passiert«. Gleichzeitig stimmte er einem Plan des Finanzministers Klepper zu, den Sitz der preußischen Staatsregierung nach Köln zu verlegen.

Papen hat Adenauer in seinen Lebenserinnerungen sogar beschuldigt, einen »vollendeten Hochverratsplan« gebilligt zu haben. Er bezieht sich dabei auf einen 1947 veröffentlichten Artikel Kleppers, in dem es hieß: »Es wurde vereinbart, die preußische Regierung werde, falls ihre Position angegriffen werde, den Ausnahmezustand verhängen, das Reichsbanner Schwarz-Rot-Gold (einen paramilitärischen Verband der demokratischen Parteien zur Abwehr der SA und des kommunistischen Rotfront-Kämpfer-Bundes; er hatte 1932 zwischen 2 und 3,5 Millionen Mitglieder – UFP) zur Hilfspolizei erklären und bewaffnen, Hindenburg diskret neutralisieren, die Reichsregierung aber sowie die Führerclique der NSDAP verhaften.« Nach Kleppers Angaben hat Adenauer diesem Vorhaben zugestimmt.

Aber Ministerpräsident Braun und sein Innenminister verhängten weder den

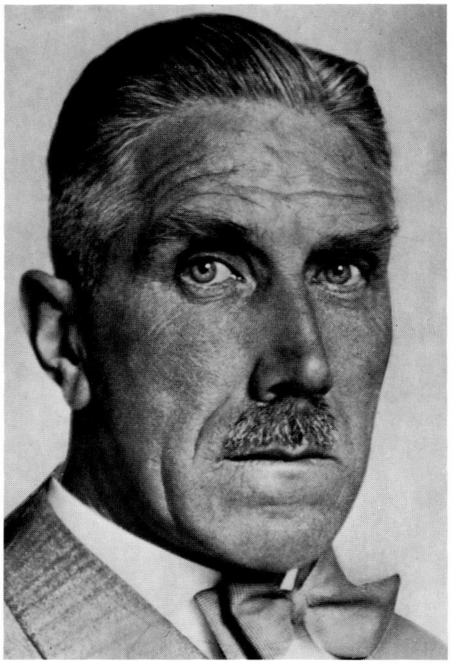

Reichskanzler v. Papen

Chandolin im Wallis

Konrad und Gussie Adenauer in den Walliser Bergen

Hotelier Marc Pont

Ausnahmezustand, noch verlegten sie den Sitz ihrer Regierung nach Köln. Papen dagegen handelte. Hat Adenauer daran erinnert, als Papen ihn im Spätsommer 1938 in dem kleinen Walliser Bergdorf Chandolin besuchte? Der ehemalige Reichskanzler war Botschafter in Österreich gewesen und dann bei Hitler in Ungnade gefallen. Wollte er sich nun von seinem früheren Parteifreund Adenauer in dessen jahrzehntelanger Sommerfrische Trost spenden lassen? Wollte er sich rechtfertigen oder suchte er Unterstützung gegen Hitler? Weder Adenauer noch Papen haben später ihre Begegnung auf Schweizer Boden erwähnt. Nur der Hotelier Marc Pont erinnert sich daran, daß diese geheimgehaltene Begegnung in zweitausend Meter Höhe abends acht Uhr in einem abgelegenen Privatsalon begann und erst früh vier Uhr zu Ende war. »Niemand«, so weiß Pont, »sollte Papen kommen, niemand sollte ihn gehen sehen.«

Für Adenauer war Papens »Preußenschlag« vom Juli 1932 der Anfang vom Ende der Weimarer Republik. Hellsichtig hatte er im Frühjahr führenden Zentrumspolitikern erklärt, man könne Hitler nicht mit Propaganda, sondern nur mit Pulver und Blei beikommen. Reagiere man nicht bald in entsprechend harter Sprache, werde »er sie in einem Jahr mit uns reden«. Aber die Demokratie konnte sich nicht zu einer harten Reaktion aufraffen. Auch Adenauers Vorschlag, wenigstens die Massenarbeitslosigkeit – die Hauptursache des Aufstieges von Hitler – durch ein großes Arbeitsbeschaffungsprogramm einzudämmen, war vom damaligen Reichskanzler Brüning verworfen worden.

Brüning wurde von Hindenburg am 30. Mai 1932 brüsk fallengelassen. Das Präsidialkabinett seines Nachfolgers von Papen, im Reichstag ohne Mehrheit, stolperte von einem Fehler in den anderen. Adenauer sah Anfang August keinen besseren Ausweg mehr, als »das Zustandekommen einer Regierung aus Nationalsozialisten und Deutschnationalen unter Hitler als Reichskanzler zu tolerieren und ganz unvoreingenommen nur nach seinen Taten zu beurteilen«. War nicht zu erwarten, daß eine Regierung Hitler rasch scheitern würde? Vier Jahre zuvor hatte die Lage noch nicht so verzweifelt ausgesehen. Damals wurde darüber gerätselt, ob Adenauer den Vorsitz im Staatsrat mit dem Amt des Ministerpräsidenten vertauschen würde.

Die Spekulation wurde an die Erwartung geknüpft, daß der amtierende Ministerpräsident Braun, »die staatsmännisch und an Autorität stärkste Persönlichkeit der Sozialdemokratie, Reichskanzler werde und dann die preußische Ministerpräsidentschaft abgeben werde«. Braun wurde nicht Reichskanzler und Adenauer nicht Ministerpräsident. Sieben Tage, nachdem die »Rheinische Zeitung« über einen Ministerpräsidenten Adenauer spekuliert hatte, schrieb Staatssekretär Pünder jedoch an den Oberbürgermeister, daß sein Name für die Kanzlerschaft »nach wie vor eine beachtliche Rolle« spiele.

Nur einmal noch sollte danach Adenauers Name als Kanzlerkandidat der Weimarer Republik genannt werden – am 28. Januar 1933, zwei Tage vor Hitlers Machtergreifung, schrieb der »Illustrierte Beobachter« der NSDAP unter der Rubrik »Bilder vom Tage«: »Dr. Adenauer, der schwerumstrittene Oberbürgermeister von Köln, war in Berlin, um wegen der Übernahme des Reichskanzlerpostens zu verhandeln.« Vermutlich diente diese Meldung dazu, von den Verhandlungen Hitlers abzulenken.

Adenauers demokratische Alternative. War Adenauer die »Reserve der Republik« im Hintergrund? Stresemann ging 1929 sogar noch weiter. »Es geht«, so sagte Adenauers Gegenspieler kurz vor seinem Tode, »ein Raunen durch das Land von illegalen Bestrebungen zur Ersetzung der Verfassung durch Diktaturpläne und ähnliches. Trotz der herzlichen Beziehungen, in denen der Oberbürgermeister von Köln zu Großmächten Europas steht, in denen diese Regierungsform besteht, glaube ich, daß wir vom Faschismus noch weit entfernt sind.«

Diese Behauptung war nichts als blanke Polemik, denn es gibt – außer einem italienischen Orden – nicht den geringsten Anhaltspunkt für »herzliche Beziehungen« Adenauers zu Mussolini, und von Staatsstreichplänen des damaligen Oberbürgermeisters ist trotz intensiver Nachforschungen ebenfalls nichts bekannt. Immerhin fällt auf, daß der britische Schriftsteller und Diplomat Harold Nicolson zwei Wochen nach Stresemanns Verunglimpfung in Köln gehört haben will, man würde Adenauer dann nach Berlin holen, wenn der deutsche Parlamentarismus eines Tages versagen sollte. Nicolson sah in dem »seltsamen Mongolen mit seinen schlauen Augen im gelben Gesicht« einen waschechten Diktator: »Keine Art, die mir zusagt, aber . . . eine Art, die man, hat man sie einmal gesehen, nie wieder vergißt.«

War Nicolson von Stresemann auf diese Fährte gesetzt worden? Es gibt eine plausiblere Erklärung für seine Aussage: Gegenüber den Berliner Parteipolitikern mit verblassender Autorität und schwindendem Rückhalt im Volke wirkte der »Lordmayor of Cologne« auf den englischen Aristokraten wie die

Auf dem »Kreuzer Köln«

PREIS 60 PFENNIG *Rheinlandnummer* JAHRG. 1928 / NR. 24

JUGEND

Porträt des Kölner Oberbürgermeisters Adenauer

Personifizierung der Staatsmacht. Und deren Realisierung konnte er sich in Deutschland offenbar nur noch in einer Diktatur vorstellen – womit er Recht behalten sollte, auch wenn er sich in der Person des Diktators täuschte. Adenauers Leben und Wirken enthielt, ganz im Gegenteil, die Offerte einer demokratischen Alternative, von der die Deutschen erst zwanzig Jahre später Gebrauch machen sollten – die Offerte einer demokratischen Entwicklung nicht gegen, sondern mit Deutschlands europäischen Nachbarn auf der Grundlage einer in der kommunalen Selbstverwaltung erprobten Autorität. Persönliche Autorität war in der Weimarer Republik Mangelware, und deshalb drohte auch die Amtsautorität knapp zu werden. Ohne Autorität, Adenauer wußte das, konnte Demokratie nicht gedeihen, mußte sie auf dem

Herrn Oberbürgermeiſter Dr. h. c. Adenauer und ſämtlichen Beigeordneten der Stadt Köln
zur freundlichen Erinnerung an das 50jährige Jubiläum des Stadt-Anzeigers überreicht von der Firma M. DuMont Schauberg
Köln, 14. November 1926

Umweg über die Anarchie in einer Diktatur enden. Sowohl die liberalen Traditionen einer freien Reichsstadt wie Köln als auch die Überlieferungen des rheinischen Katholizismus, in denen er aufgewachsen und erzogen worden war, verboten Adenauer bereits den Gedanken an eine klerikalfaschistische Staatsordnung, wie sie nicht etwa Mussolini in Italien, sondern Dollfuß in

Österreich und Salazar in Portugal entweder schon errichtet hatten oder noch errichten würden.
Adenauer hatte einen Hang zur Selbstherrlichkeit in Köln bewiesen, gewiß, und er würde nach 1945 eine Kanzlerdemokratie schaffen, die auf ihn zugeschnitten war. Aber er hatte, von seinen ethisch-humanen Grundvorstellungen abgesehen, eine viel zu große Freude am Taktieren, am Finassieren, am Über- und Ausspielen von Personen und Gruppen, als daß er darauf hätte abzielen mögen, seinen Willen von vorrherein zu verabsolutieren. Kurzum, Stresemann und Nicolson erkannten im 53jährigen Adenauer frühzeitig das Talent zum großen Staatsmann, aber sie verkannten das charakterliche Rüstzeug, mit dem er sich dereinst politisch verwirklichen sollte.

Adenauer und der Deutsche Schützenbund

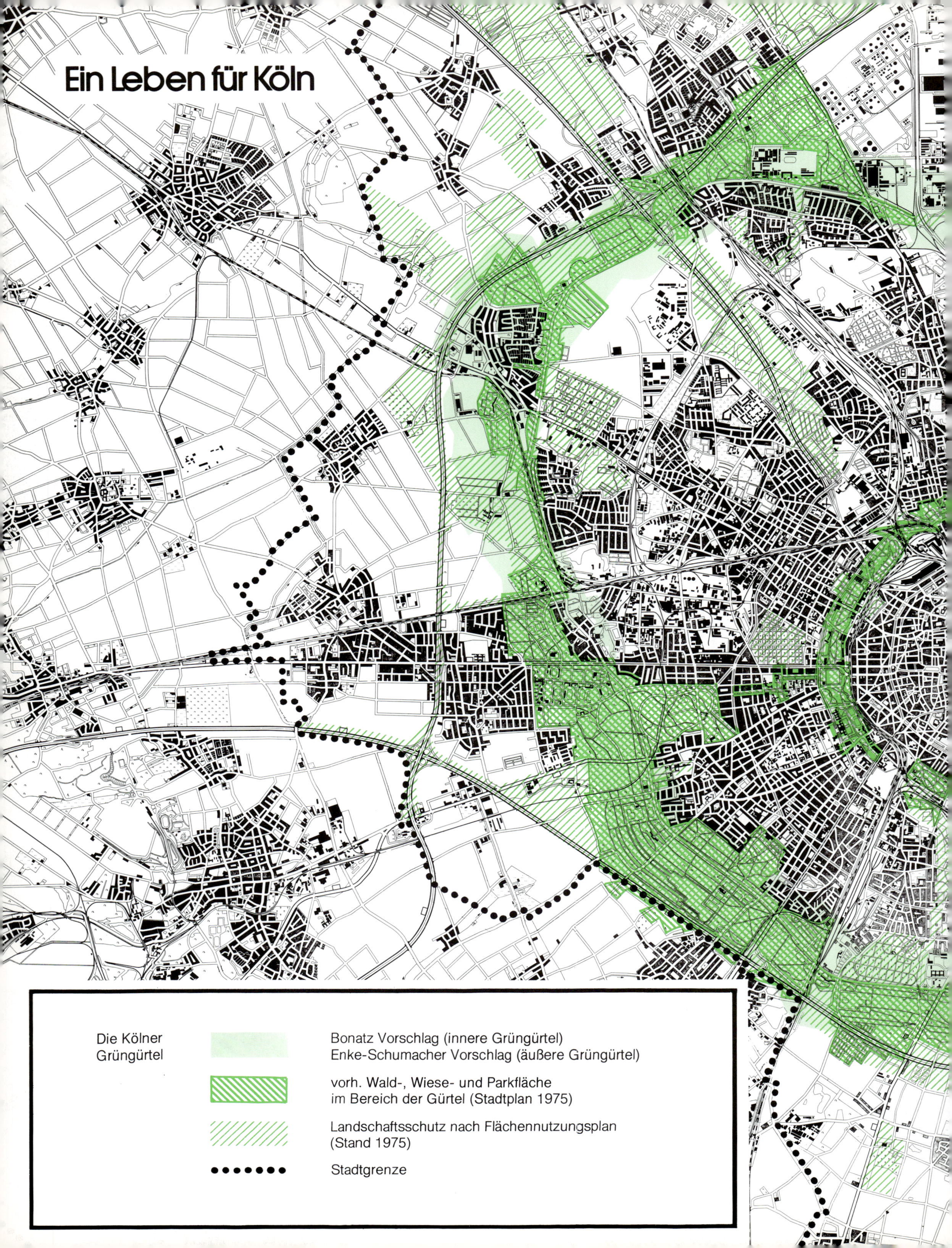
Die Kölner Grüngürtel
Bonatz Vorschlag (innere Grüngürtel)
Enke-Schumacher Vorschlag (äußere Grüngürtel)
vorh. Wald-, Wiese- und Parkfläche im Bereich der Gürtel (Stadtplan 1975)
Landschaftsschutz nach Flächennutzungsplan (Stand 1975)
Stadtgrenze

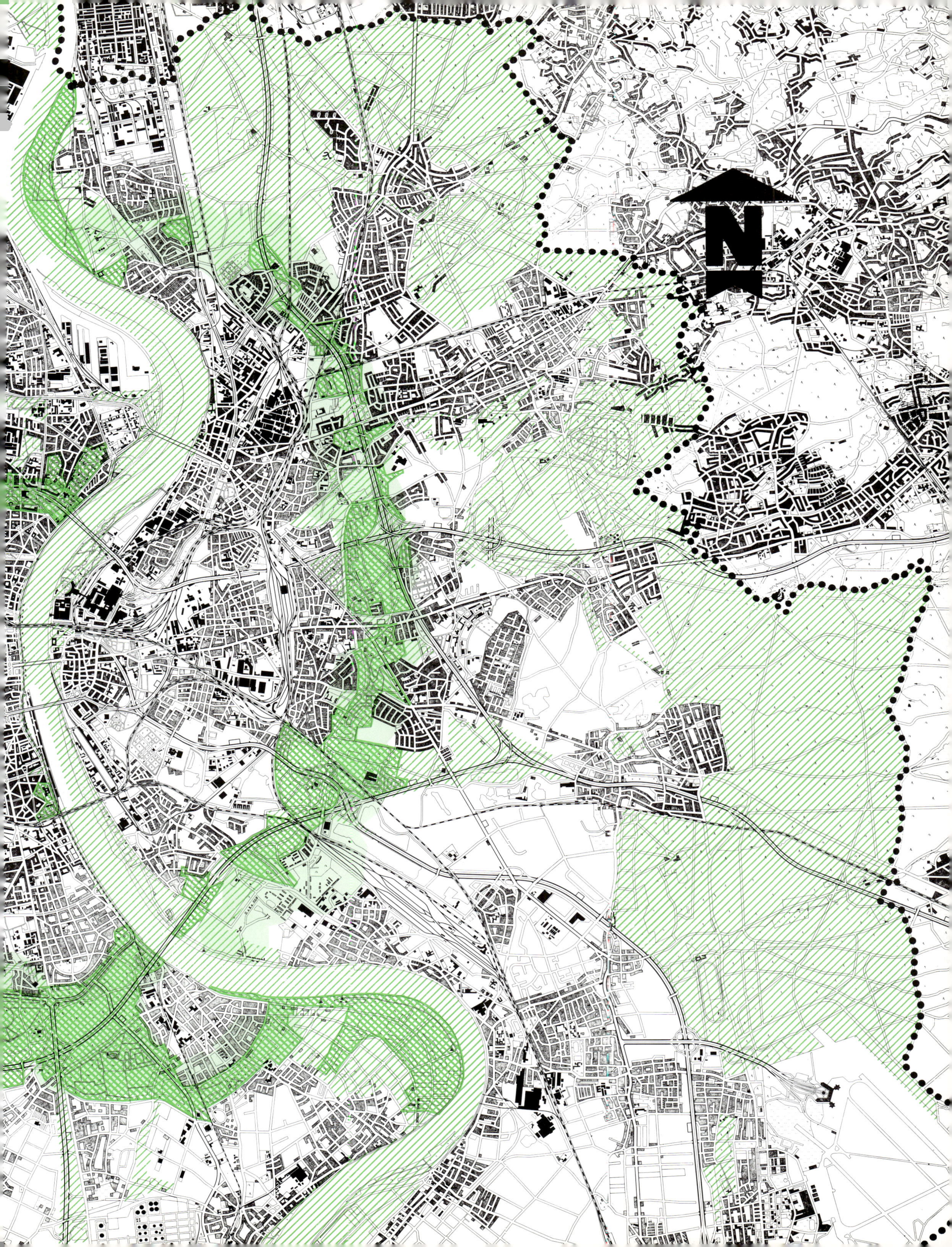
N

Brückenkampf und Wiederwahl. In demselben Jahr, in dem Stresemann und Nicolson im Kölner Oberbürgermeister den starken Mann witterten, erlitt Adenauer in seiner rheinischen Bastion einen politischen Schwächeanfall: Am 17. Dezember 1929 weigerten sich SPD und Deutschnationale, KPD und NSDAP, seine Amtszeit um weitere zwölf Jahre zu verlängern. Es kam zum Patt, denn Zentrum und liberale Arbeitsgemeinschaft, die wie 1917 für Adenauer gestimmt hatten, waren in der Stadtverordnetenversammlung mit den anderen Parteien gleich stark. Erst als Bürgermeister Matzerath, der die Versammlung leitete, die Stimme der Kölner Stadtverwaltung für seinen Vorgesetzten in die Waagschale warf, stand dessen Wiederwahl fest. Da die Stadtverwaltung mit Adenauer praktisch identisch war, hatte sich dieser selbst gewählt – ein Vorgang, der sich zwanzig Jahre später wiederholen sollte. Daß Adenauer 1949 nur mit einer einzigen Stimme Mehrheit zum ersten Kanzler der Bundesrepublik gewählt wurde, ist angesichts der damaligen Verhältnisse begreiflich. Weniger verständlich ist die äußerst knappe Entscheidung von 1929. Denn schließlich galt Adenauer bereits in den zwanziger Jahren als einer der bedeutendsten Oberbürgermeister der Zwischenkriegszeit: Er hatte die

Bei Bootstaufe in Köln

1389 gegründete und 1798 aufgehobene Universität 1919 wiedergegründet und sechs Jahre später eine Musikhochschule ins Leben gerufen. Er hatte 1920 ein Gesetz angeregt, das die Stadt in den Besitz der ehemaligen Festungsanlagen brachte und seine »Grünpolitik« ermöglichte. So konnte Köln mit einem einzigartigen Gürtel von Parks, Gärten und Ringstraßen umgeben werden.
Er hatte 1921 den Theaterbetrieb in städtische Verwaltung überführt. Er konnte 1922 mit dem Ausbau des Niehler Hafens beginnen und das Messegelände am Deutzer Ufer freigeben. Unter Adenauer wurde 1923 das damals hochmoderne Stadion in Müngersdorf eingeweiht, 1924 die Kölner Messe in Anwesenheit von Reichspräsident Ebert eröffnet und 1925 die tausendjährige Zugehörigkeit der Rheinlande zum Reich mit einer großen Ausstellung gefeiert.
1926 konnte Adenauer den Reichspräsidenten von Hindenburg in Köln begrüßen, wurde auf dem Flugplatz Butzweiler der planmäßige Luftverkehr aufgenommen und von der Stadtverordnetenversammlung der Bau einer neuen Rheinbrücke zwischen dem Stadtzentrum und dem eingemeindeten Mülheim beschlossen. 1927 veranstalteten die Kölner zum ersten Male seit

Adenauer bei der Neugründung der Universität Köln

Adenauer im Müngersdorfer Stadion

Der Kölner Oberbürgermeister beim Kölner Karneval

Eröffnung der »Pressa«

oben: Mit dem sowjetischen Verlagsmanager Chalatow

unten: Mit dem damaligen französischen Erziehungsminister Herriot und Reichsminister a. D. Wilhelm Külz

1914 wieder einen Rosenmontagszug, und der Westdeutsche Rundfunk nahm den Sendebetrieb auf. 1928 schließlich fand mit der internationalen Presseausstellung »Pressa« die bedeutendste Veranstaltung Kölns in den zwanziger Jahren statt: Adenauer begrüßte dort nicht nur den damaligen französischen Erziehungs- und mehrfachen Premierminister Herriot und den sowjetischen Verlagsmanager Chalatow, sondern auch die Schwester Trotzkis und, wahrscheinlich, den späteren sowjetischen Ministerpräsidenten Bulganin, Jahrzehnte danach sein Verhandlungspartner in Moskau.
Nur einen Monat vor seiner Wiederwahl zum Oberbürgermeister wurde mit dem Bau der ersten Autobahn Deutschlands zwischen Köln und Bonn begonnen. Und ein Jahr später legte er mit Henry Ford den Grundstein für die Kölner Ford-Werke, ein Höhepunkt seiner zielbewußten Industrieansiedlungspolitik. Im Spätsommer 1975 erinnerte Henry Ford II bei einer Feier in Köln an dieses Ereignis.
Gewiß, sehr viele Projekte gingen auf Planungen seiner Vorgänger oder Mitarbeiter zurück. Aber in der Mehrzahl der Fälle war es vor allem Adenauers Initiative und seinen Impulsen zu verdanken, daß sie realisiert werden konn-

Grundsteinlegung der Ford-Werke Köln

ten. Niemand wird vor diesem Hintergrund bestreiten, daß sich Adenauer seit 1917 mit einer ganzen Serie von Erfolgen schmücken konnte, und auch 1929 hat das niemand bestritten. Warum dann die Schwierigkeiten, im Amte bestätigt zu werden? War es der Überdruß, den das Publikum angesichts des Erfolgs mitunter empfindet? Wollten die Kölner ihn zu einem Namenlosen stempeln, um die Bezeichnung zu realisieren, die sich eine exklusive Gesellschaft von 21 Bürgern gegeben hatte, zu denen auch Adenauer gehörte? Eine Erklärung dafür gab Robert Görlinger, seinerzeit Adenauers sozialdemokratischer Gegenspieler in Köln, nach dem Zweiten Weltkrieg: »Man kann auf den Tag genau festlegen, wann der Stimmungsumschwung gegen Adenauer einsetzte. Es ist die Geschichte vom Bau der Mülheimer Brücke – eine Geschichte, die außerordentlich lehrreich ist. Denn sie zeigt den Autokraten Adenauer in Reinkultur ... selbst die ihm so verhaßten Kommunisten spannte er für seine Pläne ein! Er sprach mit Wärme und Überzeugung von der Schönheit des Leningrader Stadtbildes ... Und siehe da, es waren die Hängebrücken, die Leningrad dieses moderne und schöne Aussehen gaben!«

Bei der Einweihung der Mülheimer Brücke

Die alte
Mülheimer Brücke

Ein Preisgericht hatte sich mit neun zu zwei Stimmen für eine Bogenbrücke entschieden. Nur Adenauer und der berühmte Stuttgarter Architekt Bonatz waren für eine Hängebrücke. Der Oberbürgermeister brachte schließlich mit den von Görlinger beschriebenen Mitteln in der Stadtverordnetenversammlung eine katholisch-kommunistische Koalition für die Hängebrücke zustande, die ihm die SPD nie verziehen hat, auch wenn Görlinger später anerkennend meinte, der Oberbürgermeister habe beim »Brückenkampf« »ein Meisterstück parlamentarischer Artistik« geliefert. Andere, aus Adenauers Kanzlerzeit bekannte Wesenszüge hat der Sozialdemokrat Robert Görlinger damals ebenfalls festgestellt: »Wenn er eine Idee hat – und daß der Mann Ideen hat, ist nicht zu bestreiten –, dann verfolgt er sie mit einer sturen Konsequenz. Widerstände, die andere unsicher machen oder zur Umkehr veranlassen würden, scheinen ihm geradezu Vergnügen zu bereiten.« Aber auch: »Der Mann gilt allgemein als kalt. Das stimmt nicht. Adenauer hat vielmehr – und das halte ich für das Geheimnis seiner Erfolge! – die bemerkenswerte Fähigkeit, in Richtung seines Vorteils Gefühle zu entwickeln.«

Finanzpolitiker und Familienvater. Adenauer ist Kritik an seiner Amtsführung auch aus den eigenen Reihen nicht erspart geblieben. Der Oberbürgermeister, so hieß es, habe Köln die höchste Schuldenlast aller deutschen Städte aufgebürdet. Aus der Sicht jener Jahre war dieser Vorwurf sogar berechtigt, denn die städtischen Verbindlichkeiten betrugen 1933 nicht weniger als 390 Millionen Mark. Adenauer selbst rechtfertigte seine Finanzpolitik: »Das Vermögen der Stadt Köln ist im Dezember 1932 durch den Vertreter der Inhaber der städtischen Schuldverschreibungen nachgeprüft worden. Er kommt zu dem Ergebnis, daß die Schätzung der Stadt in ihrer Gesamtsumme von 975 Millionen Mark richtig sei. Das Vermögen der Stadt beträgt demnach nach Abzug der Schulden rund 600 Millionen Mark.«

Adenauer rechtfertigte sich wie ein Oberbuchhalter. Dabei hätte er darauf verweisen können, daß mit dem geborgten Geld Investitionen für die Zukunft getätigt worden seien – Investitionen, die eine Generation allein von dem, was sie selbst zu erwirtschaften in der Lage war, nicht leisten konnte.

Vorgeworfen wurde Adenauer auch, daß sein persönliches Einkommen angesichts der großen Verschuldung der Stadt Köln außergewöhnlich hoch sei. Nicht abstreiten läßt sich, daß Adenauer schon seit seiner Wahl zum Bürgermeister 1917 mehr als seine Kollegen verdiente. Damals waren seine Bezüge schlagartig von 15 000 auf 42 000 Mark jährlich gestiegen, womit er höher besoldet wurde als das Berliner Stadtoberhaupt. Als Adenauer 1929 wiedergewählt wurde, hatten sich seine jährlichen Einkünfte auf etwas mehr als 80 000 Mark erhöht – eine Summe, die er 1926 als Kanzler nicht verdient hätte: Der an seiner Stelle gewählte Wilhelm Marx bezog nur wenig mehr als 55 000 Mark im Jahr. Allerdings sollte dabei berücksichtigt werden, daß von Adenauers Einkünften allein 43 000 Mark für sein um einen Repräsentationsflügel erweitertes Privathaus in Köln-Lindenthal ausgewiesen wurden. Für den Repräsentationsanbau mußte er 35 000 Mark Hypothekenzinsen und 6000 Mark Elektrizitäts- und Hausbrandkosten bezahlen.

Adenauer im Garten seines Hauses in Köln-Lindenthal

Vor Adenauers Wiederwahl hatte die Reichspartei des deutschen Mittelstandes (Wirtschaftspartei) eine Herabsetzung von Adenauers Bezügen auf 35000 Mark gefordert. Dafür trat aber nicht einmal die SPD ein, die nach Aussagen Görlingers wußte, »daß Adenauer in der Industrie mehr verdienen konnte. Man hatte ihm eine Stellung mit 200000 Mark Gehalt angeboten.« Fünfzehn Monate später ging Adenauer selbst mit gutem Beispiel voran: Gemeinsam mit den Oberbürgermeistern von Düsseldorf, Duisburg und Essen verzichtete er wegen der desolaten Finanzlage auf zwanzig Prozent seines Grundgehaltes.

Zu großen Einschränkungen freilich dürfte diese Selbstbegrenzung nicht gezwungen haben, obwohl Adenauers Familie inzwischen auf acht Personen angewachsen war: Er hatte am 25. September 1919 erneut geheiratet, und seine neunzehn Jahre jüngere Frau Auguste – genannt »Gussie« – war inzwischen vierfache Mutter geworden. 1923 wurde der Sohn Paul, 1925 die Tochter Charlotte (»Lotte«), 1928 die Tochter Elisabeth (»Libet«) und 1931 der Sohn Georg geboren. Der Oberbürgermeister hatte seine zweite Frau auf die denkbar schlichteste Weise kennengelernt – am Gartenzaun. Professor Hans Zins-

Gussie Adenauer

Adenauer mit Kindern Libet, Lotte und Paul

ser, Direktor der Kölner Hautklinik, wohnte im Nachbarhaus. Die Zinssers führten ein großes Haus, worunter sie freilich nicht so sehr gesellschaftlichen Glanz als vielmehr Gastfreundschaft für Gelehrte, Künstler und Studenten verstanden. Die am 7. Dezember 1895 geborene Gussie Zinsser, eine leidenschaftliche Geigerin, gab hier ihre ersten Hauskonzerte.

Die Familie des Professors war evangelisch, aber eine konfessionelle Mischehe, wie sie Adenauers Großvater Scharfenberg vorgelebt hatte, war in jenen Jahren eher die Ausnahme als die Regel – von einer ökumenischen Trauung ganz zu schweigen. Gussie Zinsser trat jedenfalls vor ihrer Hochzeit zum katholischen Glauben über; Adenauers Bruder Hans traute das Paar. Auf eine große Hochzeitsreise mußte verzichtet werden, weil sich der Oberbürgermeister wegen der unruhigen Zeitläufe nicht weit von Köln entfernen konnte. Konrad und Gussie Adenauer bezogen für ein paar Tage im benachbarten Bad Godesberg Quartier.

Neunundzwanzig glückliche und unglückliche Jahre lang teilte die schöne, liebenswürdige und gebildete Frau fortan Adenauers Schicksal – die glanzvollen Tage im Kölner Rathaus und in der Berliner Wilhelmstraße wie die

Die Schwiegereltern Zinsser

schwere, bittere Zeit nach 1933, die für sie ebenfalls Not, Verfolgung und schließlich sogar Verhaftung mit sich brachte. Den Aufstieg Adenauers zum mächtigsten Mann eines neuen Deutschland erlebte sie nicht mehr: Achtzehn Monate vor seiner Wahl zum Bundeskanzler starb die tapfere Frau am 3. März 1948 im Alter von 52 Jahren an einer unheilbaren Blutkrankheit.

Adenauers Kultur- und Verständigungspolitik. Die Gründung der Kölner Hochschule für Musik 1925 dürfte von der Geigerin Gussie Adenauer lebhaft begrüßt worden sein. Die Aufmerksamkeit ihres Mannes, in dem das musikalische Erbgut seines Großvaters Scharfenberg lebendig geblieben war, galt dem Kölner Musikleben insgesamt, in dem Hermann Abendroth, Otto Klem-

Die Ehepaare Adenauer und Abendroth

perer und Eduard Erdmann eine große Rolle spielten. Adenauers Verhältnis zur bildenden Kunst war zwiespältiger: Er liebte und sammelte, soweit er sich das leisten konnte, Bilder des 15. und 16. Jahrhunderts, wobei er in seinen letzten Lebensjahren Goldgrundbilder bevorzugte. Anneliese Poppinga hat er immer wieder auf die Flämische Schule, den Meister von Flémalle, Quinten Massys, Rogier van der Weyden, Hans Memling und die Kölner Schule, besonders Stefan Lochner, hingewiesen.

Als Bundeskanzler brachte Adenauer manchen Protokollchef durch seinen Wunsch nach Museumsbesuchen zur Verzweiflung. Dort sah er, was er sich nicht kaufen konnte. Da er kein reicher Mann war, mußte er sich bescheiden und auf »Gelegenheiten« warten. Der Kunstsammler Heinz Kisters hat ihn im Alter, zum unverhohlenen und öffentlich geäußerten Ärger vieler Kunsthändler, beraten. Der Grundstock seiner kleinen Sammlung waren Bilder aus dem Besitz der Familie Weyer. Später kamen einige Bilder hinzu, von denen er hoffte, daß die großen Namen, denen man sie zuschrieb, auch in jedem Falle hielten, was sie versprachen. Sein Interesse an moderner Kunst dagegen war gering.

Adenauer mit Tochter Lotte vor einem Velazquez im New Yorker Metropolitan Museum

Eine Ruysdael-Landschaft im Rhöndorfer Haus

Immerhin, Adenauers ästhetische Toleranz, der der Kölnische Kunstverein 1975 in einem Rückblick auf die zwanziger Jahre ein verhaltenes Lob zollte, verhalf der Stadt zu einer Atmosphäre, in der sich moderne Maler wie Richard Seewald und progressive wie Hermann Hoerle durchaus wohlfühlten. Hoerle hat Adenauer sogar 1931 zusammen mit »Zeitgenossen« wie dem Karnevalsdichter Willi Ostermann und dem Boxer Domgörgen in einem Gruppenbild porträtiert. Einen der bedeutendsten deutschen Beiträge zur Malerei des 20. Jahrhunderts ließ sich der Oberbürgermeister freilich entgehen; er wurde dann später aus Frankreich nachgeliefert: Max Ernst, der »Dadamax«, den man heute in einem Atemzug mit Pablo Picasso und Salvador Dali nennt, kehrte 1922 seiner Wahlheimat Köln den Rücken, ohne daß im Rathaus auch nur versucht worden wäre, ihn zurückzuhalten. Dort war man eher an Architekten wie Paul Bonatz aus Stuttgart und Städteplanern wie Fritz Schumacher aus Hamburg interessiert, die der Oberbürgermeister für kürzere oder längere Zeit nach Köln holte.

Adenauer ist indessen nicht nur als großer Städtebauer, sondern auch als Erneuerer der Kölner Universität in die deutsche Kultur- und Geistesgeschichte der Zwischenkriegszeit eingegangen. An dieser Universität lehrten damals so bekannte Professoren wie der Philosoph Max Scheler und der Soziologe Leopold von Wiese. Bereits wenige Jahre nach ihrer Gründung war die Großstadtuniversität, die anfangs wegen ihrer Nähe zu Bonn kritisiert worden war, nach Berlin und München zur größten deutschen Hochschule

Heinrich Hoerle, »Zeitgenossen«. Adenauer zweiter von links

DIE WIRTSCHAFTS- UND SOZIALWISSENSCHAFTLICHE FAKULTÄT
DER UNIVERSITÄT ZU KÖLN
VERLEIHT DEM
TATKRÄFTIGEN FÖRDERER DER NEUGRÜNDUNG DER KÖLNER UNIVERSITÄT
KONRAD ADENAUER, OBERBÜRGERMEISTER DER STADT KÖLN
DEM SCHÖPFERISCHEN UND WEITSCHAUENDEN SOZIALPOLITIKER UND VERWALTUNGSBEAMTEN
DESSEN VERWALTUNG DER UNIVERSITÄTSSTADT KÖLN UNS EINEN WERTVOLLEN
ANSCHAUUNGSUNTERRICHT FÜR DAS WIRTSCHAFTS- U. VERWALTUNGSSTUDIUM BIETET,
EHRENHALBER DIE WÜRDE UND DIE RECHTE EINES DOKTORS DER STAATSWISSENSCHAFTEN
GEGEBEN ZU KÖLN DEN 20. JUNI 1919
UNTER DEM REKTORAT DES PROFESSORS DER STAATSWISSENSCHAFTEN
GEHEIMEN REGIERUNGSRATS DR. CHRISTIAN ECKERT
UNTER DEM DEKANAT DES PROFESSORS DER STAATSWISSENSCHAFTEN
GEHEIMEN REGIERUNGSRATS DR. KARL THIESS

An den
Herrn Oberbürgermeister Adenauer
Köln.

Hochverehrter Herr Oberbürgermeister!

Eine schwere Zeit lastet auf uns. Deutschland ist in Not und an unserem heimatlichen Strome, von dem es wie von keinem anderen in deutschem Lied und deutscher Sage singt und klingt, steht der Feind. Trüb liegt die Zukunft vor uns. Und doch darf am heutigen Tage Freude unsere Herzen erfüllen. Begeht doch die Universitas magistrum et scholarum der Kölner Hochschule ihre erste akademische Feier. Sie gilt dem Tage, an dem nach mehr als 100 Jahren die Alma mater Coloniensis zu neuem und, wie wir zuversichtlich erwarten, blühendem Leben auferstanden ist.

Herr Oberbürgermeister! Die medizinische Fakultät der Universität Köln weiß, daß ohne Ihren festen Willen und ohne Ihre kluge und geschickte Führung der Weg zu dem alten Kleinod der Stadt verschlossen geblieben wäre.

Sie weiss aber auch, wieviel neben der Universität im Ganzen die Fakultät selbst Ihnen verdankt, der Sie darauf bedacht waren, ihr bei ihrer Entstehung die organisatorischen und sachlichen Voraussetzungen zu schaffen, deren sie zu freier Lehre, Forschung und gedeihlicher Weiterentwicklung bedarf. Sie weiss endlich auch, wie groß Ihre Anteilnahme und wie tatkräftig Ihre Mitarbeit an Fragen gewesen ist, die die medizinische Wissenschaft eng berühren, an den Fragen der Volksgesundheit und insbesondere der Volksernährung im Kriege.

In dankbarer Anerkennung dieser Ihrer großen Verdienste um die Hebung und Förderung der medizinischen Wissenschaft in unserer Stadt hat die medizinische Fakultät der Universität Köln beschlossen Ihnen, Herr Oberbürgermeister Adenauer, die Akademische Würde eines

Doktor medicinae honoris causa

zu verleihen.

Quod felix faustumque sit.

Köln, den 20. Juni 1919.

Abzug der englischen Truppen aus Köln 1926

geworden. Sie dankte ihrem Neu-Gründer die großzügige Förderung durch die Verleihung der Ehrenbürgerschaft sowie der juristischen und der philosophischen Ehrendoktorwürde, nachdem sie ihn bereits am 20. Juni 1919 mit dem staatswissenschaftlichen und dem medizinischen Doktorhut ausgezeichnet hatte. Ihr war nach einem für ihn bezeichnenden Wort von Adenauer die Aufgabe gestellt, »das Gemeinsame aller westeuropäischen Kultur Deutschland und seinen westlichen Nachbarvölkern zum Segen europäischer Kultur zum Bewußtsein und Verständnis zu bringen.«

In diesem Geiste der Verständigung hatte er auch 1926 den Abzug der britischen Besatzung aus Köln gewürdigt: »Schweres haben wir erdulden müssen in sieben langen Jahren . . . wir wollen gerecht sein, trotz vielem, was uns widerfahren ist, wir wollen anerkennen, daß der geschiedene Gegner auf politischem Gebiet gerechtes Spiel hat walten lassen. Hoffen wir, daß unsere Leidenszeit nicht umsonst gewesen ist, daß nunmehr ein wahrhaft neuer Geist in die Völker Europas einzieht.« Sie war umsonst. Denn beinahe auf den Tag genau sieben Jahre später triumphierte in Deutschland der Wille zur Revanche und machte Adenauers Bemühungen zunichte.

Nr. 82 Köln, Montag, 1. Februar 1926 — Morgen-Ausgabe — 67. Jahrgang — Einzelpreis 10 Reichspfennig

Kölnische Volkszeitung

und Handelsblatt

Allgemeiner Anzeiger für Rheinland-Westfalen (Kölnische Handels-Zeitung).

Wöchentlich 18 Ausgaben. Besondere Abteilungen: Im Schritt der Zeit. — Soziale Zeitfragen. — Von den Hochschulen. Leibesübungen, Spiel und Sport. — Frauenwelt. — Technik. — Literarische Blätter. — Der Westdeutsch. Landwirt.

Im freien Köln.

Die nationale Weihestunde am Dom. — Ansprachen des Oberbürgermeisters und des Preußischen Ministerpräsidenten.

Sieben Jahre.

Köln, 31. Jan. 1926.

Am 3. Dezember 1918 marschierte das letzte deutsche Regiment, das Infanterieregiment Nr. 371, geschlossen durch Köln über die Rheinbrücken; seit drei Wochen widerhallte die Stadt von dem Getöse des Rückzuges des Feldheeres. Tag und Nacht und unaufhörlich wälzten sich die Kolonnen durch die Stadt über die Brücken nach dem Osten hin. Zum ersten Male eigentlich bekam die Bevölkerung einen vollen Einblick in den Zustand des Heeres, das am 11. November einem entehrenden Waffenstillstand sich hatte beugen müssen. Im August 1914 hatte man sich erhoben an der Pracht und der Stärke der Menschen und des Materials; jetzt erschauerte man beim Anblick der abgehärmten, abgerissenen, mit dem Grau der wüsten Schlachtfelder Nordfrankreichs bedeckten Männer. Die Pferde waren wandelnde Gerippe, die Fahrzeuge zeigten alle Spuren des unaufhörlichen Zuges über die Kampfstätten des europäischen Kontinents. Wohl leuchtete aus den Menschen noch Kraft und verbissene Zähigkeit — aber die durch die ermunternden Zurufe der Bevölkerung erzwungene aufrechte Haltung der gut disziplinierten Regimente war die letzte Anstrengung. Es war ein müdes, stöhnendes, sterbendes Heer, das da vorüberzog und im Osten des Rheines seiner Auflösung entgegenging. Tragische Stunden. Ein unverdientes Ende solchen heroischen Ruhmes.

Zwei Tage der Leere, des Zweifels, der Ungewißheit, des Dunkels, des revolutionären Wetterleuchtens, und dann marschierten die Briten heran. Am 5. Dezember, gegen 1 Uhr mittags, erschienen Kavalleriespitzen im Westen der Stadt; alsbald schoben sich immer neue Regimenter vor. Am nächsten Tage war der Einmarsch im vollen Zuge: Artillerie, Infanterie, Panzerwagen, technische Truppen strömten in die Stadt und darüber hinaus in den Raum des Brückenkopfes Köln, bis die Truppen eine Gesamtstärke von 55 000 Mann erreicht hatten. War man schon beim Durchmarsch der deutschen Truppen nachdenklich geworden, jetzt zerfielen auch bei dem, der am längsten und hartnäckigsten an die Unbesiegbarkeit der deutschen Heere geglaubt hatte, alle Hoffnungen beim Anblicke der britischen Armee. Als die tadellos gekleideten und gut genährten Menschen auf ihren in der Haferzeit schwitzenden Vollblutpferden daherkamen, als die Feldküchen anrollten, in denen mächtige Fleischbrocken kochten, als die schweren Vollgummireifen der Kraftwagen sichtbar wurden und man stündlich Gelegenheit hatte, die unbegrenzten Mengen feinsten Weißbrotes und guter Zigaretten zu bestaunen, wurde man sich klar darüber, daß diese Armee im Ueberfluß an Nahrung, Kleidung und Kriegsmaterial förmlich schwamm und daß die schlecht genährte und dürftig gekleidete deutsche Armee und das hungernde deutsche Volk auf die Dauer unterliegen mußten. Hätte das ganze deutsche Volk diesen Anschauungsunterricht genossen und Gelegenheit zum Vergleich zwischen dem abziehenden und dem anrückenden Heere gehabt — es gäbe keine Dolchstoßlegende und es wäre nicht ein wahres Wunder zu nennen, daß das förmlich zur Schlacke ausgebrannte deutsche Heer den [illegible] so lange widerstanden hatte?

Die in der Beherrschung fremder Völker erfahrenen Briten bauten langsam und bedächtig ihre Verwaltung auf. Nebenher liefen militärische Verordnungen und Anordnungen, die in besetzten Gebieten üblich sind. In der ersten Zeit wirkten sie drückend; namentlich das Verbot des Passierens der Straßen zur Nachtzeit. Aber auch seine gute Wirkung hatte dieses Verbot — das Verbrechergesindel konnte zur Nachtzeit nicht arbeiten. Die frühe Polizeistunde war ein Schlag für die Wirte, ein Segen aber für so manche Familie. Die häufige Durchsicht der Personalausweise in der ersten Zeit wirkte quälend. Heute kann man es begrüßen, daß der Ausweis vorhanden ist, der bei so manchen Gelegenheiten wertvolle Dienste leistet.

In den ersten Wochen war das Verhältnis der Bevölkerung zur fremden Truppe frostig. Ganz klar: die Briten standen unter der Kriegspsychose und unter dem Einflusse der Hetze, die auch englische Blätter gegen Deutschland betrieben hatten. Und unter den Frontsoldaten befanden sich so manche, die nicht wußten, wohin mit der Kraft und wohin mit der Freude über das Ende des Krieges. Aber die einfache Gerechtigkeit verlangt, festzustellen, daß, von Einzelfällen abgesehen, der britische Soldat eine sehr gute Haltung bewahrt und vermocht hat, im Laufe der Jahre zur Bevölkerung ein Verhältnis zu finden, das man als freundlich unbedenklich bezeichnen kann. Es wurde ihm dies leicht gemacht durch die eigene Art des Kölners und Rheinländers, der diese und jene Lage als nur komisch und einfach empfindet, die andere schwerblütigere Deutsche als ernst und kompliziert zu nehmen geneigt sind. So wurde denn ein Modus vivendi gefunden, der beiden Teilen zum Vorteil gereichte. Die Quartierlast war in der ersten Zeit besonders hart. Erst als die von der Reichsvermögensverwaltung erstellten Bauten bezogen und die alten Wohnhäuser entlastet werden konnten, wurde es besser. Die englischen Soldaten waren zuletzt typisch für die Domstadt, man hatte sich an die Familienangehörigen der Beamten, Offiziere und Soldaten gewöhnt, die im Straßenpublikum, in Theatern und Restaurants als zur englischen Besatzung gehörig erkennbar waren. Die Vorliebe der englischen Soldaten für den Sport ist groß, und so waren auch die Ansprüche der Besatzungstruppen auf Sportplätze und -hallen beträchtlich. Sie wurden geringer, als das gewaltige Kölner Stadion fertiggestellt war und den Sportvereinen zur Benutzung überlassen werden konnte. Schon nach der Ratifizierung des Vertrages von Versailles, also zu der Zeit, da die Stärke der Besatzungstruppen sehr abnahm, machte sich Erleichterung fühlbar. Die militärischen Feierlichkeiten, Paraden und ähnliches waren seltener als in den übrigen besetzten Städten des Rheinlandes; wenn sie stattfanden, fehlte bei ihnen die anderswo übliche Prätention.

War man in Köln schon bald nach der Ratifizierung des Vertrages der Auffassung, daß die Besatzung in diesem Teile des Rheinlandes sich am erträglichsten gibt, so war zur Ruhrkampfzeit das mit Bezug auf die Zustände in Köln gern geprägte Wort von der „Insel der Seligen", an den ungeheuren seelischen Leiden der Bewohner anderer Gebiete gemessen, durchaus der Ausdruck der Freiheit, deren man sich in Köln erfreute. In der Tat, während sich im übrigen Rheinland und im Ruhrgebiet die Politik Poincarés in den übelsten Formen entlud, blieb Köln, dank der festen Haltung der britischen Behörde, frei von jenen politischen Ränken, die immer einen dunklen Punkt in der Geschichte der Nachkriegszeit bilden werden. Köln, ringsherum von den Trägern der Poincaréschen Ermattungsstrategie eingekreist, atmete frei. Die Eisenbahndirektion Köln, hart bedrängt, konnte sich dank der Entschiedenheit des britischen Vertreters unversehrt durch die Regiezeit hindurchretten. Es ist für uns gleichgültig, welche Erwägungen für die Briten bei ihrer Haltung in Köln zur Ruhrkampfzeit maßgebend waren, wir haben festzustellen, daß diese Haltung dem deutschen Interesse von außerordentlichem Vorteil war. Hier mag erwähnt sein, daß die britischen Delegierten, unter denen als besonderer Kopf der Oberst Piggot hervorragte, sorgfältig ausgewählte Leute waren. Eine interessante Mischung von Soldat, Politiker und Wirtschaftler waren sie alle tüchtige Sachwalter britischer Interessen und auf den Wegen der politischen Methoden wohlbewandert. Ihr Streben nach Gerechtigkeit und fairer Würdigung der Menschen und der Verhältnisse war unverkennbar, und bei dieser Grundveranlagung konnte sich die Zusammenarbeit mit den deutschen Behörden reibungsloser vollziehen. Es fehlten die Bevormundungen, wie sie in den beiden südlichen Zonen sehr lange Zeit üblich waren, und es fehlten vor allem die Anschläge auf die Pressefreiheit, die in gewissen Gebieten zur Ruhrkampfszeit eine förmliche Kirchhofsruhe im Blätterwalde verursachten.

Man ist wohl berechtigt zu behaupten, daß die englische Besatzung in nationaler Hinsicht erzieherisch gewirkt hat. Es war bei den Truppen und den anderen Briten niemals so etwas wie Partikularismus zu beobachten. Armee und Verwaltung und Menschen waren aus einem Gusse — jeder Brite war stolz darauf, zum britischen Imperium zu gehören und war fernab von den lächerlichen Eifersüchteleien, die wir in Deutschland innerstaatlich täglich erleben. Bei zahllosen Gelegenheiten konnte man dieses von vorneherein gegebene Zusammengehörigkeitsgefühl deutlich sichtbar sehen, und als Deutscher dachte man oft mit Wehmut an die Zersplitterung und den Parteihaß im eigenen Lande. Dabei zeigten sich die Briten über die politischen Vorgänge im Deutschen Reiche ausgezeichnet informiert; namentlich in den beiden ersten Jahren nach dem Kriege verblüfften uns ihre Agenten, wenn sie auf der Redaktion vorsprachen, durch ihre genaue Kenntnis auch der intimsten Dinge. Wir werden nie vergessen, daß uns zu der Zeit, da wir gewisse Vorgänge ahnten, aber doch noch im Unklaren schwebten, ein englischer Soldat Tag und Stunde und Ziel des Kapputsches genau voraussagen konnte. Unsere Unkenntnis hielt er sogar für Verstellung.

■

Nun sind wir frei. Oft schlugen Stunden, zu denen viele ohne alle Hoffnung waren. Aber es gab doch genug Männer, die auch in den schwärzesten Augenblicken nicht den Glauben sinken ließen, durch alle Betrübnis die felsenfeste Hoffnung auf endgültige Befreiung hindurchtrugen und die niemals sich mit irgendeiner Zwischenlösung abgefunden hätten. Wohl ist die erste Zone frei, die ein Jahr länger besetzt war, als der Vertrag es bedingt hatte. Doch Deutschland darf nicht ruhen und nicht rasten, bis auch für den Rest der besetzten rheinischen Lande die Freiheit herausgeführt ist. Mag der Vertrag noch eine fünfjährige und eine zehnjährige Besetzung für die beiden anderen Brückenköpfe vorschreiben — diese Forderung verträgt sich niemals mit dem Geiste des Friedens, der Versöhnung und mit dem Geiste, von dem man uns in Locarno gesagt hat, daß er fortan für die Beziehungen zwischen den großen Völkern des Westens gelten solle. Unaufhörlich und mit allen guten Gründen der Menschenrechte müssen wir unsere Forderung auf rasche Räumung auch der übrigen Zonen erheben, und daher ist es notwendig, daß wir sogleich im Völkerbund laut und deutlich verkünden, wie wenig die Mitgliedschaft Deutschlands im Völkerbund sich mit einem Zustande verträgt, der diesem Zeitalter nicht mehr angemessen ist und der unbedingt beseitigt werden muß, wenn Garantien für einen dauerhaften Frieden geschaffen werden sollen. An dem Umstande, daß große und lebenswichtige Teile des Deutschen Reiches besetzt sind, wird sich immer der nationalistische Geist entzünden, und es ist eine furchtbare Belastung für die Zukunft der deutschen Jugend, wenn sie sieht, daß Millionen ihrer Volksgenossen noch weiter in Schuldknechtschaft gehalten werden. Wir erinnern in dieser ernsten Stunde die Alliierten an ihre Versprechungen. An ihnen, den Starken, ist es, den Schwachen aufzurichten und jeglichen Keim eines Rachegedankens durch Wahrhaftigkeit, Edelmut und moralische Größe auszutilgen.

Wir wollen uns nun freuen und wollen uns dieses Rechtes auf die Freude würdig zeigen. Fahren wir fort, den durch sieben Jahre hindurch erweckten Sinn für die Tatsachen zu pflegen und ihn immer und überall zur Geltung zu bringen, wenn Uebereifer der uns allen teuren nationalen Sache Gefahr zu bereiten droht. Wir haben vieles gelernt — bringen wir es dort zur Anwendung, wo der Maßstab der besetzten Gebiete so manchmal gefehlt hat. Aber lassen wir niemals den Glauben an unser Volk und seine unverlierbaren Tugenden sinken. Denken wir an die Worte Goethes, dessen kosmopolitischer Sinn doch nicht die folgenden Gedanken unterdrücken konnte: „... In derselben Weise tröstet auch nur der Gedanke an Deutschlands Zukunft; ich halte ihn fest, diesen Gedanken. Ja, das deutsche Volk verspricht eine Zukunft, hat eine Zukunft. Das Schicksal der Deutschen ist — mit Napoleon zu reden — noch nicht erfüllt. Hätten sie keine andere Aufgabe zu erfüllen gehabt, als das Römische Reich zu zerbrechen und eine neue Welt zu schaffen und zu ordnen, sie würden längst zugrunde gegangen sein. Da sie aber fortbestanden sind, und in solcher Kraft und Tüchtigkeit, so müssen sie nach meinem Glauben noch eine große Zukunft haben, eine Bestimmung, welche um so viel größer sein wird denn jenes gewaltige Werk der Zerstörung des Römischen Reiches und der Gestaltung des Mittelalters, als ihre Bildung jetzt höher steht. ... Uns einzelnen bleibt inzwischen nur übrig, einem jeden nach seinem Talent, seiner Neigung und seiner Stellung, die Bildung des Volkes zu mehren, zu stärken und durch dasselbe zu verbreiten nach allen Seiten, und, wie nach unten, so auch, und vorzugsweise: nach oben, damit es nicht zurückbleibe hinter den anderen Völkern, sondern wenigstens hierin voranstehe, damit der Geist nicht verkümmere, sondern frisch und heiter bleibe, damit er nicht verzage, nicht kleinlich werde, sondern fähig bleibe zu jeglicher großen Tat, wenn der Tag des Ruhmes anbricht."

Ja, laßt uns glauben an eine deutsche Zukunft!

Dies sei der Vorsatz und der feste Wille in dieser lichten Stunde.

Die Befreiungsfeier zu den Füßen des Domes.

Köln, 1. Febr. 1926.

Grüß' Gott! Du alte, traute, stolze, du freie Metropole des Rheinlandes! Die Heimat, die uns in den nun überstandenen sieben schweren Jahren durch die Zahl und die Macht der fremden Truppen manchmal fast zur Fremde geworden schien, wurde in der Mitternachtsstunde vom 31. Januar zum 1. Februar uns wiedergeschenkt. Eine ergreifende Feier des Wiedersehens mit all seinen tiefen seelischen Empfindungen und begeisterten äußeren Kundgebungen ist in der verflossenen Nacht über die alte Domstadt hinweggerauscht. Es war eine sehr sinnige und im Vergleich mit den Veranstaltungen der bereits früher von der Besatzung freigewordenen Städte zugleich ganz originelle Idee, die Freudenkundgebung im allerengsten Anschluß an den Ablauf des Räumungstermins zu veranstalten. Es ist darin treffend die brennende Sehnsucht der rheinischen und besonders der Kölner Bevölkerung nach dem Anbruch der Freiheitsstunde symbolisiert. Kein würdigerer und imposanterer Platz als der Freiplatz vor dem Dom, diesem überwältigenden Wahrzeichen der nationalen Einheit, konnte dazu erkoren werden. An diesem Freiplatz, wo das englische Hauptquartier seinen Sitz hatte, wo das Aufziehen der fremden Wache täglich die nationale Not der Zeit sinnfällig den Bürgern zum Bewußtsein brachte, mußte der erste Jubelsturm über die erlangte Freiheit mit besonderer Wucht zum Ausdruck gelangen.

Seit den frühen Abendstunden war die Freitreppe von einer dichten Menschenmauer umlagert. Große Massen sind auch aus den benachbarten Städten herbeigeströmt. Während die Zehntausende erwartungsvoll der Mitternachtsstunde harren, leben in den Gesprächen unwillkürlich Erinnerungen aus den Besatzungsjahren auf. Die Gedanken fliegen vielfach auch weiter zurück. Kriegserlebnisse werden ausgetauscht, und viele Besinnliche weihen den stummen Helden, die im gigantischen Ringen des Weltkrieges mit ihren Leibern die kämpfenden fremden Heere von der Heimat abwehrten und nun in heimatlicher oder gar fremder Erde ruhen, ein dankerfülltes, stilles Gedenken.

Unterdessen schwillt die Menschenmenge dauernd gewaltig an. Alle Schichten und Kreise, alle Altersklassen sind vertreten. Die Massen drängen sich bis tief in die Burgmauer, die Hohe Straße, selbst bis ans Museum. In großem Halbkreis vor dem Dom ist an hohen Masten eine bogenförmig herabhängende große Kette elektrischer Birnen gezogen. Dazwischen flattern die Fahnen in den Reichs-, Staats- und kölnischen Farben. Gespenstisch huschen die mächtigen Strahlengarben die altersgrauen Riesentürme des Domes hinan. Im Süd- und Nordportal lassen mächtige Flammenpyramiden die edlen gotischen Formen in dieser nächtlichen Beleuchtung besonders fesselnd hervortreten. Im Hauptportal steht ein mit den Reichsfarben drapiertes Rednerpult. Vor dem Pult und auf der Freitreppe waren versammelt der preußische Ministerpräsident Braun in Begleitung von Ober-Reg.-Rat Amelungen, Oberbürgermeister Dr. Adenauer, Regierungspräsident Graf Adelmann, die Vertreter der übrigen Kölner Reichs- und Staatsbehörden, Dompropst Dr. Middendorf, Weihbischof Dr. Hammels, Dombaumeister Hertel, Beigeordnete und Stadtverordnete nahezu aller Fraktionen sowie eine große Zahl hervorragender Bürger, Damen und Herren. Der Rundblick vom Rednerpult auf die unabsehbare Menschenmenge und die auf Galerien und Dächern dicht mit Menschen besetzten Häuser der Umgebung gewährte, dazu in der nächtlichen Beleuchtung, ein überwältigendes Bild.

Nachdem die zwölf Schläge der Domuhr verhallt waren, setzte die Petrusglocke mit ihrem dumpfen, schweren Klange ein. Die ungeheure Menschenmenge hörte diesen ersten Freiheitsgruß andächtig lauschend an.

Als Erster bestieg darauf das Rednerpult

Oberbürgermeister Dr. Adenauer.

Die Stunde ist gekommen, die so heiß, so inbrünstig ersehnte, der Tag der Freiheit ist angebrochen! Unsere Herzen fliegen empor zu Gott dem Allmächtigen. Dank sei ihm, der uns gestärkt hat in schwersten Tagen, der uns geführt hat durch Not und Gefahr! Vereint sind wir wieder mit unserem Staate, unserem Volke, unserem Vaterlande, vereint und frei nach sieben Jahren der Trennung und Unfreiheit! In gemeinsam getragener, gemeinsam überwundener Not erwächst die treueste Kameradschaft. Ihr, deutsche Volksgenossen in den noch besetzten Gebieten, habt mit uns Schulter an Schulter gestanden. Euch, die ihr noch der Freiheit entbehrt, grüßen wir in dieser Stunde in Liebe und Treue!

Schweres haben wir erdulden müssen in sieben langen Jahren. Heute, in dieser weihevollen Stunde, laßt uns davon schweigen: ja, wir wollen gerecht sein, trotz vielem, was uns widerfahren ist, wir wollen anerkennen, daß der geschiedene Gegner auf politischem Gebiet gerechtes Spiel hat walten lassen. Hoffen wir, daß unsere Leidenszeit nicht umsonst gewesen ist, daß nunmehr ein wahrhaft neuer Geist in die Völker Europas einzieht. Die Grundsätze des Rechts und der Moral, die für das Verhältnis der Einzelmenschen zu einander gelten, die jeden Menschen als frei und gleich und gleichberechtigt erklären, müssen auch in Wahrheit, nicht nur in Worten, Geltung erhalten für die Gesellschaft der Völker!

Brüder, Schwestern! Wir sprechen die gleiche Sprache, wir lieben die gleiche Heimat. Ob reich, ob arm, ob links, ob rechts, die innersten und tiefsten, die menschlichsten Gefühle sind uns allen gemeinsam. Gemeinsame Not haben wir getragen, erfahren haben wir, was Schicksalsgemeinschaft ist. Wenn jetzt die Last von uns genommen wird, wenn wir hinaustreten in die Freiheit, dann laßt uns das niemals vergessen! Dieser Platz wurde dereinst geweiht durch die Worte: „Dem Geiste deutscher Einigkeit und Kraft sollen diese Dompforten Tore des herrlichsten Triumphes werden."

Auf diesem geheiligten Platze haben die fremden Truppen gestanden; laßt uns ihm von neuem die Weihe geben! Ein Symbol der deutschen Einheit und Einigkeit ist unser Dom, wie Schwurfinger ragen seine mächtigen Türme empor in den nächtlichen Himmel.

Wohlan! heben auch wir zum Schwur die Hand! Und ihr alle in deutschen Landen, die ihr jetzt im Geiste bei uns weilt, schwört mit uns! Schwören wir Einigkeit, Treue dem Volke, Liebe dem Vaterlande!

Ruft mit mir:

Deutschland, geliebtes Vaterland,
hoch! hoch! hoch!

Nach dem mit heller Begeisterung aufgenommenen Hoch sang die Riesenteilnehmerschaar entblößten Hauptes das Deutschlandlied, während die Polizei salutierte.

Als zweiter Redner sprach der

preußische Ministerpräsident Braun.

An der berechtigten Freude, welche die Bevölkerung des geräumten Gebietes in der gegenwärtigen Stunde über die langersehnte und jetzt wiedererhaltene Freiheit empfindet, nimmt die preußische Staatsregierung den herzlichsten Anteil. Mit dieser Freude verbindet sich der unauslöschliche Dank der Staatsregierung an alle Kreise der Bevölkerung! Um diesen Dank persönlich in der jetzigen mitternächtlichen Kundgebung auszusprechen, bin ich hier nach Köln geeilt.

Heißesten Dank zollen wir und werden wir immer zollen dafür, daß Rheinlands Männer und Frauen im Bewußtsein ihrer nationalen und wirtschaftlichen Verbundenheit mit dem unbesetzten Vaterland in den vergangenen sieben Jahren eine unerhörte Fülle seelischen Leides und herben Ungemachs, wirtschaftlicher Not und harter Prüfungen erduldet haben!

Die Drangsale und Entbehrungen der Besatzungsjahre sind, was nicht oft und nachdrücklich genug betont werden kann, von der Bevölkerung des Rheinlandes für uns alle im unbesetzten Deutschland getragen worden! Diese Erkenntnis ist heute Gemeingut aller Deutschen geworden!

Wie bewußt und ehrlich trotz aller Sorgen das Verantwortungsgefühl des rheinischen Volkes und die Liebe dieses Volkes zu der Bevölkerung Gesamtdeutschlands gewesen ist, das kam in erhebender Weise zu kraftvollem Ausdruck in der denkwürdigen Rede, die der Kölner Oberbürgermeister Dr. Adenauer bei der rheinischen Jahrtausendfeier, am Abend des 19. Juni des vorigen Jahres, im historischen Gürzenichsaal in Köln gehalten hat. Damals lebten wir in einer Stunde außenpolitischer Spannung. Die Kölner Zone hätte nach dem Friedensvertrag schon geräumt sein müssen. Die Konferenz von Locarno war kaum in Sicht. In diesem Zeitpunkt außenpolitischer Schwierigkeiten bat der Kölner Oberbürgermeister in seiner Gürzenich-Rede die anwesenden Vertreter der Regierung und der Volksvertretung, man möge freiwillig in keine neue Lasten und Ketten für Deutschland einwilligen, lieber wolle die rheinische Bevölkerung Not und Qual weiter tragen, bis Recht und Gerechtigkeit, auf deren Sieg das Rheinland fest vertraue, dem rheinischen Volk die Freiheit zurückgebe. Diese Bitte Adenauers fand in den folgenden Tagen allüberall im Rheinland ein lautes und uneingeschränktes Echo. Im unbesetzten Deutschland löste sie das Gefühl

wärmsten Dankes

und

aufrichtigster Bewunderung

aus!

Als dann in den Oktobertagen des vorigen Jahres in Locarno die Paktkonferenz tagte, da war es der Wirtschaftsausschuß für das besetzte Gebiet, der am 12. Oktober 1925 von Düsseldorf aus eine Drahtung an unsere Delegation nach Locarno sandte, in der gebeten wurde, die deutsche Delegation möge bei den schwebenden Verhandlungen nur die Interessen des gesamten deutschen Vaterlandes berücksichtigen und auf die Lasten des besetzten Gebietes keine Rücksicht nehmen, wenn diese Rücksicht etwa nur durch Nachteile für Gesamtdeutschland erkauft werden müßte.

Die Geschichtsschreiber künftiger Jahre werden, wenn sie über die rheinische Besatzungszeit das endgültige Urteil zu fällen haben, auf diese beiden und ähnliche Dokumente noch oft zurückgreifen. Die preußische Staatsregierung ihrerseits wird, das versichere ich in dieser mitternächtlichen Stunde feierlichst als preußischer Ministerpräsident, sich immer dankbar und stolz der in der Zeit nationaler Not von der Bevölkerung ihrer westlichen Grenzprovinz bewiesenen

mannhaften Treue und beispiellosen Opferwilligkeit

erinnern und in dieser Erinnerung, die stets lebendig bleiben soll, ihre besondere Fürsorge und Pflege dem rheinischen Volke angedeihen lassen.

Zu solcher Fürsorgebereitschaft rechne ich ganz selbstverständlich auch, daß die preußische Staatsregierung festen Willens ist, den sozialen und kulturellen Bedürfnissen des Rheinlandes in größtmöglichem Umfange Rechnung zu tragen. Auf diese Weise glaubt sie am ehesten, das ihr vorschwebende Ziel erreichen zu können, die letzten Ueberbleibsel des Mißtrauens, die im Rheinland aus einer früheren Zeit gegen Berlin noch vorhanden sein sollten, restlos zu beseitigen. Zu irgendwelchem Mißtrauen ist ja auch jeder Grund fortgefallen, nachdem durch die Verfassung des neuen Freistaates Preußen die Gesamtheit des Volkes, wie es Joseph v. Görres, der große Sohn des Rheinlandes, schon vor mehr als hundert Jahren gefordert hatte, zum Träger der Staatsgewalt geworden ist!

Die Bevölkerung der Rheinlande stellt ein Fünftel und die Bevölkerung Rheinlands zusammen mit der in Wirtschaft, Kultur und Schicksal besonders verwachsenen Bevölkerung Westfalens ein Drittel der Gesamtheit des preußischen Volkes dar. Den politischen Willen und die kulturelle Eigenart, die sozialen und wirtschaftlichen Wünsche dieses Drittels des preußischen Volkes wird keine preußische Staatsregierung jemals vernachlässigen können, zumal es sich um ein Volksdrittel handelt, das ein so entwickeltes Wirtschaftsleben und eine so hochstehende Volkskultur aufweist, wie sie sich in solcher Gedrängtheit, Fortgeschrittenheit und Mannigfaltigkeit vielleicht an keinem Punkte des Kontinents zum zweiten Male vorfinden. Dies stark zu unterstreichen, liegt mir in dem jetzigen historischen Augenblick vornehmlich am Herzen, wo ein großer Teil des rheinischen Volkes, der seit der Schaffung des republikanischen Preußen unter der Besatzung leben mußte, die Freiheit wiedererlangt hat!

Unsere Freude am heutigen Tage wird freilich noch getrübt durch die schmerzliche Tatsache, daß mehr als vier Millionen Volksgenossen weiterhin unter fremder Besatzung leben müssen. All diesen unseren noch leidenden Brüdern und Schwestern an Rhein, Mosel und Saar gelten in dieser Stunde unsere herzlichsten Grüße, unser aufrichtigster Dank und die unbedingte Versicherung, daß wir nichts unversucht lassen wollen, um ihre Leiden zu lindern und abzukürzen. Daß diese Abkürzung in nicht zu ferner Zeit eintritt, ist unsere zuversichtliche Hoffnung und bestimmte Erwartung.

Diese, unsere Erwartung stützt sich auf den

Geist der gegenseitigen Völkerverständigung,

von dem der Pakt von Locarno getragen ist und der im Rahmen der europäischen Völkerfamilie, deren Einzelglieder jetzt gleichberechtigt sein sollen, Verständnis und Entgegenkommen auf allen Seiten zur Voraussetzung hat.

Unsere Freude am heutigen Tage wird aber auch weiter noch beeinträchtigt durch die

traurige Wirtschaftskrise,

die unseren gesamten Volkskörper erfaßt und über die weitesten Kreise Arbeitslosigkeit, Entbehrung, Hunger und Verzweiflung gebracht hat. Wenn die bedrohliche Zahl der Erwerbslosen, der Kurzarbeiter und der mitbetroffenen Familienangehörigen an sich schon zu größtmöglicher staatlicher Sorge und Hilfe Anlaß ist, so gilt dies in verstärktem Umfang hier im Westen, wo die Arbeitslosigkeit nicht nur zahlenmäßig größer ist, sondern in den vorwiegend großstädtischen und industriellen Gebieten sich auch drückender und entmutigender auswirkt. Es wird des vereinten Zusammenwirkens aller Teile unseres Volkes bedürfen, um über die gegenwärtige Volksnot, dieser schwersten Auswirkung des verlorenen Krieges, hinwegzukommen und unserem arbeitsamen Volk in langsamem wirtschaftlichen Aufstieg eine lichtere Zukunft zu bereiten.

Leicht wird es uns nicht gemacht, besonders hier im Westen. Denn zu all dem Leid und Elend, das sich aus der Wirtschafts-

Die Diktatur Hitlers

Reichstagseröffnung am 21. März 1933 – Hitler verabschiedet sich von Reichspräsident v. Hindenburg

Olympische Spiele 1936 in Berlin – Jesse Owens gewinnt den 100m Lauf

Mitte oben: Hitler wird am 30. Januar 1933 Reichskanzler – Fackelzug der SA am Brandenburger Tor

Reichsparteitag der NSDAP – Hitler spricht in der Nürnberger Luitpold-Arena

Der Zweite Weltkrieg – General Rommel 1942 in Afrika

Deutschland sinkt in Trümmer – Gefangene bei Aufräumungsarbeiten in Köln nach einem Bombenangriff

Mitte unten: Kriegsende in Berlin – Die sowjetische Fahne im Mai 1945 auf dem Brandenburger Tor

Vorspiel

Buß- und Bettag 1935. Auf dem Rheintal lastet einer jener verregneten Nebeltage, die die Seele verstören. Die sonst so fröhliche Landschaft wirkt schwermütig. Kaum ist drüben das andere, das linksrheinische Ufer auszumachen – das Ufer, an dem, stromabwärts, Köln liegt. Durch Nebel und Regen irrt ein 59jähriger. Ein verlorener, verzweifelter Mann. Aus dem Amte gejagt, von der Familie getrennt und aus der Heimat ausgewiesen. Vor ihm liegt das in diesen Herbsttagen trostlos leere Priesterheim von Unkel, in dem er Zuflucht gefunden hat.
Ottilie von Goethe hatte sich nach dem Tode ihres Schwiegervaters vor wenig mehr als einhundert Jahren nach Unkel geflüchtet. Sie fand Freunde hier – Adele Schopenhauer, die Schwester des Philosophen; Sybille Mertens-Schaafhausen, die Tochter eines Bankiers. Konrad Adenauer ist allein, allein mit seinen trüben Gedanken. Und müde seiner selbst, unendlich müde. Es gibt nichts mehr zu beginnen, nichts mehr zu beenden. Er hat die Schwelle seines Ruhestandes acht Jahre vor der gesetzten Frist überschritten, überschreiten müssen. Aber es ist nicht einmal ein Ruhestand. Wochenlang ist er durch Deutschland gehetzt, jeden Tag an einen anderen Ort. In Rhöndorf, nur sechs Kilometer stromabwärts, wollte er sich niederlassen. Aber wieder wurde er vertrieben. Was ist dieses Leben noch wert?
Sieben Jahre nach Ottilie von Goethe kam Ferdinand Freiligrath in Unkel an. Eine Tafel am Barockhaus neben dem Priesterheim erinnert an ihn. Neun Jahre später war er der »Trompeter der Revolution«. Was wird in neun Jahren aus ihm, Konrad Adenauer, geworden sein? Was hat er noch zu erwarten? Ist der Abend seines Lebens nicht bereits angebrochen?
Verzweiflung krallt sich in ihm fest. Nur mit allergrößter Mühe reißt er sich noch einmal aus dieser lähmenden Umstrickung, geht zurück in sein kahles Zimmer. Und nimmt das Buch eines Schriftstellers zur Hand, der ihn seit seiner Jugend begleitet hat: Joseph Conrads Roman »Taifun«.
Vor einem Vierteljahrhundert hat er die Geschichte des Kapitäns McWhirr zum ersten Male gelesen. Damals faszinierte ihn die realistische Beschreibung des Sturmes. Diesmal fesselt ihn nicht das Seestück, sondern das Schicksal der Besatzung. Der unauffällige Heroismus des Kapitäns, sein unerschütterliches Ausharren in einer, wie es scheint, ausweglosen Situation. Muß nicht auch er der Zeit »ins Auge blicken wie einem persönlichen Gegner, um seine verborgenen Absichten zu durchschauen«?

Adenauers Absetzung

»Das neueste Portrait des Kölner Oberbürgermeisters, Dr. h. c. Konrad Adenauer« von Johannes Greferath

Köln im Frühjahr 1933. Am 13. März 1933 hatte der NS-Gauleiter Grohé die Absetzung Adenauers als Oberbürgermeister von Köln verkündet. Von der Tags zuvor neugewählten Stadtverordnetenversammlung wäre sie nicht zu erlangen gewesen, denn die NSDAP und die mit ihr verbündeten Deutschnationalen hatten selbst sechs Wochen nach Hitlers Machtergreifung in Köln die Mehrheit verfehlt. Die katholischen Landstriche Deutschlands widerstanden dem Nationalsozialismus länger als die protestantischen Gebiete und die weitgehend entkirchlichten Großstädte, von denen sich nur die marxistischen Hochburgen Berlin und Hamburg eine Zeitlang dem Sog der Hitler-Bewegung zu entziehen vermochten. Immerhin war die NSDAP seit der Reichstagswahl von 1930 auch im katholischen Rheinland keine Splitterpartei mehr: Sie steigerte sich im Wahlkreis Köln/Aachen von 1,1 Prozent 1928 über 14,5 Prozent 1930 auf 20,2 Prozent bei der Reichstagswahl im Juli 1932. Im November fiel sie dann wieder auf 17,4 Prozent zurück.

Bei der Kölner Kommunalwahl hatte die NSDAP 1929 nur 4,6 Prozent der Stimmen erhalten, die KPD immerhin 13,7 Prozent. Damals waren die demokratischen Parteien den Radikalen noch weit überlegen: Das Zentrum hatte 34,9 Prozent, die SPD 21,3 Prozent und die liberale Arbeitsgemeinschaft 13,9 Prozent auf sich vereinigen können. Die Deutschnationalen blieben mit 2,7 Prozent noch unter der NSDAP, die durch Lautstärke ersetzte, was ihr an Stimmen fehlte. Als ihr Stadtverordneter Willy Ebel 1929 aus dem Saale gewiesen wurde, drohte er: »Wir Nationalsozialisten kommen wieder, und dann räumen wir mit dieser Bude auf!«

Als Hitler am 30. Januar 1933 Reichskanzler wurde, glaubte Adenauer zunächst wie viele andere, die NSDAP werde rasch abgewirtschaftet haben, und als ihm ein Bekannter prophezeite, Hitler werde wohl mindestens ein oder zwei Jahre regieren, soll der Oberbürgermeister die Befürchtung geäußert haben, danach werde er wohl zu alt sein, um noch eine politische Rolle spielen zu können. Aber bald darauf wurde dem 57jährigen klar, daß sich die NSDAP für einen langen Zeitraum etablierte, und er sagte die Dauer ihrer Herrschaft ziemlich exakt voraus.

Zu einer Zusammenarbeit oder auch nur zu einem Entgegenkommen war Adenauer dennoch nicht bereit. Als der NS-Führer zum Beispiel am 17. Februar 1933 in Köln landete, um auf einer nationalsozialistischen Wahlkundgebung zu sprechen, lehnte es der Oberbürgermeister ab, ihn auf dem

Wahlveranstaltung der NSDAP in der Kölner Rheinlandhalle

Flugplatz zu begrüßen. Hitler, meinte er, sei nicht als Reichskanzler, sondern als Parteiführer gekommen. Außerdem ordnete er an, die von der SA auf der Deutzer Brücke angebrachten Hakenkreuzfahnen zu entfernen, und verbot, zu Ehren Hitlers die Rheinbeleuchtung einzuschalten.

Vier Tage später warnte die NSDAP-Zeitung »Westdeutscher Beobachter«: »Herr Adenauer mag wissen, daß solche Herausforderungen sich in Zukunft rächen werden! Kann man von einem Mann Verständnis für ein neues Deutschland erwarten, der selbst an der völkischen Verheerung der Vergangenheit mitgewirkt hat, die Finanzen der Stadt ruinierte, sich selbst aber ein Jahreseinkommen von 108000 RM sicherte?!«

Der neue Machthaber dachte – vor allem, was den städtischen »Finanzruin« anlangt – etwas anders und spendete dem Kölner Oberbürgermeister drei Jahre später ein heute merkwürdig anmutendes Lob. Albert Speer notierte am 24. Oktober 1949 in sein Spandauer Tagebuch: »Adenauer, das frühere Stadtoberhaupt von Köln, soll Chef der neuen westdeutschen Regierung geworden sein. Ich erinnere mich noch, daß Hitler ihn, es war wohl im Jahre 1936, beim Tee im Nürnberger ›Deutschen Hof‹ einen fähigen Mann genannt hatte . . . Adenauer, so meinte Hitler damals, habe durch seinen vorausschauenden Eigensinn den Kölner Grüngürtel mit seinem Ringstraßensystem geschaffen, wichtige Bauherren nach Köln gezogen, ein einzigartiges Messegelände am rechten Rheinufer gebaut. Ihm imponiere noch heute die Voraussicht und der Mut, mit denen Adenauer die Stadt in Schulden gestürzt habe. Was bedeuten schon ein paar lächerliche Millionen angesichts einer

»Das neue Deutschland« –
Eingangshalle des Flughafens Köln-Wahn

kühnen städtebaulichen Konzeption. Er bedauere geradezu, diesen Mann wegen seiner politischen Unvernunft nicht heranziehen zu können. Hitler lobte Adenauer seiner Starrköpfigkeit wegen, in Wirklichkeit wäre er mit dem unbequemen Mann sofort zusammengeraten.«

»Fort mit Adenauer«. Hitler war damals auf dem Höhepunkt seines Ansehens und hätte 1936 wahrscheinlich auch in einer freien Wahl die Mehrheit erhalten. Bei der letzten freien, allerdings schon von Terror und Einschüchterungsmaßnahmen und vom Reichstagsbrand überschatteten Wahl am 5. März 1933 erhielt er sie nicht – nur 43,9 Prozent der Stimmen entfielen auf seine NSDAP, und der Wahlkreis Köln/Aachen lag mit 30,1 Prozent sogar

erheblich unter dem Reichsdurchschnitt. Das Zentrum blieb hier mit 35,9 Prozent stärkste Partei. Die Nationalsozialisten verschärften daraufhin ihren Kommunalwahlkampf und gaben für die Wahl zur Stadtverordnetenversammlung am 12. März 1933 die von der SPD aus früheren Wahlkämpfen entlehnte Parole aus: »Fort mit Adenauer!«
Der Oberbürgermeister konnte sich ausrechnen, daß seine Tage im Rathaus gezählt waren. Ihm wurde nahegelegt, freiwillig zurückzutreten. Für diesen Fall sicherte man ihm zu, er werde dann anstandslos die ihm zustehende Pension erhalten. Dennoch blieb er, obwohl er nachts von SA-Sprechchören belästigt wurde und gewärtig sein mußte, dem »spontanen Volkszorn« geopfert zu werden. Der damalige Kölner Beigeordnete Heinrich Billstein berichtete

Hakenkreuzfahnen vor dem Kölner Rathaus

später: »Die Menge, die ihm noch kaum vierzehn Tage zuvor beim Karneval zugejubelt hatte, brach jetzt in Schmährufe aus, wo immer er erschien.« Damals lernte er vermutlich, was später als seine Menschenverachtung bezeichnet wurde. Dem Kölner Zentrumssekretär Josef Schaeven vertraute er in jenen Tagen an, »daß er aufrecht und in Treue zu seinen Freunden untergehen werde, daß er sich aber entschlossen habe, niemals mehr einen Menschen zuerst zu grüßen; denn er wisse nicht, ob sein Gruß willkommen sei.« Und mehr als dreißig Jahre später zog er gegenüber Anneliese Poppinga das Resümee seiner damaligen Erfahrungen: »Als ich 1933 entlassen wurde und auf der Straße stand, waren die einzigen, die mir Hilfe anboten, Juden . . . Niemand anders. Und ich hatte vorher viele Freunde. Das hat mich sehr verbittert und enttäuscht.«

Dennoch wollte Adenauer im Frühjahr 1933 eine letzte Machtprobe riskieren. 1918 hatte er die rote Fahne auf dem Kölner Rathaus verhindert. Würde er, trotz Görings Befehl, nicht auch die Hakenkreuzfahne verhindern können? Er konnte es nicht. »Ich habe mich«, erklärte er am 7. März auf einer Zentrumsversammlung, »sowohl an den Regierungspräsidenten wie an den Vertreter des Polizeipräsidenten in Köln gewandt und habe gefragt, ob mir der Schutz der staatlichen Polizei gewährt würde, wenn ich dem Verlangen der Nationalsozialisten Widerstand leiste. Es ist mir von beiden Seiten erwidert worden, daß der Schutz der staatlichen Polizei mir nicht gewährt wird. Morgen wird eine Hundertschaft der Nationalsozialisten geschlossen vor das Rathaus ziehen und dort auf dem Turm des Rathauses, der gebaut worden ist zum Zeichen der Freiheit im Jahre 1232, . . . die Hakenkreuzfahne hissen.«

Nun mußte Adenauer tagtäglich damit rechnen, verhaftet zu werden. Am 10. März teilte der »Kölner Lokalanzeiger« mit: »Die von der Kölner Zentrumspartei für heute abend in die Messe einberufene große Kundgebung, auf der Oberbürgermeister Dr. Adenauer über die Entwicklung Kölns in der Nachkriegszeit sprechen wollte, ist verboten worden.« Am selben Tage erfuhr Adenauer von der Absicht, ihn auf dem Neumarkt vor ein »Volksgericht« zu stellen. Unter diesen Umständen hatte es keinen Sinn mehr, Heldenmut zu demonstrieren: Josef Schaeven brachte den Oberbürgermeister nach Bonn in Sicherheit. Nachts kehrte er in sein bereits seit dem 5. März von der SA beschattetes Haus in Köln-Lindenthal zurück. Am Wahltag ging Adenauer zum letzten Mal in sein Amtszimmer, steckte den Rathausschlüssel ein und

fuhr in seine Wohnung zurück; die Familie hatte er bereits vorsorglich ins Caritaskrankenhaus Hohenlind geschickt.
Die Stimmauszählung ergab abends für die NSDAP große Gewinne, aber nicht die absolute Mehrheit in der Stadtverordnetenversammlung: Sie hatte nur 39,6 Prozent der Stimmen erhalten, was nicht einmal mit den 5,4 Prozent der »Kampffront Schwarz-Weiß-Rot« zur absoluten Mehrheit reichte. Das Zentrum war zwar auf 28,3 Prozent zurückgegangen, die SPD auf 13,2 Prozent, die liberale Arbeitsgemeinschaft auf 1,8, die KPD auf 11,1 Prozent und der Kölner Bürgerbund auf 0,4 Prozent. Aber die NS-Gegner behielten trotz Pogromstimmung die Mehrheit (54,8 zu 45,0 Prozent).
Dennoch wurde am Morgen des 13. März verlautbart: »Der Regierungspräsident hat angesichts der eindeutigen Stimmung und drohenden Haltung in der Bevölkerung von heute an bis auf weiteres den Oberbürgermeister Dr. h. c. Adenauer beurlaubt. Zum kommissarischen Oberbürgermeister der Stadt Köln wurde das Mitglied der NSDAP, Dr. Riesen, bestellt, bisher Prokurist beim Bankhaus A. Levy in Köln. Dr. Riesen übernahm am Montagmorgen die Geschäfte, nachdem Gauleiter Grohé vom Balkon des Rathauses aus Oberbürgermeister Dr. Adenauer . . . für abgesetzt erklärt hatte.«
Der Bankier Robert Pferdmenges, nach dem Kriege Adenauers Wirtschaftsberater und CDU-Bundestagsabgeordneter, hatte den Oberbürgermeister inzwischen in Sicherheit bringen lassen. Früh sieben Uhr, als die SA-Wache noch schlief, bestieg Adenauer den Wagen von Pferdmenges, der ihn nach Dortmund brachte, wo er den Zug nach Berlin erreichte. Noch gab Adenauer

Robert Pferdmenges
in den Vierziger Jahren

links: Ernst Reuter, 1929

rechts: Max Brauer, 1930

seine Sache nicht völlig verloren; er wollte in der Reichshauptstadt bei Göring gegen die Kölner Vorgänge protestieren. In Wirklichkeit hatte er seine alte Wirkungsstätte, ohne es auch nur zu ahnen, für immer verlassen.
Konrad Adenauer gehörte zu den sieben Oberbürgermeistern, die 1933 als erste von den Nationalsozialisten amtsenthoben wurden. Außer ihm hatte man die Stadtoberhäupter von Altona, Bonn, Frankfurt am Main, Gelsenkirchen, Kiel und Magdeburg zwangsbeurlaubt. Der Altonaer Oberbürgermeister Max Brauer und sein Magdeburger Kollege Ernst Reuter sollten wie Adenauer nach dem Zweiten Weltkrieg noch eine große politische Rolle spielen: Brauer wurde Erster Bürgermeister von Hamburg, Reuter Regierender Bürgermeister von Berlin; beide waren Sozialdemokraten.

Rückzug nach Rhöndorf

Zuflucht im Kloster. Noch am Abend des 13. März 1933 bat Adenauer von seiner Dienstwohnung aus, die er als Präsident des Preußischen Staatsrates in der Berliner Wilhelmstraße innehatte, um ein Gespräch mit Göring, der ihn dann als erstes fragte: »Und was ist mit den Millionen, die Sie bei Ihrer Flucht aus der Stadtkasse mitgenommen haben?« Als Adenauer darauf erwiderte, er nehme nicht an, daß »Sie einen derartigen Unsinn glauben«, ließ Göring das Thema fallen und behauptete, die Absetzung sei ohne sein Wissen geschehen, er habe inzwischen den Auftrag gegeben, die in Köln gegen den Oberbürgermeister erhobenen Vorwürfe zu untersuchen.
Adenauers nationalsozialistischer Nachfolger Riesen suchte im Kölner Rathaus nach Beweisen gegen Adenauer, den er der Mißwirtschaft, der Kor-

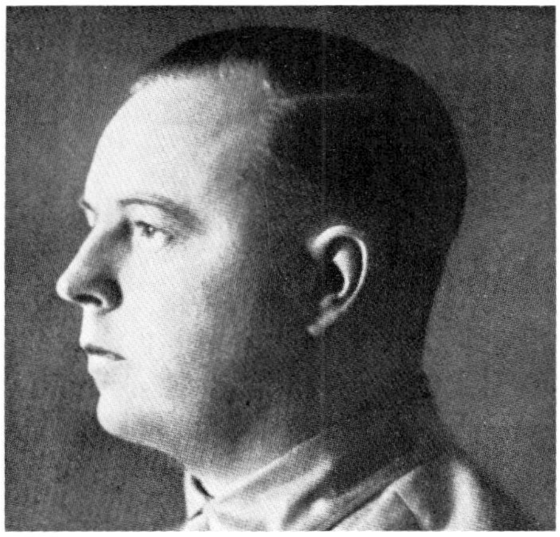

links: Hermann Göring, 1933

rechts: Oberbürgermeister Riesen

ruption sowie des Hoch- und Landesverrats beschuldigte. Als sich sein Vorgänger von Berlin aus wegen diffamierender Presseveröffentlichungen beschwerte, seinen Beamtenstab in Schutz nahm und vor weiteren Schritten um Anhörung bat, antwortete Riesen ihm am 21. März: »Ihre vorherige Anhörung ist . . . nicht erforderlich, die nackten Tatsachen sprechen für sich . . . denn Sie sind ein Verbrecher, Herr Adenauer, ein Verbrecher an dem Volk, das Ihnen anvertraut war, das Sie durch Ihre Schuld in schrecklichste Not gebracht haben, ein Verbrecher an der Stadt, die Sie ruiniert haben, an Ihren Untergebenen, denen Sie die Menschenwürde genommen haben, von denen viele – ohne Ihren Einfluß sicher ehrenwerte Männer – nun aufs schwerste belastet sind. Sie sind ein Verbrecher an Ihrer Familie und Ihrer Frau, die mir in ihrer Ahnungslosigkeit leid tut. Sie sind ein Verbrecher an unserem Herrgott und an allen Menschen, die mit Ihnen in Berührung gekommen sind. Sie sind der Angeklagte, ich bin Ihr Ankläger und das Volk ist Ihr Richter. Das ist die Lage zwischen uns.«

Noch ehe die Untersuchung abgeschlossen war, setzte der kommissarische Oberbürgermeister am 17. Juli Adenauers Entlassung aus dem preußischen Staatsdienst wegen »nationaler Unzuverlässigkeit« durch. Das angestrebte Strafverfahren aber kam nicht zustande, weil die von Riesen mit Materialsuche Beauftragten nicht fündig wurden. Stattdessen veröffentlichten sie 1934 ein Buch über den »Hochverrat des Zentrums am Rhein«, in dem der Major a. D. Walther Ilges den »Fall Adenauer und Genossen« polemisch behandelte und versuchte, den ehemaligen Oberbürgermeister als Separatisten hinzustellen. Adenauer konnte sich dagegen nicht zur Wehr setzen, weil die Presse von den Nationalsozialisten längst gleichgeschaltet war.

Auch materiell war seine Lage bedrückend. Zwar standen ihm nach seiner Entlassung noch für drei Monate seine vollen Bezüge (2694,30 RM Gehalt und 833,34 RM Dienstzulage) zu, danach hätte die Stadt drei Viertel davon als Pension zahlen müssen. Aber schon im April wurde seine Aufwandsentschädigung gestrichen, und statt vom 17. Juli bis 17. Oktober wenigstens sein Gehalt voll auszuzahlen, wurden die Beträge willkürlich gekürzt. Adenauers Rechtsanwälte beschwerten sich vergeblich; sie erreichten nicht einmal die Zahlung eines Ruhegehaltes. Da seine Bank seine Konten gesperrt hatte und sein Grundbesitz in Köln-Lindenthal beschlagnahmt worden war, verschlechterte sich seine Lage immer mehr, bis eines Tages der in Brüssel lebende jüdische Bankier Daniel N. Heinemann, mit dem Adenauer seit längerer Zeit befreundet war, in Berlin erschien und ihm bare 10000 Mark in die Hand drückte. Dem später in die USA emigrierten Heinemann galt dann zwanzig Jahre später Adenauers erster Besuch in New York.

Reichsleiter Robert Ley

Der abgesetzte Oberbürgermeister war zu dieser Zeit noch immer Präsident des Preußischen Staatsrates, sein Nachfolger wurde im April 1933 Robert Ley, Reichsleiter der Deutschen Arbeitsfront. Da Adenauer im Februar 1933 die von Vizekanzler von Papen und vom nationalsozialistischen Landtagspräsidenten Kerrl gewünschte Zustimmung zur Auflösung des preußischen Parlaments abgelehnt hatte, mußte er, solange er in Berlin lebte, eine Racheaktion der NSDAP befürchten. Deshalb bat er Abt Herwegen um Aufnahme ins Kloster Maria Laach bei Andernach.

Am 19. April traf Herwegens Zusage ein, und tags darauf fuhr Adenauer mit seiner Frau, die ihn in Berlin besucht hatte, in das einsam gelegene Eifelkloster. In Maria Laach mußte Adenauer wieder Abschied von seiner Frau nehmen, die mit den Kindern weiter in Hohenlind lebte. Nur ab und zu konnten sie sich sehen. Immerhin war an Weihnachten 1933 die ganze Familie im Kloster vereint. Von Maria Laach aus ist Adenauer wegen des gegen ihn angestrengten Dienststrafverfahrens anscheinend mehrmals nach Köln und zwei Mal nach Berlin gefahren.

Adenauer blieb fast ein Jahr hinter den Mauern des Klosters. Er nutzte die Zeit, um die päpstlichen Sozialenzykliken »Rerum Novarum« und »Quadragesimo Anno« zu analysieren, was seine gesellschaftspolitische Haltung nach

Benediktiner-Abtei Maria Laach

Abt Ildefons Herwegen

Die sogenannte »Alte Abtei«, wo Konrad Adenauer wohnte

dem Zweiten Weltkrieg tief beeinflussen sollte. Freilich, nicht nur die katholische Soziallehre beschäftigte ihn im Kloster, auch Bücher über römische Geschichte und über Kunstgeschichte, vor allem Monographien über Rembrandt, gehörten zu seiner Lektüre.
Adenauers Klosteraufenthalt war auf die Dauer nicht geheimzuhalten. Der Oberpräsident der Rheinprovinz forderte den Abt im April 1934 auf, seine Gastfreundschaft aufzukündigen. Herwegen blieb fest, doch wollte Adenauer ihn nicht in Gefahr bringen. Als ihm das Haus Augustastraße 40 in Neubabelsberg bei Potsdam zur Miete angeboten wurde, griff er zu. Er konnte hier mit seiner Familie zusammenwohnen und seiner geliebten Gartenarbeit nachgehen. Den Lebensunterhalt bestritt Adenauer aus dem Verkauf seiner

Neubabelsberg, Augustastraße 40

Bilder, seiner Wertpapiere und aus einer Versicherungssumme für den gestohlenen Schmuck seiner Frau. Außerdem hatte seine Tochter Ria ihr Studium in Paris abgebrochen und war als Erzieherin nach Schottland gegangen, so daß sie auf den väterlichen Wechsel verzichten konnte. Der Sohn Konrad hatte nach dem Abschluß seines Jurastudiums eine Stellung bei der AEG in Stuttgart angenommen; sein Bruder Max wohnte als Gerichtsreferendar bei seinem Onkel, dem Domkapitular Hans Adenauer, in Köln.

Ein britischer General als Zeuge. Hätte Adenauer nicht nach wie vor finanzielle Sorgen gehabt, wäre die Situation trotz der bedrückenden politischen Verhältnisse einigermaßen erträglich gewesen. Aber am 30. Juni 1934 wurde er festgenommen, als Hitler nicht nur mit der SA-Führung, sondern auch mit vielen Regimegegnern abrechnete. Adenauer hatte Glück, er wurde nach kurzer Zeit wieder auf freien Fuß gesetzt, fühlte sich seitdem aber auch in Neubabelsberg nicht mehr sicher.
Zwar erfuhr er hier noch, daß das Dienststrafverfahren gegen ihn im Sande verlaufen sei, weshalb er am 10. August 1934 in einer Eingabe an den Reichs-

und preußischen Innenminister Frick beantragte, seine Entlassung aus dem Staatsdienst rückgängig zu machen und ihn ordnungsgemäß in den Ruhestand zu versetzen, was die Zahlung einer Pension zur Folge gehabt hätte. Aber bald darauf erreichte ihn eine Warnung seines Freundes Herwegen, der ihm dringend empfahl, zu verreisen. Monsignore Paul Adenauer erinnert sich: »Damit begann ein gehetztes Flüchtlingsleben, das meinen Vater wochenlang von Ort zu Ort durch ganz Deutschland führte. Niemand wußte, wo er war, und nirgends hielt er sich länger als vierundzwanzig Stunden auf.«

Blick von Adenauers Haus auf Rhöndorf

Dorothea Pferdmenges und Max Adenauer fanden schließlich ein kleines Haus in der Rhöndorfer Löwenburgstr. 76. Damit taucht zum ersten Mal in

Adenauers Lebensgeschichte der kleine, später berühmt gewordene Ort am Fuße des Drachenfels gegenüber Bad Godesberg auf. Dorthin verzog die Familie im Frühjahr 1935, nachdem sie Neubabelsberg am 26. April 1935 verlassen hatte, wo sie um die Jahreswende 1934/35 noch einen Besuch bekam, der Adenauer möglicherweise einige ruhige Jahre beschert hat: Der englische Generalleutnant Clive, neuer Marschall des Diplomatischen Korps in London, war 1918/19 britischer Militärgouverneur im Rheinland gewesen.

Als Clive von Adenauers Schwierigkeiten hörte, intervenierte er bei der deutschen Botschaft in London. Adenauer, so schrieb Clive am 22. Januar 1935 an Botschafter Leopold von Hoesch, habe bei ihm selbst seinerzeit strenge Maßnahmen gegen die Separatistenbewegung beantragt. Hoesch leitete Clives Schreiben an das Auswärtige Amt nach Berlin weiter, das sich an das Reichs- und preußische Ministerium des Innern sowie an Hitlers Stellvertreter Rudolf Heß wandte. Da Hitler damals an guten Beziehungen zu Großbritannien interessiert war und Clive sowohl als höchst einflußreich wie als deutschfreundlich galt, ist anzunehmen, daß sein Brief Adenauers Schicksal positiv beeinflußte.

Auf jeden Fall kam im Frühjahr 1936 ein Vergleich zustande, wonach der ehemalige Oberbürgermeister eine monatliche Pension von 1000 Reichsmark erhielt. Eine (magere) Entschädigung für seine beiden beschlagnahmten Häuser wurde ihm erst in einem Vergleich mit der Stadt Köln am 26. August 1937 im Bonner Rathaus zugesprochen. Neben Clives Fürsprache hat zu dieser positiven Wendung wahrscheinlich ein Wechsel im Kölner Rathaus beigetragen,

General Clive (mit Schnurrbart), vorn der Prince of Wales, bei der Britischen Rheinarmee

Das PAX-Heim in Unkel

wo der radikale Riesen als Oberbürgermeister durch den moderierteren Karl Georg Schmidt ersetzt worden war, der zu Adenauers Bruder August sagte: »Ich weiß, Ihrem Bruder ist Unrecht geschehen. Natürlich kann ich das nicht offiziell zugeben.«

Ehe Adenauer wieder in einigermaßen gesicherten Verhältnissen leben konnte, brach für ihn eine besonders bittere Zeit an. Kaum hatte er sich in Rhöndorf notdürftig eingerichtet, wurde er wegen eines harmlosen Zwischenfalls – bei einem Schützenfest war zu seinen Ehren Hitlers Lieblingsmarsch, der »Badenweiler«, gespielt worden – für unbestimmte Zeit aus dem Regierungsbezirk Köln ausgewiesen. Adenauer fuhr zunächst nach Freudenstadt und beschwerte sich von dort aus beim Regierungspräsidenten. Als dieser auf dem Ausweisungsbefehl bestand, fand er Zuflucht im katholischen PAX-Heim von Unkel, nur sechs Kilometer südlich von Rhöndorf, aber schon im Regierungsbezirk Koblenz. (Nach dem Krieg war Paul Adenauer Kaplan an der Unkeler Kirche). Erst im Frühjahr 1936 durfte er nach Rhöndorf zurückkehren, wo er sich am Zennigsweg 8a ein 6000 qm großes Hanggrundstück kaufte.

Oberbürgermeister Schmidt

Das Haus am faulen Berg. Das Haus, das Konrad Adenauer für sich und seine Familie 1937 gebaut hat, wurde nach dem Zweiten Weltkrieg legendär. Von Legenden umwoben war dieser Platz bereits im 19. Jahrhundert. An ihn soll der englische Dichter Lord Byron gedacht haben, als er seinen »Junker Harold« sagen läßt: »Wahrhaft ein Land von Gott geküßt . . .«

Blick von Adenauers Zimmer auf den Rhein

Byrons Begeisterung ist verständlich. Denn schon von Adenauers Haustür aus hat man einen weiten Blick ins Rheintal: Links, jenseits des Flusses, der Rolandsbogen; rechts die Godesburg und ihr zu Füßen das heute zu Bonn gehörende Bad Godesberg. Am Horizont kann man bei klarer Sicht die Vorberge der Eifel erkennen, aus der Adenauers Vorfahren stammen. Am Hang des Hauses der Winzerort Rhöndorf mit schönen Fachwerkbauten und Landsitzen rheinischer Industrieller aus dem vorigen Jahrhundert. Ganz nahe die Ruine des Drachenfels. Hier beginnt das Siebengebirge, an dessen Rheinterrasse das Haus liegt. Nicht umsonst heißt die Erhebung hinter dem Haus Breiberg oder fauler Berg: Der Berg bewegt sich, er drückt auch gegen das Haus, das vor einigen Jahren mit Betonstützen gesichert werden mußte.

Konrad Adenauer in Rhöndorf, 1938

Wer Adenauers Schicksal während der Herrschaft Hitlers nicht kennt, ist versucht, von einer romantischen Rheinidylle zu sprechen, wenn er die 58 (in Worten: achtundfünfzig!) Stufen bewältigt hat, die zum Haus hinaufführen. Vergebens fahnden Besucher immer wieder nach einem bequemeren Zugang, weil sie sich nicht vorstellen können, daß ein 90jähriger diese Treppen bis an sein Lebensende beinahe täglich hinaufgestiegen ist. Aber Adenauer war der Meinung, daß Bewegung jung hält, und die 58 Stufen gehörten wie lange Spaziergänge und Gartenarbeit zu seiner Bewegungstherapie. Auch die Bocciabahn, die er in seinem Garten anlegen ließ, nachdem er das Spiel bei seinen Ferienaufenthalten im oberitalienischen Cadenabbia am Comer See kennengelernt hatte, wurde noch kurz vor seinem Tode benutzt. Er konnte hier mit Hilfe einer kleinen Flutlichtanlage sogar am Abend spielen.

Der Garten mit seinen berühmten Rosensträuchern ist unverändert. In ihm hat Adenauer in den dreißiger und vierziger Jahren selbst Terrassen und Beete, Treppen und Wege angelegt, Bäume und Sträucher, Hecken und Blumen gepflanzt. Damals dominierten allerdings Gemüsebeete und Obstbäume. Sogar Schafe und Ziegen hat Adenauer auf dem abschüssigen Gelände gehalten; der Stall ist noch heute zu sehen. Erst 1964 ist sein bekannter Arbeitspavillon nach eigenen Entwürfen gebaut worden. In ihm sind seine Memoiren entstanden.

Das weiß getünchte Haus mit grünen Fensterläden und seinem Walmdach aus blaugrauem Schiefer ist immer wieder umgebaut und erweitert worden. Aber von außen sieht es noch fast so aus wie in den dreißiger Jahren, als Adenauer

Auf der Bocciabahn, 1960

Frühstückszimmer

dort mit seiner zweiten Frau und den vier Kindern aus dieser Ehe, später, vor allem im Kriege, auch mit seiner Tochter Ria sowie seinen Schwiegertöchtern und seinen Enkeln wohnte; zeitweise lebten hier vierzehn Personen. Heute wirkt es wie der ländlich-kultivierte Ruhesitz eines zwar wohlhabenden, aber nicht reichen Unternehmers mit geistigen Interessen und gutem, konservativem Geschmack.

Das Haus verfügt dank seiner Hanglage über vier Wohnebenen und eine verwirrende Zahl von Terrassen und Ausgängen ins Freie. Von der mit einem schmiedeeisernen, grüngestrichenen Gitter verzierten Haustür kommt man in einen kleinen Vorraum, von dem aus man über eine Treppe zu drei Zimmern und zwei großen, heute als Archiv genutzten Kellerräumen im Souterrain gelangt. In einem dieser Keller wurde früher der Weißwein gelagert. Die schmale Treppe nach oben führt in Adenauers Schlaf- und Arbeitsbereich sowie zu drei anderen kleinen Zimmern. Von dort aus erreicht man über eine noch schmalere Treppe das Dachgeschoß, wo sich ebenfalls ein Zimmer befindet. Das Haus ist so geschickt in den Hang hineingebaut, daß Adenauer von seinem Schlafzimmer aus ins Freie auf eine kleine Terrasse gelangen und zugleich von einem Fenster aus den Wirtschaftshof einen Stock tiefer einsehen konnte. In diesem Schlafzimmer mit seinem langen altmodischen Bett, Bücherregalen, eingebauten Schränken und den Bildern seiner Eltern ist er am 19. April 1967 gestorben. Nebenan, in einem kleinen, mit alten Möbeln ausgestatteten Raum hat er gearbeitet und noch vor dem Frühstück den ersten Kaffee oder Tee getrunken.

Arbeitszimmer

Wohnzimmer

Dr. Konrad-Adenauer-Straße (Zennigsweg) 8a

Der Arbeitspavillon

Sterbezimmer

Die Wohn- und Repräsentationsräume liegen einen Stock tiefer. Auch hier stehen viele Antiquitäten, die teilweise noch seine erste Frau mit in die Ehe gebracht hatte – so die Sitzgruppe im ersten Raum, der als Musikzimmer bezeichnet wird und durch den man in einen großen Wohnraum kommt, in dem Adenauer viele Abende lesend oder Schallplatten hörend zugebracht hat. Einer modernen Sitzgruppe aus den fünfziger Jahren stehen eine Biedermeier-Sitzgruppe und zwei Biedermeier-Eckschränkchen gegenüber. In eines davon ließ Adenauer einen Lautsprecher seiner Stereoanlage einbauen. Von diesem Wohnzimmer aus erreicht man ein großes Eßzimmer mit Möbeln aus dem Anfang des Jahrhunderts und ein kleines Frühstückszimmer, das Adenauer seine »Kajüte« nannte und in dem Bilder von Churchill und Eisenhower hängen. Die Wände der anderen Zimmer sind mit Bildern alter Meister geschmückt.
Hinter dem Haus liegt der kleine, durch eine schmiedeeiserne Pforte neben der Haustür zugängliche Wirtschaftshof, in dem früher der Hundezwinger stand und von wo aus eine Tür in eine erst nach dem Kriege angebaute Küche führt, die besser den Zwecken des Bundeskanzlers gerecht wurde als die

kleine, ausschließlich auf die Bedürfnisse der Familie zugeschnittene Küche nebenan. Vom Wirtschaftshof aus gelangt man auch in Adenauers in den Berg hineingebauten Rotwein- und Kartoffelkeller, der zugleich als Luftschutzbunker diente und in dem die Familie bange Tage verbrachte, als die amerikanischen Truppen im Frühjahr 1945 vom anderen Rheinufer aus das Siebengebirge unter Beschuß nahmen.

Der Erfinder und Umweltschützer. Adenauer hat sich in Rhöndorf auch mit technischen Fragen befaßt. Aber weder seine Freunde noch seine Familie haben ihn zu Lebzeiten als Erfinder sonderlich ernst genommen. So erzählten sie oft lachend, wie sein Hausmädchen 1937 einen unangemeldeten Besucher mit den Worten zurückwies: »Von fünf bis sechs erfindet der Herr Oberbürgermeister. Da darf man ihn nicht stören.« Zur Quelle des Spottes wurde auch die Erprobung einer von Adenauer erfundenen Blendschutzbrille, weil sie von Autofahrern für eine Blindenbrille gehalten worden war.
Im Nachlaß wurde dann aber eine umfangreiche Korrespondenz mit dem Reichspatentamt entdeckt, die schon 1904 beginnt und erst 1942 zu Ende ist. Zudem fand man deutsche, britische und ungarische Patente. Sie wurden Adenauer für das bereits erwähnte »Kölner Brot« und ein »Verfahren zur Haltbarmachung von Wurst« erteilt. Patentanträge betrafen ein luftgefedertes Rad, eine leicht handhabbare Gießkanne, einen Gartenschlauchverschluß, einen elektrischen Insektentöter, Vorrichtungen gegen Zugluft, ein leuchtendes Stopfei und eine Kaffeekanne mit beheizbarem Boden.

Stammbaum im Treppenhaus

Bei der Sichtung des Nachlasses stellte sich heraus, daß sich Adenauer bereits 1904 sogar Gedanken über den Umweltschutz gemacht hatte: Er beschäftigte sich damals mit der »Beseitigung der Staubentwicklung durch Automobile«, wobei er offenbar an eine Stromlinienkarosserie gedacht hat. Dreißig Jahre danach ging es ihm um ein »Verfahren zur Verhütung der Verunreinigung der Luft«. Mathematische Berechnungen für eine »Reaktionsdampfmaschine« und einen »verbesserten Zylinder für durch Dampf usw. betriebene Fahrzeuge« vervollständigen das Bild des Erfinders Adenauer, dessen Ideen auch das eigene Haus bereicherten: Die plissierten Seidenbehänge an den Wänden der Rhöndorfer Wohnräume hat er selbst entworfen. Sie bringen seine Bilder besser zur Geltung und sind abnehmbar.

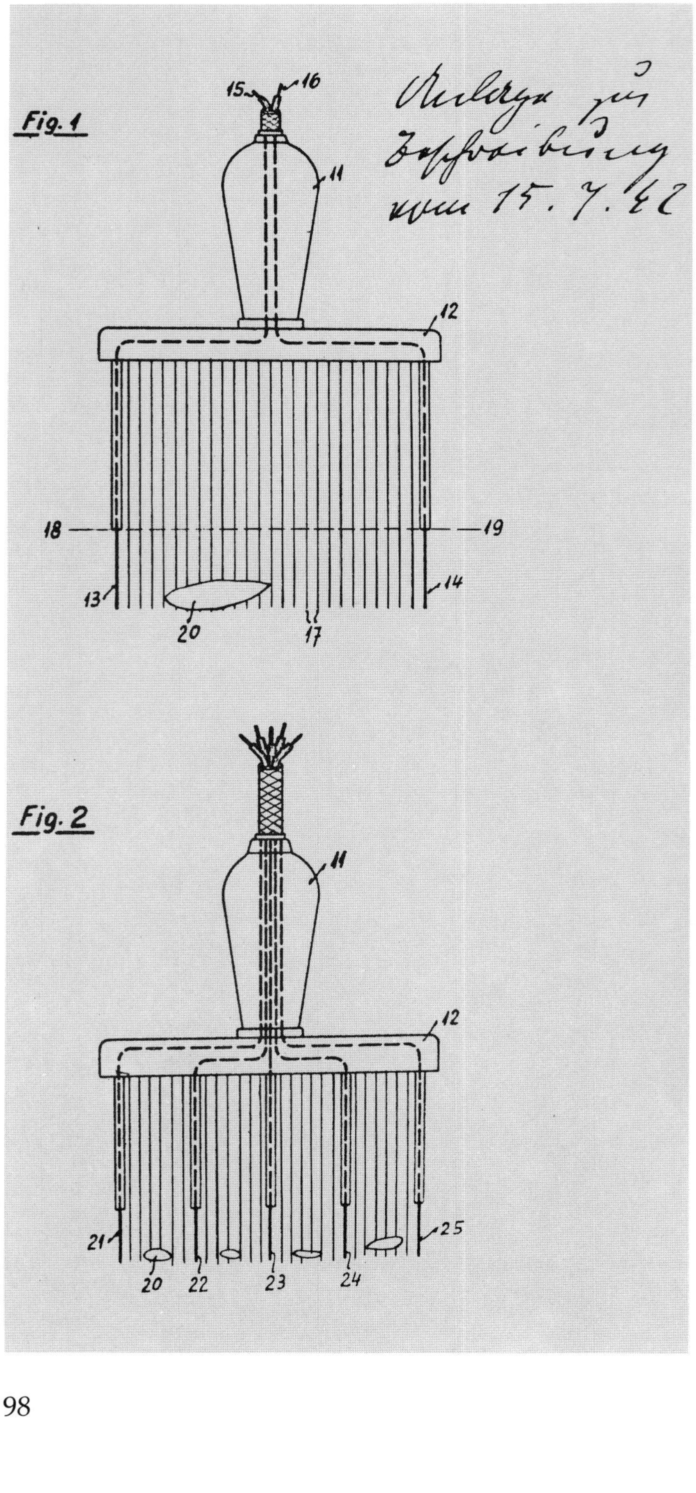

Patentschriften auf dem Schreibtisch im Arbeitszimmer

Schädlingsbekämpfung auf Rebstöcken, Sträuchern, Bäumen o. dgl. mit Hilfe des elektrischen Stromes

Überleben in Deutschland

Adenauer und der Widerstand. Am 22. September 1938 bezog die Weltgeschichte im Godesberger Hotel »Dreesen« am anderen Rheinufer Quartier. Zwei Tage lang verhandelte Hitler dort mit dem britischen Premierminister Chaimberlain über die Sudetenkrise. »Ich war erschüttert«, klagte Adenauer, »über Chaimberlains Unkenntnis der wahren Natur Hitlers und der NSDAP. Es war die gleiche Unkenntnis, die bei den Olympischen Spielen 1936 von den Vertretern aller freien Völker, die dort waren, gezeigt wurde.« Tatsächlich blieb es nicht bei der von den Westmächten gebilligten Angliederung des Sudetenlandes: Schon ein halbes Jahr später mußte sich der von allen im Stich gelassene tschechoslowakische Staatspräsident Hacha von Hitler die Umwandlung seines Reststaates in ein »Reichsprotektorat Böhmen und Mähren« abpressen lassen.
Adenauer gab sich keinen Illusionen mehr hin. Nach der Annexion der Tschechoslowakei konnte der nächste Schritt Hitlers zum Kriege führen, und den Kriegsbeginn würden die Nationalsozialisten dazu benutzen, auch mit der bereits dezimierten Schar ihrer Widersacher im Innern abzurechnen. Adenauer war davon überzeugt, daß er in diesem Fall mit erneuter Verhaftung rechnen

Chamberlain, Henderson und Gauleiter Grohé, von rechts nach links

Hitler in Godesberg

mußte. Gerade weil im August 1939 der Zweite Weltkrieg in der Luft lag, trat er seine inzwischen schon traditionelle Urlaubsreise in das Walliser Bergdorf Chandolin im Eifischtal an.

Er war dort Stammgast und mit dem Hotelier Pierre Pont befreundet, der sich wie er mit Naturheilkunde befaßte. Zu Ponts Hotel auf zweitausend Meter Höhe kam man damals von der Talstation Les Pontis nur zu Fuß oder mit Maultieren hinauf. Adenauer, der hier die von seinen Verwandten verspottete »Einsamkeit« im Kreise seiner Großfamilie fand, brauchte nicht weniger als zwölf Maulesel. Und im Hotel besetzten die Adenauers für gewöhnlich die gesamte erste Etage. Das ehemalige Zimmermädchen Ida Favre erzählte 1975: »Herr Dr. Adenauer war sehr reserviert, aber auch sehr großzügig.«

Das alte Grand-Hotel in Chandolin

Adenauer (rechts) mit dem Hotelbesitzer Pierre Pont und Madame Pont

nächste Seite: Gussie Adenauer

Mehr als zwanzigmal ist Adenauer insgesamt in Chandolin gewesen, erinnert sich der letzte Besitzer des Hotels, Marc Pont, der die einstige Nobelherberge vor einigen Jahren verkauft hat (sie ist inzwischen verfallen). Auch andere Prominente waren in dem 1898 eröffneten Hotel zu Gast: Großadmiral von Tirpitz, Graf Zeppelin, der Schweizer Mäzen Werner Reinhart, der holländische Großindustrielle A. F. Philips, der Stratosphärenflieger und Tiefseetaucher Auguste Piccard, der 1924 von Mussolinis Faschisten ermordete italienische Sozialistenführer Matteotti, der Komponist Hindemith. Adenauer befand sich also in bester Gesellschaft, ohne sich dadurch in seinem eigenwilligen Verhalten behindern zu lassen. So trank er in dem von einem Onkel des Komponisten Maurice Ravel ausgemalten Speisesaal nur Milch und Tee aus

Adenauer am Schreibtisch in Chandolin

getrockneten Rosenblättern. Außerdem tauschte er in der Hotelbibliothek eigenmächtig dreißig Bücher aus, die ihm als Ferienlektüre nicht geeignet schienen – darunter »Das Kapital« von Karl Marx.
Im Jahre 1939 wartete Adenauer im Wallis den Kriegsausbruch ab, er hatte ihn schon ein Jahr zuvor Pont vorausgesagt und ihm empfohlen, sich mit Kohlen einzudecken. Adenauers politische Wetterfühligkeit bewährte sich. Denn tatsächlich soll sein Name an erster Stelle einer Liste rheinischer Politiker gestanden haben, deren Verhaftung am 1. September 1939 bei Kriegsausbruch beabsichtigt gewesen war. Ein Unbekannter, so erzählte Adenauer nach dem Kriege, habe seinen Namen von der Liste gestrichen.
Adenauer wußte, als er nach Kriegsausbruch wieder in Rhöndorf eintraf, daß

nun nicht etwa die Gefahr vorüber war. Er versuchte zwar, möglichst wenig aufzufallen, konnte aber nicht verhindern, daß in der Opposition gegen Hitler auch über ihn und seine Rolle nach einem Sturz des Diktators nachgedacht wurde. Er war von den Hitler-Gegnern als Oberpräsident der Rheinprovinz vorgesehen. Als Reichsminister dagegen schien er seinem früheren Leipziger Oberbürgermeister-Kollegen Carl Goerdeler, der nach dem 20. Juli 1944 Reichskanzler werden sollte, wegen seiner bekannten Eigenwilligkeit ungeeignet. Vielleicht sah Goerdeler in ihm auch einen möglichen Konkurrenten.

Der spätere Staatssekretär Franz Thedieck, dessen Vater Adenauer am Kölner Landgericht ausgebildet hatte, erfuhr bei einem Besuch damals, was der Mann

links: Franz Thedieck

rechts: Carl Goerdeler

in Rhöndorf über die Pläne der Opposition dachte: »Er hatte für die Absichten dieser Widerstandskreise keinerlei Verständnis. Natürlich war an seiner schärfsten Ablehnung des Nationalsozialismus nicht der geringste Zweifel. Aber er glaubte, daß man abwarten müsse, wie dieses Verbrechersystem von selbst, insbesondere durch den Kriegsverlauf, zusammenbrechen werde. Mit Spott äußerte sich Adenauer über die Pläne, mit Hilfe der Generale das Hitler-Regime zu beseitigen. Er meinte, deutsche Generale hätten befehlen und gehorchen gelernt. Zum Putschen seien sie völlig ungeeignet. Weiter stellte er mit scharfen Worten fest, sowohl Dr. Goerdeler wie auch Jakob Kaiser hätten über ihre Pläne mit hundert oder mehr Menschen gesprochen und so etwas könne im Nazireich nicht geheim bleiben. Alles, was er sagte, zeugte von seinem nüchternen Realismus.«

Verhaftung und Flucht. Da nach dem gescheiterten Attentat des Grafen Stauffenberg am 20. Juli 1944 jeder verhaftet wurde, der in irgendeiner Weise verdächtig war oder gefährlich werden konnte, mußte auch Adenauer mit seiner Festnahme rechnen. Zunächst jedoch kam er mit dem Schrecken davon, denn die Gestapo beschränkte sich auf eine Hausdurchsuchung. Schon einen Monat später setzte eine Aktion »Gewitter« ein, bei der alle bekannten Politiker der Weimarer Republik, soweit sie nicht emigriert, bereits im Gefängnis oder in einem Konzentrationslager waren, verhaftet wurden; auch Adenauer.

Erst brachte man ihn in die Bonner Zentrale des Sicherheitsdienstes, dann in ein Konzentrationslager auf dem von Adenauer angelegten Kölner Messegelände. Sein kommunistischer Mithäftling Eugen Zander berichtete nach 1945, Adenauer habe schon in diesem Lager vorausgesagt, das unnatürliche Bündnis zwischen Amerika und Rußland würde nach dem Kriege zerfallen, »die Welt würde aufgeteilt in einen demokratischen und einen kommunistischen

Krankenhaus Hohenlind

Machtblock und das besiegte Deutschland müsse sich diesmal endgültig für West oder Ost entscheiden, wenn es nicht zerrieben werden wolle zwischen den Mühlsteinen der Weltmächte.« Zu Zander sagte er auch: ». . . ich bin ursprünglich weich und empfindsam gewesen, aber der Umgang mit den Menschen hat mich hart gemacht.«

Eines Tages entdeckte der politische Gegner von einst, daß Adenauer in ein anderes Konzentrationslager abtransportiert werden sollte, was den sicheren Tod bedeutet hätte. Er warnte seinen Mithäftling, und mit Hilfe eines ebenfalls internierten Arztes wurde Adenauer ins Krankenhaus Hohenlind eingeliefert. Obwohl er mit dem Chefarzt befreundet war, konnte er sich auch hier nicht sicher fühlen. Deshalb entschloß sich Adenauer, aus dem kaum bewachten Krankenhaus zu fliehen und sich bis zum Einmarsch der alliierten Truppen verborgen zu halten.

Zu diesem Zweck erschien eines Tages der Luftwaffen-Major Hans Schliebusch in Hohenlind und holte Adenauer unter dem Vorwand einer Vernehmung in Berlin ab. In Schliebuschs Wagen fuhr er zusammen mit seiner Frau zunächst nach Bonn, übernachtete bei Bekannten und versteckte sich als

»Feriengast Dr. Weber« in der Nister Mühle bei Hachenburg im Westerwald. Seine Frau fuhr zurück und erstattete bei der Rhöndorfer Polizei Vermißtenanzeige. Damit sollte demonstriert werden, daß sie den Aufenthaltsort ihres Mannes nicht kannte, und überdies sollte damit ihre Beteiligung an seiner Flucht vertuscht werden.
Dennoch wurde sie am 24. September 1944, einen Tag vor ihrer silbernen Hochzeit, von der Gestapo verhaftet und in das Kölner Gestapohauptquartier gebracht. Hier sperrte man sie in eine Zelle mit Prostituierten und nötigte sie unter der Drohung, ihre neunzehn- und sechzehnjährigen Töchter Lotte und Libet ebenfalls zu verhaften, das Versteck ihres Mannes preiszugeben. Das Schicksal ihrer Töchter vor Augen, brach Gussie Adenauer zusammen und

Nister Mühle im Westerwald

gab nach: Am Morgen ihres Hochzeitstages wurde ihr Mann in der Nister Mühle erneut festgenommen.
Zum ersten Male hatte Adenauer, als er die Gestapo anrücken hörte, die Nerven verloren und zu fliehen versucht. Aber er war nur bis auf den Dachboden gekommen, kaum bekleidet. Bald danach hatte er sich wieder in der Gewalt. Er wurde ins Gefängnis Brauweiler gebracht und durfte dort seine Frau vor ihrer Entlassung sehen, nachdem ihm zuvor mitgeteilt worden war, sie habe seinen Aufenthaltsort verraten. Zeugen berichteten später, er habe sie bei dieser Begegnung in die Arme genommen und gesagt: »Ich weiß es! Beruhige dich, du hast es richtig gemacht – wir sind immer und überall in Gottes Hand, denke daran.« Ins selbe Gefängnis hatte man inzwischen auch Major Schliebusch eingeliefert, dessen Fluchthilfe bekannt geworden war. Adenauer verschaffte sich die Gelegenheit, ihm noch einmal zu danken. Zwar gelang es dem Major später zu fliehen, aber kurz nach Kriegsende starb er an Flecktypus.
Adenauers Sohn Max, der damals als Leutnant in Rastatt lag und einem verständnisvollen Kommandeur vier Wochen Urlaub verdankte, hatte seinen Vater am 26. Oktober in Brauweiler besuchen können. Dann war er selbst zur

Gestapo nach Berlin gefahren, wo man sich inzwischen davon überzeugt hatte, daß sein Vater nicht in die Vorgänge um den 20. Juli verwickelt war. Er erreichte schließlich, daß die Gestapo dem Reichssicherheitshauptamt der SS die Entlassung seines Vaters empfahl. Als nichts geschah, bat er vor seiner Rückkehr zur Truppe den alten Freund seines Vaters Robert Pferdmenges um Intervention. Er oder andere Freunde haben sich offenbar an einen Anwalt gewandt, der über gute Beziehungen zum Reichssicherheitshauptamt verfügte. Solch verschlungene Wege eröffneten in der Götterdämmerung des »Dritten Reiches« oft die einzige Möglichkeit, dem Schicksal in den Arm zu fallen. Adenauers Freunde hatten Erfolg: Er wurde am 26. November 1944 entlassen.

Adenauer selbst hat in seinen Erinnerungen über die Haft in Brauweiler geschrieben: »Der Kommissar, dem das Gefängnis unterstand, sagte mir bei der Einlieferung, ich möchte mir doch, darum bitte er, nicht das Leben nehmen, er hätte dadurch nur Unannehmlichkeiten. Ich fragte, wie er zu der Idee komme. Er erwiderte, ich sei jetzt fast siebzig Jahre, ich hätte vom Leben doch nichts weiter zu erwarten, und es läge dann wohl nahe, daß ich meinem Leben ein Ende machte . . .«

Nr. 324, Dienstag, 6. März 1945

NACHRICHTEN FÜR DIE TRUPPE

Amerikaner in Köln

NS-Notgroschen in Gefahr

Weisse Tücher hängen von den Fenstern

IN den Kölner Ringstrassen, nur wenige tausend Meter vom Domplatz und der Hohenzollernbrücke tobte gestern nacht der Kampf mit den Amerikanern, die gestern früh ganz plötzlich von Norden und Westen und später auch vom Süden in Köln eingedrungen waren.

Nach den letzten Meldungen sind die Kölner Stadtteile Köln-Merheim, Köln-Niehl und ein grosser Teil von Köln-Nippes im Norden, Müngersdorf, Braunsfeld und der grösste Teil von Köln-Lindenthal im Westen sowie Teile von Köln-Sülz und Köln-Ehrenfeld schon überrannt. Auf den Ringstrassen werden jetzt die letzten Abwehrkräfte zusammengezogen.

Volkssturm-Einheiten, die in aller Eile zum Stadtwald und zum Grüngürtel gebracht wurden, trafen dort gleichzeitig mit den ersten amerikanischen Panzern ein und legten die Waffen nieder.

In vielen Kölner Strassen, die noch gehalten werden, hängen schon in Erwartung der Besatzungstruppen die weissen Tücher aus den Fenstern.

Kölns letzte Brücke

Tausende von Wehrmachtangehörigen, die nach Köln abgedrängt wurden, haben in den letzten drei Tagen in den Häusern und Bombentrümmern der Stadt Unterschlupf gefunden bei Einwohnern, die zurückblieben. Sie warten dort ab, bis die Front an ihnen vorübergezogen ist und sie sich gefangen geben können.

Wehrmachtangehörige, die den Kampf am Ostufer des Rheins fortsetzen wollen, können nur noch über die schwer beschädigte Hohenzollernbrücke zurück. Alle anderen

Die Rheinbrücken in Köln nach dem Luftangriff vom 2. März. Die Hohenzollernbrücke (unten) zeigt starke Beschädigung des rechtsseitigen Hängebogens. Von der völlig zerstörten Hängebrücke (durch Pfeil bezeichnet) ist nur noch ein Pfeiler im Flussbett übrig geblieben. Neben den Gleisanlagen des Hauptbahnhofs erscheint der Dom als ein mächtiges Kreuz inmitten der Ruinen.

Tausend Flugzeuge jagen quer durch das ganze Reich

Zwei Staffeln vom NJG 2 — im ganzen zwölf Maschinen — flogen in der Nacht zum Montag wieder Vergeltungseinsatz gegen England.

Wie schon in der vorangegangenen Nacht wurden Flugplätze angegriffen, von denen die anglo-amerikanischen Bomberverbände zu ihren täglichen Vernichtungsangriffen gegen das Reich aufsteigen.

Alle deutschen Maschinen sind wohlbehalten zurückgekehrt; nur eine wurde allerdings kurz vor der Landung auf dem Flugplatz Twente von der eigenen Flak abgeschossen.

Wenige Stunden später flogen wieder über 1 000 viermotorige Bomber und Fernjäger tief ins Reich ein.

9 769 machen an einem Tage Schluss

Amerikanische Zeitung für die deutschen Truppen

Warten auf die Stunde Null. Adenauer wandte sich nach seiner Entlassung zunächst an zwei Fabrikanten in Weiden bei Köln. Sie stellten ihm ein Auto zur Rückfahrt nach Rhöndorf zur Verfügung. Hier wohnten inzwischen dreizehn, ab Januar 1945 sogar vierzehn Personen, als Adenauers Schwiegertochter Lola ihr zweites Kind bekam, das nach seinem Großvater und Vater Konrad hieß und später Konradin gerufen wurde. Alle warteten gemeinsam auf das Ende des Krieges, der hörbar näherkam. Am 8. März besetzten die Amerikaner Unkel, und die Familie zog in den Luftschutzbunker hinter dem Haus um, wo sie acht qualvolle Tage, auf zwanzig Quadratmeter zusammengepfercht, zubrachte.

Über dem Dorf, das nun direkt in die Kampflinie geriet, weithin sichtbar, lag Adenauers Haus. Neun amerikanische Granaten explodierten im Garten, drei trafen die Vorderseite des Hauses, dessen Rückseite von deutschen Granatwerfern, die rechts des Rheins standen, beschädigt wurde. »Es war an einem Sonntagmorgen«, erzählte Adenauer später und wurde dafür oft ironisch als der erste Mensch gefeiert, der eine Granate auf sich zufliegen sah, »als ich die erste direkte Bekanntschaft mit den amerikanischen Truppen machte . . . Plötzlich sah ich in einer Entfernung von 300 Metern eine Granate auf mich zufliegen. Ich warf mich sofort zu Boden.« Adenauer ließ sich nie davon abbringen, daß er die Granate gesehen hat. Und er setzte stets hinzu: »Übrigens zeigten sich die amerikanischen Truppen im weiteren Verlauf sehr viel umgänglicher als bei dieser ersten Begegnung.«

Unmittelbar bevor die Amerikaner das rechtsrheinische Ufer erreichten, wuchs die Zahl der Bunkerbewohner auf neunzehn Personen an. Denn Louis, ein französischer Kriegsgefangener, der aushilfsweise im Garten gearbeitet hatte, bat aus Angst vor der Verschleppung ins Innere Deutschlands zusammen mit vier Kameraden um Unterschlupf. Die Erfüllung dieser Bitte war riskant, hinter dem Haus lagen deutsche Truppen. Aber Adenauer versteckte die

Franzosen, die ihm nach dem Einmarsch der Amerikaner mit einem schwungvollen Schreiben dankten. Am 15. März stellten die Amerikaner ihr Bombardement ein; sie hatten den Rhein überschritten. In endlosen Kolonnen zogen ihre Panzer nordwärts, in Richtung Köln.

Mehr als zwölf Jahre lang hatte Konrad Adenauer geduldig auf den Zusammenbruch der nationalsozialistischen Herrschaft gewartet. Mehr als viertausendundvierhundertzwanzig Tage lang hatte er diesen einen Tag herbeigesehnt. Nun war es soweit. Aber inzwischen lag Deutschland in Trümmern, waren Millionen umgekommen und fast ein ganzes Volk demoralisiert. Sollte er, konnte er mehr als aufatmen? Ihm war nicht nur einmal empfohlen worden, sich im Ausland in Sicherheit zu bringen; er hatte den Gedanken stets

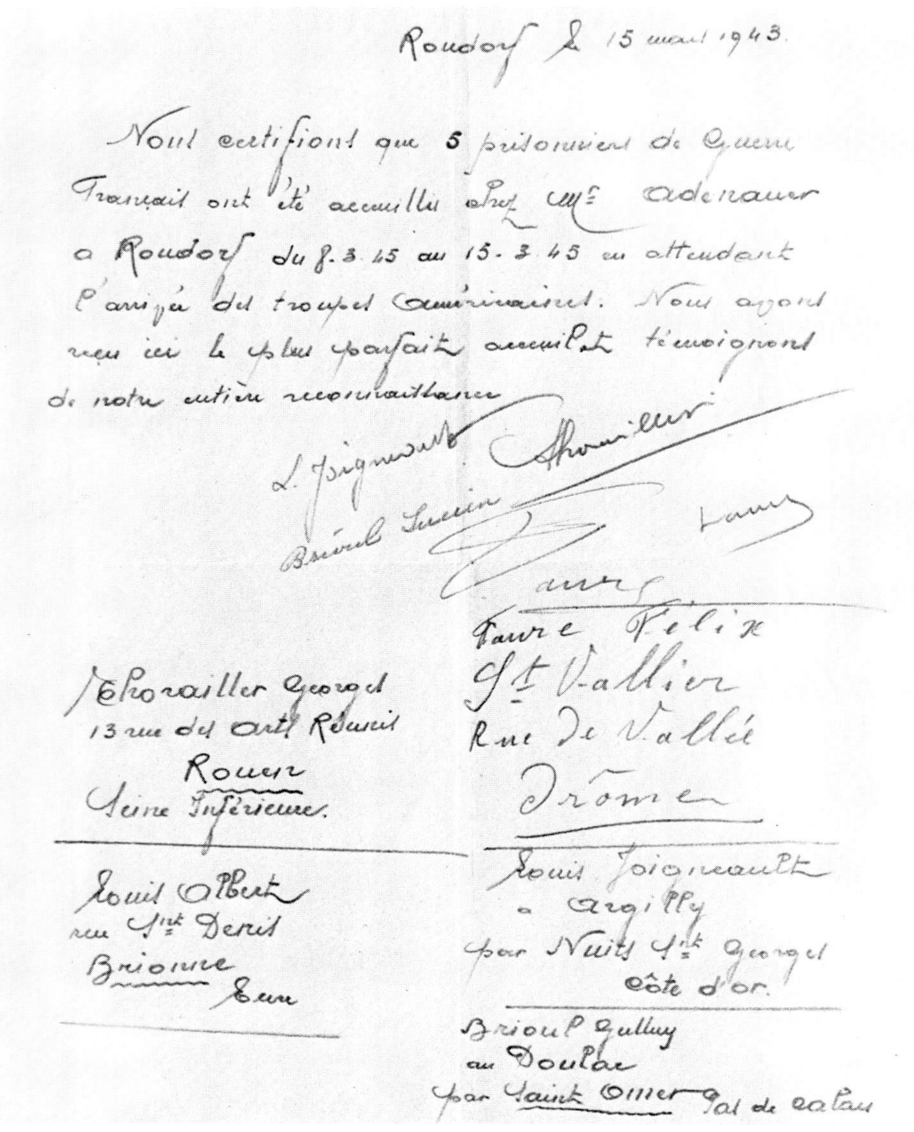

Roudorf le 15 mars 1943.

Nous certifions que 5 prisonniers de Guerre Français ont été accueillis chez Mr Adenauer a Roudorf du 8.3.45 au 15.3.45 en attendant l'arrivée des troupes américaines. Nous avons reçu ici le plus parfait accueil et témoignons de notre entière reconnaissance

L. Joigneault Chevailler
Brivel Lucien
Faure
Faure Felix
St Vallier
Rue De Vallée
Drôme

Chevailler Georges
13 rue des art. Réunis
Rouen
Seine Inférieure.

Louis Albert
rue St Denis
Brionne
Eure

Louis Joigneault
a Argilly
par Nuits St Georges
Côte d'or.

Briout Gilbert
au Doulac
par Saint Omer Pas de Calais

Das Dankschreiben der französischen Kriegsgefangenen

verworfen: »Ich wollte, gleichgültig, was kommen würde, bei meiner Familie und bei meinem Volke bleiben und alles das mitmachen, was die Zukunft bringt.« Er hatte überlebt. Was brachte die Zukunft nun? Hielt sie auch für ihn eine neue Aufgabe bereit? Eine neue oder die alte, die man ihm vor mehr als zwölf Jahren genommen hatte?

Die Bundesrepublik

Kriegsverbrecher-Prozeß in Nürnberg – Göring, Heß, Ribbentrop und Keitel auf der Anklagebank (erste Reihe von links nach rechts)

Berliner Blockade 1948 – Eine Luftbrücke als Antwort der Westmächte

Die Potsdamer Konferenz 1945 – Attlee, Truman und Stalin (sitzend, von links nach rechts)

Fußball-Weltmeisterschaft 1954 in Bern – Die deutsche Nationalmannschaft

13. August 1961 – Die Berliner Mauer am Brandenburger Tor

Die Neue Linke – Berliner Studentendemonstration mit Rudi Dutschke im Frühjahr 1967

Mitte unten: 17. Juni 1953 – Sowjetische Panzer am Potsdamer Platz in Berlin

Vorspiel

Sonntag, der 14. September 1958. Es ist kurz vor Mittag. Ein paar Minuten noch, dann wird er dem Manne gegenüberstehen, der seit einem Vierteljahr wieder Frankreich regiert. Der Retter seines Vaterlandes, aber ein Gegner Europas? Seit er gestern in Cadenabbia aufgebrochen ist, grübelt er über diese Frage nach, ohne eine Antwort zu finden. Nicht in der schlaflosen Nacht von Baden-Baden, auch nicht während der Fahrt über Straßburg hierher, nach Lothringen. Wochenlang war eine Begegnung mit Charles de Gaulle immer dringlicher angeregt, empfohlen, schließlich erbeten worden. Aber der vierzehn Jahre Jüngere wollte und konnte derzeit wohl auch nicht nach Bonn kommen. Und er, der 82jährige, war nicht bereit, seine Aufwartung in Paris zu machen! Der Ausweg ist diese Fahrt auf der Rückreise vom Urlaub. Zur Boisserie, dem Landsitz des Generals.

Der General . . . Wie würde er, der Erzzivilist Konrad Adenauer, mit ihm zurechtkommen? Am Horizont waren jetzt die ersten Häuser von Colombey-les-Deux-Eglises zu erkennen. Herb erschien ihm diese Landschaft, herb und einsam. Als die Franzosen ihm nach Kriegsende die Gefolgschaft verweigerten, hatte sich de Gaulle verbittert in diesen entlegenen Winkel zurückgezogen. Keine Spur von »la douce France« – im Gegenteil, das Schlachtfeld Europas! Den Kanzler fröstelt bei diesem Gedanken. Sollten all die Anstrengungen der letzten dreizehn Jahre vergeblich gewesen sein?

Die schwarze Limousine hielt. Er stieg aus und ging langsam auf den Mann zu, der ihm in einem schlichten dunkelblauen Anzug entgegenkam. Charles de Gaulle lächelte, streckte beide Hände aus und hieß ihn auf Deutsch willkommen. In dieser einen Sekunde wußte Konrad Adenauer, daß er sich umsonst gesorgt hatte. Daß sie Partner sein würden. Und daß sie Freunde werden könnten. Er genoß diese Erkenntnis, kostete sie aus. Der Funke war übergesprungen. Das Stiftungsfest der deutsch-französischen Aussöhnung hatte begonnen.

Der Oberbürgermeister

Willi Suth

Die Wiedereinsetzung. Am 2. März 1945 war Köln zum letzten Male Ziel eines Luftangriffs gewesen; vier Tage später hieß es in einem Wehrmachtsbericht: »Der Trümmerhaufen Köln wurde dem Feind überlassen.« In der Tat, Köln war ein Trümmerhaufen: Von 68582 Gebäuden hatten 40,5 Prozent den Krieg nicht überdauert. Im nördlichen Teil der Altstadt standen dreizehn Prozent, im südlichen Teil noch sieben Prozent der Häuser. Von den 768000 Einwohnern, die 1939 in Köln gelebt hatten, waren 40000 gefallen oder von Bomben getötet worden. Doppelt so viele waren verwundet oder verletzt. Als Adenauers Schwager Willi Suth, der bis 1933 als Stadtkämmerer amtiert hatte, am 16. März 1945 von den Amerikanern zum kommissarischen Leiter der Kölner Verwaltung ernannt wurde, zählte die Stadt nicht einmal mehr ein Zehntel ihrer früheren Einwohner – nur rund 40000 hatten im Bombenhagel ausgeharrt, 32000 von ihnen im linksrheinischen Teil.

Wenige Tage nach der Besetzung Rhöndorfs erkundigte sich ein amerikanischer Offizier am Zennigsweg, ob Kölns ehemaliger Oberbürgermeister noch am Leben sei. Wiederum einige Tage später forderten ihn zwei Offiziere auf, zurück nach Köln zu kommen, in dessen rechtsrheinischen Stadtteilen noch bis zum 15. April gekämpft wurde. Adenauer folgte der Aufforderung nicht ohne Besorgnis, denn der Krieg, in dem drei seiner Söhne als deutsche Soldaten dienten, war keineswegs zu Ende. Er bat deshalb den amerikanischen Stadtkommandanten Hyles, von der Ernennung zum Oberbürgermeister zunächst abzusehen, um das Leben seiner Kinder nicht zu gefährden. Hyles stimmte zu und berief Adenauer zunächst als Berater. Die offizielle Wiedereinsetzung ins Amt des Oberbürgermeisters erfolgte erst am 4. Mai – vier Tage nach dem Selbstmord Hitlers und drei Tage vor der Kapitulation der Deutschen Wehrmacht.

Die Aufgabe, die vor ihm lag, ließ sich nicht mit der vergleichen, die er nach dem Ende des Ersten Weltkrieges gelöst hatte. Er durfte sich nicht darauf beschränken, die Lebensmittel-, Wasser-, Elektrizitäts- und Gasversorgung anzukurbeln und sicherzustellen und die Stadt wieder bewohnbar zu machen. Es mußte ihm zugleich darum gehen, die Voraussetzungen für städtebauliche Korrekturen zu schaffen und die Lebensqualität von Köln zu verbessern. Bezeichnend für ihn ist seine Anweisung, Autobusse zu den Konzentrationslagern Buchenwald, Dachau und Theresienstadt zu schicken, um die aus Köln stammenden Häftlinge heimzuholen. Kurz danach ließ er Bilder aus dem

Wallraf-Richartz-Museum, die in die Burg Hohenzollern ausgelagert worden waren, mit einem Leichenwagen zurückbefördern, um sie dem alliierten Zugriff zu entziehen.
Schon während Adenauers Beraterzeit war die erste Zeitung erschienen; Ende April nahmen die Kölner Kreditinstitute ihre Geschäfte wieder auf. Am 7. April begann die Registrierung aller im linksrheinischen Köln lebenden Personen, am 5. Mai der Kölner rechts des Rheins. Zwei Wochen später wurde der Postverkehr innerhalb der Stadt, bald darauf der Eisenbahn- und Omnibusverkehr aufgenommen. Anfang Juni fuhren die ersten Straßenbahnen und die ersten Müllwagen. Ende Juli fing der Schulunterricht links, Ende August auch rechts des Rheins wieder an. Und schon im August fanden in der Aula der Universität das erste Gürzenich-Konzert und die erste Theateraufführung statt. Alles deutete in jenen ersten Monaten nach dem Kriege darauf hin, daß der 69jährige Adenauer die letzte große Aufgabe seines Lebens gefunden hatte – den Wiederaufbau der Vaterstadt. Er hätte damals auch Oberpräsident der Rheinprovinz werden können, aber er entschied sich für das Amt, aus dem ihn die Nationalsozialisten 1933 verjagt hatten.

Köln 1945: Adenauer, Oberpräsident Fuchs, General Barraclough, von links nach rechts

Die Entlassung. Konrad Adenauer sollte zum zweiten Male verjagt werden – diesmal von den Briten, die Köln am 21. Juni 1945 besetzt hatten. Er erinnerte sich später: »Die Engländer brachten bei meinem Telefonanschluß in der Telefonzentrale Bad Honnef eine Überwachungsleitung an, die über Bonn nach Köln führte.« Ende September stellte die Militärverwaltung das Ansinnen, Adenauer solle die Bäume in den Grünanlagen und Ringstraßen Kölns als Brennmaterial zur Verfügung stellen. Er weigerte sich und verlangte, stattdessen beschlagnahmte Kohlevorräte für die Bevölkerung freizugeben. Diese Forderung wiederholte er am 5. Oktober in einem Interview mit dem »News Chronicle«.
Einen Tag später entließ der britische Militärgouverneur Barraclough den Oberbürgermeister. In der Begründung dazu hieß es: »Nach meiner Ansicht haben Sie Ihre Pflicht gegenüber der Bevölkerung Kölns nicht erfüllt . . . Sie werden Köln sobald wie möglich verlassen, in keinem Fall nach dem 14. Oktober.« Außerdem wurde ihm bei Androhung eines Militärgerichtsverfahrens jede politische Tätigkeit verboten. Als ihn General Barraclough in den fünfziger Jahren fragte, was er sich bei der Amtsenthebung gedacht hatte, antwortete der Bundeskanzler: »Ich habe bei mir zu Hause ein Aktenstück ›Entlassung durch die Nazis‹. Ich werde mir nun ein Aktenstück anlegen: ›Entlassung durch die Befreier‹.«
Noch heute ist dieser Fall nicht völlig geklärt. Mißfielen den Briten seine guten Beziehungen zu den Amerikanern? Oder nahmen sie Anstoß daran, daß sich Adenauer und der Oberpräsident der Rheinprovinz, Hans Fuchs, der ebenfalls entlassen wurde, privat mit französischen Politikern getroffen hatten? Oder legte die Londoner Labour-Regierung Wert auf befreundete Sozialdemokraten in wichtigen Positionen? Es gibt schließlich noch eine ganz andere Erklärung für Barracloughs Abneigung gegen Adenauer: Der 69jährige sei, so heißt es, dem britischen General für ein so wichtiges Amt einfach zu alt gewesen.

Der Parteiführer

Konrad Adenauer, 1948

Andreas Hermes, 1949

Vom Zentrum zur CDU. »Wie er ganz zuletzt war, so war er eigentlich«, hat Fontane über seinen Vater gesagt. Dieser Satz gilt auch für Adenauer. Mit 69 Jahren – in einem Alter, in dem andere ihr Leben beschreiben und sich ihren Enkelkindern widmen – fing er noch einmal von vorn an. Wahrscheinlich hätte er sich an der Schwelle des Greisenalters damit zufriedengegeben, in die Stadt- statt in die Weltgeschichte einzugehen. Den Ehrgeiz des venezianischen Dogen Enrico Dandolo, der 1204 mit 94 Jahren Konstantinopel eroberte und zum Zeichen seines Sieges vier byzantinische Bronzerosse auf der Markuskirche aufstellen ließ, besaß er jedenfalls nicht. Aber nach seiner brüsken Entlassung empfand er es als Verpflichtung, über Köln hinauszuwirken. Das »Eigentliche« Adenauers war dabei nicht so sehr das Konzept, das er verwirklichen wollte. Denn zur Verständigung mit Frankreich, zur Abkehr von der Schaukelpolitik Deutschlands zwischen Ost und West, auch zur Überwindung der konfessionellen Gegensätze hatte er schon nach dem Ersten Weltkrieg aufgerufen. Das »Eigentliche« seines Alters war vielmehr die Entschlossenheit, mit der er nun daranging, seine politische Konzeption zu realisieren – nun, da er nach dem Verlust des Oberbürgermeistersessels nichts mehr zu verlieren hatte.

Bevor er aktiv werden konnte, mußte freilich zunächst das Verbot politischer Betätigung aufgehoben werden. Bis dahin vergingen zwei Monate. Die erste politische Veranstaltung, an der Adenauer wieder teilnahm, war das Reichstreffen der christlich-demokratischen Gründungskreise am 14./15. Dezember in Bad Godesberg. Auf diesem Treffen sollte der gesamtdeutsche Charakter der neuen Partei unterstrichen werden. Aber gerade hier wurde deutlich, daß eine umfassende Organisation der Partei auf Reichsebene nicht zu verwirklichen war: Die Sowjets hatten dem Berliner Parteigründer Andreas Hermes, dem früheren Reichsernährungs- und -finanzminister und späteren Präsidenten des Deutschen Bauernverbandes, die Reise nach Bad Godesberg untersagt. Immerhin verständigte man sich über den endgültigen Parteinamen. Statt Christlich-Demokratische Partei wie in Köln, Christlich-Soziale Volkspartei wie in Baden oder Christliche Volkspartei wie an der Saar lautete er nun verbindlich Christlich-Demokratische Union. Nur die Bayern hielten am Namen Christlich-Soziale Union (und an ihrer Eigenständigkeit) fest.

Adenauer gehörte nicht zu den christlich-demokratischen Parteivätern. Von April bis Juli 1945 bemühten sich seine späteren Parteifreunde in Köln vergebens, den Oberbürgermeister als Mitglied zu gewinnen. Er begründete seine Zurückhaltung mit dem Argument, er müsse in seiner exponierten Stellung warten, bis die Besatzungsmacht die Neugründung genehmigt habe. Das war formal gewiß korrekt, erklärt aber Adenauers Verhalten nur teilweise. Offenbar wollte er abwarten, wie sich die neue Partei entwickelte, die spontan und zunächst ohne gegenseitige Absprache überall in Deutschland entstand. Ihre Basis bildeten das katholische Zentrum und die eher protestantisch geprägten bürgerlichen Parteien aus der Weimarer Republik. Da der Versuch, eine überkonfessionelle Partei zu gründen, schon einmal, ein Vierteljahrhundert zuvor, gescheitert war, läßt sich Adenauers Skepsis verstehen. Ende Juli gab er seine Zurückhaltung auf, und am 31. August trat er der Partei bei, die ihn schon zwei Tage danach in ihren nordrheinischen Vorstand wählte.

Adenauers Programm. In der Zeit bis zur Aufhebung des Verbotes politischer Tätigkeit am 4. Dezember formulierte er mit der Schriftstellerin Maria Schlüter-Hermkes ein Memorandum, das als Entwurf eines CDU-Parteiprogramms gelten kann. In ihm hieß es: »Die menschliche Person hat eine einzigartige Würde, und der Wert jedes einzelnen Menschen ist unersetzlich.« Daraus ergibt sich »eine Staats-, Wirtschafts- und Kulturauffassung, nach der Staat, Wirtschaft und Kultur nie Selbstzweck sein können, sondern immer nur eine dienende Funktion gegenüber der Person haben.« Vor diesem Hintergrund erklären sich Adenauers Wertschätzung von Familie und Gemeinde als Keimzellen von Staat und Gesellschaft, seine Abneigung gegen Großstädte und Großbetriebe. Die Förderung des Mittelstandes, der kleinen und mittleren Handwerks- und Industriebetriebe, die Entproletarisierung der Arbeiterschaft lagen ihm besonders am Herzen. Hier sah er die Möglichkeit, den Kampf zwischen dem atheistischen Materialismus und dem christlichen Humanismus, den er für den bestimmenden Grundzug der Zeit hielt, erfolgreich zu bestehen.

Die Voraussetzung mußte eine Außenpolitik liefern, die den Rahmen für eine auf das Individuum zugeschnittene Wirtschafts- und Sozialpolitik abzugeben hatte. Schon vor Kriegsende ging er davon aus, daß die Koalition zwischen den Westmächten und der Sowjetunion rasch auseinanderfallen würde; die Teilung Deutschlands und damit Europas schien ihm eine zunächst unumstößliche Tatsache zu sein. Ihm kam es nun darauf an, den westlichen Teil Deutschlands dem sowjetischen Zugriff zu entziehen. Die Chance dafür sah er in einer engen Bindung an Westeuropa, wobei er der Erhaltung der Freiheit den Vorrang vor der Wiederherstellung der deutschen Einheit einräumte.

Bereits einen Tag vor seiner Entlassung als Oberbürgermeister hatte er in dem erwähnten Interview mit dem »News Chronicle« erklärt: »Nach meiner Ansicht sollten die Westmächte die drei Zonen, die sie besetzt halten, tunlichst in einem staatsrechtlichen Verhältnis zueinander belassen. Das Beste wäre, wenn die Russen nicht mittun wollen, sofort wenigstens aus den drei westlichen Zonen einen Bundesstaat zu bilden. Um aber den Sicherheitswünschen Frankreichs gegenüber einem solchen westdeutschen Bundesstaat zu genügen, müßte man die Wirtschaft dieses westdeutschen Gebiets mit der Frankreichs und Belgiens so eng wie möglich verflechten.« Im April 1946 plädierte Adenauer dafür, die »politische Zentrale eines neuen Deutschland« nach dem Westen zu verlagern, »gleichgültig, ob und von wem Berlin und der Osten besetzt seien.« Die neue Hauptstadt und die Führung der CDU wollte er »in der Gegend des Mains« ansiedeln.

Der CDU-Chef. Als Adenauer diese Meinung den westdeutschen Landesverbänden der CDU mitteilte, war er bereits seit dem 1. März 1946 Vorsitzender der Union in der britischen Zone. Schon am 8. Januar, einen Monat vor seiner Wahl zum rheinischen CDU-Vorsitzenden, war er zum Sprecher der fünf rheinischen Mitglieder im 26köpfigen CDU-Zonenausschuß gewählt worden. Am 22./23. Januar hatte er in Herford den Vorsitz dieses Ausschusses übernommen. Wie es dazu gekommen war, schilderte ein Teilnehmer: »Wir standen plaudernd im Saal des alten Rathauses. Dr. Holzapfel, der die Tagung einberufen hatte, war schon da, aber die Sitzung hatte noch nicht begonnen. Der Stuhl des Versammlungsleiters stand noch leer. Plötzlich erschien Dr. Adenauer auf dem Podium, setzte sich auf den Stuhl und sagte: ›Ich bin 1876 geboren, also wohl der Älteste hier. Wenn niemand widerspricht, darf ich mich als Alterspräsident betrachten.‹ Alle schwiegen verblüfft. Am Ende der Tagung wurde Adenauer zum Vorsitzenden gewählt.«
Mit Adenauer hatte vor dieser Sitzung niemand gerechnet. Als Kandidat für den Vorsitz galt vielmehr der ehemalige deutschnationale Reichsminister Hans Schlange-Schöningen. Dessen Wahl wollte Adenauer verhindern, weil er von einer Sammlungsbewegung aller Kräfte rechts von der SPD, wie sie Schlange-Schöningen anstrebte, nichts hielt. »Wir mußten«, so schrieb er darüber in seinen »Erinnerungen«, »eine Partei sein mit einem eigenen neuen Programm. Auf ›Sammlung‹ als Fundament läßt sich keine Partei aufbauen, weil ›Sammlung‹ nichts in die Zukunft Weisendes ist. Eine neue Partei, wie die unsrige, konnte erst im Verlauf einer gewissen Zeit die ihr zugrunde liegenden Ideen zu festen und klar umrissenen gemeinsamen Programmsätzen entwickeln. Zum Abschluß dieser Entwicklung hoffte ich auf der Tagung des Zonenausschusses in Neheim-Hüsten zu kommen.«
Bis zur Tagung in Neheim-Hüsten mußte Adenauer nicht nur diejenigen zurückdrängen, die in der CDU lediglich eine liberal-konservative Sammlungsbewegung sahen. Er mußte auch dafür sorgen, daß aus der Union keine Partei des christlichen Sozialismus wurde. Neben diesen ideologischen Gegensätzen belastete ihn vor allem der Widerstand der Berliner CDU-Führung gegen seine Westpolitik.

Hans Schlange-Schöningen, 1949

Was geschah in Ahlen? Adenauer reiste in einem von den Briten zur Verfügung gestellten Horch von einer Parteiversammlung zur anderen, um die örtlichen CDU-Verbände oft bis in die Nacht hinein und unter Einsatz all seiner taktischen Fähigkeiten von seinem Kurs zu überzeugen. Die Arbeit an der Basis trug Früchte: Die Tagung in Neheim-Hüsten war nicht nur persönlich, sondern auch programmatisch ein Erfolg für Adenauer. Vom Postulat eines christlichen Sozialismus oder eines Sozialismus aus christlicher Verantwortung war zunächst nur die Forderung nach Vergesellschaftung der Bergwerke übriggeblieben. Und gegen den Widerstand der Befürworter einer liberalkonservativen Sammlungsbewegung hatte Adenauer die Verpflichtung ins Parteiprogramm schreiben lassen: »Mäßiger Besitz ist eine wesentliche Sicherung des demokratischen Staates. Der Erwerb mäßigen Besitzes für alle ehrlich Schaffenden ist zu fördern.«

So leicht indessen gaben sich die Anhänger eines christlichen Sozialismus in der CDU nicht geschlagen. Um ihnen den Boden zu entziehen, wurde unter Adenauers Mitwirkung am 3. Februar 1947 in Ahlen ein »Wirtschaftsprogramm der CDU« verabschiedet, das als Plädoyer für einen »dritten Weg« zwischen Kapitalismus und Sozialismus interpretiert werden kann. Darin hieß es, »daß die Zeit der unumschränkten Herrschaft des privaten Kapitalismus vorbei ist.« Zugleich jedoch wurde davor gewarnt, »daß der private Kapitalismus durch den Staatskapitalismus ersetzt wird, der noch gefährlicher für die politische und wirtschaftliche Freiheit des einzelnen sein würde.« Dieses Programm wird immer wieder als Beweis dafür zitiert, daß auch die CDU nach Kriegsende sozialistische Ziele verfolgt, diese dann aber in der »sozialen Marktwirtschaft« verraten habe. In Wirklichkeit war das Ahlener Programm nichts anderes als ein taktisches Mittel in der Auseinandersetzung mit dem christlichen Sozialismus und der Berliner CDU. Später verkehrten sich die Fronten: Adenauer fürchtete gegen Ende seines Lebens, aus der Volkspartei CDU würde eine liberale Wirtschaftspartei.

In den Jahren 1947/48 hatte er andere Sorgen. Damals kam es ihm darauf an, linke wie rechte Strömungen in der CDU unter Kontrolle zu halten und dem Führungsanspruch des SPD-Vorsitzenden Kurt Schumacher seinen eigenen und den seiner Partei entgegenzusetzen. Dazu schien ihm die Plattform der Partei besser geeignet als ein Regierungsamt. Deshalb lehnte er es ab, Ministerpräsident des neugeschaffenen Landes Nordrhein-Westfalen zu werden, dessen Gründung er im Gegensatz zur SPD begrüßt hatte, akzeptierte aber den CDU-Fraktionsvorsitz im Düsseldorfer Landtag. Als im Frühjahr 1948 ein Oberdirektor für den Wirtschaftsrat der britisch-amerikanischen Bi-Zone in Frankfurt gesucht wurde – ein mit einem westdeutschen Regierungschef vergleichbares Amt –, überredete er seinen Nachfolger als Kölner Oberbürgermeister, den ehemaligen Staatssekretär Hermann Pünder, nach Frankfurt zu gehen. Der fünfzehn Jahre jüngere Pünder erinnerte sich, daß Adenauer damals sagte: »Ich mit meinen über 70 Jahren soll noch so einen Posten übernehmen? . . . Da müssen junge Leute 'ran.«

Konrad Adenauer
und Ministerpräsident
Karl Arnold, 1949

Der Ratspräsident

Ein Grundgesetz wird entworfen. Die kommunistische Machtergreifung in der Tschechoslowakei und die Blockade Berlins belehrten die Westmächte darüber, daß Moskau früher oder später versuchen würde, Deutschland in sein Lager zu ziehen. Diese Erkenntnis führte zu dem Entschluß, die westlichen Besatzungszonen zu einem neuen staatlichen Gebilde zusammenzuschließen, was von Adenauer lebhaft begrüßt wurde. Auf Drängen des nordrhein-westfälischen Ministerpräsidenten Karl Arnold erklärte er sich im August 1948 bereit, im Parlamentarischen Rat mitzuwirken. Dessen 65 Mitglieder sollten die verfassungsrechtlichen Grundlagen des neuen Staates ausarbeiten. Vertreten waren Delegierte der westdeutschen Landtage; je 27 gehörten der CDU/CSU und der SPD, 5 der FDP und je 2 der KPD, der Deutschen Partei und dem Zentrum an, dessen Reste Adenauer vergeblich für die CDU zu gewinnen versucht hatte.
Adenauer wurde am 1. September 1948 einstimmig, bei Stimmenthaltung der Kommunisten, zum Präsidenten des Parlamentarischen Rates gewählt. Für die meisten Deutschen wurde sein Name erst jetzt ein Begriff. In der ersten Nachkriegsausgabe des Prominenten-Nachschlagewerks »Wer ist wer?« findet er sich nicht. Noch immer war Adenauer unbekannter als sein sozialdemokratischer Gegenspieler Kurt Schumacher, der sich nicht in den Parlamentarischen Rat hatte wählen lassen. Schumachers Verzicht begünstigte Adenauers Wahl zum Präsidenten. Ein weiterer Grund war sein Alter; mit 72 Jahren war er nach dem SPD-Abgeordneten Adolph Schönfelder das älteste Ratsmitglied, weshalb viele annahmen, er komme für ein Regierungsamt

Die SPD 1949: Von links nach rechts (sitzend) Kurt Schumacher, Hans Böckler, (stehend) Ernst Reuter, Carlo Schmid, Franz Neumann, Paul Löbe

nicht mehr in Frage. Der CDU/CSU-Fraktionsvorsitzende Anton Pfeiffer soll damals bei der SPD mit dem Argument für Adenauer geworben haben: »Wir haben da so einen alten, etwas eigenwilligen Mann aus Köln. Für repräsentative Zwecke ist er recht gut geeignet, für die praktische Mitwirkung weniger.« Als früherer Präsident des Preußischen Staatsrates besaß Adenauer von allen Ratsmitgliedern außerdem die bei weitem größte parlamentarische Erfahrung. Die SPD schließlich hatte bei seiner Wahl einen taktischen Hintergedanken: Ihrem Ratsmitglied Carlo Schmid fiel so der Vorsitz in dem für die eigentliche Verfassungsberatung ausschlaggebenden Hauptausschuß zu.
Adenauer rechnete gerade umgekehrt. Die Arbeit im Hauptausschuß, so eminent wichtig sie sein mochte, spielte sich im Verborgenen ab. Der Ratspräsident dagegen besaß die Möglichkeit, den Verkehr mit den Besatzungsmächten auf seine Person zu konzentrieren und damit sowohl den politischen Einfluß des SPD-Vorsitzenden Schumacher wie den der Ministerpräsidenten zu schmälern. So konnte sich Adenauer Verbindungen schaffen, über die kein anderer deutscher Politiker verfügte. Daneben trat er in der Öffentlichkeit als Repräsentant des Parlamentarischen Rates auf, so daß sich sein Bekanntheitsgrad erheblich erhöhte.

Hauptstadt Bonn. Auf die Arbeit am Grundgesetz hat er im einzelnen wenig eingewirkt. Insofern ist Theodor Heuss im Recht: »Von Adenauer stammt kein Komma.« Aber Details der Beratungen wie die künftige Hauptstadt, das Wahlrecht, die Kompetenzen der zweiten Kammer und die Finanzverfassung

Kurz vor der Abstimmung im Bundestag am 4. November 1949: Adenauer und die Minister Kaiser und Erhard

haben ihn doch mehr interessiert, als vielfach angenommen wird. Vor allem in der Frage der provisorischen Bundeshauptstadt hat er sich stark engagiert. Vor Zusammentritt des Parlamentarischen Rates scheint er für Frankfurt als Hauptstadt eingetreten zu sein. Erst als die Ministerpräsidenten sich am 16. August 1948 auf Vorschlag der nordrhein-westfälischen Regierung für Bonn als Beratungsort entschieden, was auch Adenauer überraschte, nutzte er die Chance, die Stadt als Bundessitz durchzusetzen.

Am 4. November 1948 entwickelte er auf einer Pressekonferenz den Plan, die Bundesverwaltung in Frankfurt anzusiedeln und die Regierungsspitze in Bonn zu etablieren. Damit sollte wohl nur den Gegnern Bonns der Wind aus den Segeln genommen werden. Die Entscheidung fiel dann am 10. Mai 1949: Der Parlamentarische Rat votierte mit 33 zu 29 Stimmen für Bonn. Zuvor hatte Adenauer auf einer Sitzung der Unionsfraktion mit der von einer Nachrichtenagentur verbreiteten Meldung, Schumacher habe eine Wahl Frankfurts als Niederlage für die CDU/CSU bezeichnet, auch die Christlichen Demokraten aus Hessen auf die rheinische Lösung eingeschworen. War die von der SPD sofort heftig dementierte »Tatarenmeldung« bestellt?

Die Entscheidung für Bonn als Bundeshauptstadt wurde am 30. September und am 4. November 1949 vom ersten Deutschen Bundestag in zwei knappen Abstimmungen bestätigt. Adenauer hat in seinen »Erinnerungen« den Vorwurf, er habe sich wegen der Nähe seines Wohnortes Rhöndorf für Bonn eingesetzt, als »sehr naiv« bezeichnet. Als »ausschlaggebenden Grund« für die rheinische Lösung bezeichnete er vielmehr die Bereitschaft der Engländer,

Konrad Adenauer als Präsident des Parlamentarischen Rates

»das Gebiet von Bonn aus der britischen Zone und Militärverwaltung freizugeben«, während die Amerikaner eine solche Erklärung für Frankfurt nicht abgaben. Für ihn mag seine Abneigung gegen Großstädte im allgemeinen und gegen sozialdemokratisch regierte im besonderen ebenfalls eine Rolle gespielt haben: In Bonn waren Parlament und Regierung nicht so leicht wie in Frankfurt durch Demonstrationen auf der Straße unter Druck zu setzen.
In mehreren Fragen ist Adenauer dagegen unterlegen. So etwa mit seinem Wunsch, den Bundesrat als zweite Kammer von den Länderregierungen unabhängig zu machen. Auch wurde dem Bundespräsidenten, der seine Existenz der CDU/CSU verdankt, nicht das Recht zugestanden, im Benehmen mit dem Bundeskanzler das Parlament aufzulösen. Ebenso wenig drang Adenauers Plädoyer für das Mehrheitswahlrecht, für die allgemeine Wahlpflicht, für die Aufstellung einer starken Bundespolizei und für die finanzielle Stärkung der Gemeindeselbstverwaltung durch. Erfolglos blieben auch seine Bemühungen, als Bundesflagge ein goldenes Balkenkreuz mit schwarzer Umrandung auf rotem Grund einzuführen. Vergebens befürwortete er schließlich eine Annahme des Grundgesetzes durch Volksabstimmung.

Die höchste Staatsperson. Am 8. Mai 1949 nahm der Parlamentarische Rat den Entwurf des Grundgesetzes in dritter Lesung mit 53 Stimmen an. Dagegen sprachen sich die Vertreter von KPD, Deutscher Partei und Zentrum sowie sechs von acht CSU-Ratsmitgliedern aus. Am 12. Mai genehmigten die drei westlichen Militärgouverneure Clay (USA), Koenig (Frankreich) und Robertson (Großbritannien) das Grundgesetz als vorläufige Verfassung. An die Stelle der Militärgouverneure traten nun Hohe Kommissare: Robertson blieb, während Koenig durch André François-Poncet und Clay durch John McCloy ersetzt wurde, dessen Frau eine Cousine von Gussie Adenauer war. Der Verfassungsentwurf wurde von allen westdeutschen Landtagen – mit Ausnahme des bayerischen – ratifiziert und am 23. Mai in Kraft gesetzt.

Feldmarschall Montgomery und die drei Militärgouverneure General Koenig (links), General Lucius D. Clay und General Sir Bryan Robertson (rechts)

Schon am 9. Mai hatte Adenauer den Tag der Verabschiedung des Grundgesetzes den »ersten frohen Tag seit dem Jahre 1933« genannt. War damit seine politische Mission erfüllt? Zwar hatte er mit schnellem Zugriff die Führung der CDU an sich gezogen, aber immer wieder erklärt, er werde sich in der ihm noch verbleibenden Lebenszeit bald auf die politische Arbeit in Nordrhein-Westfalen beschränken, wobei er für eine Vergrößerung dieses neugeschaffenen Landes auf Kosten des französisch besetzten Rheinland-Pfalz eintrat. Als Präsident des Parlamentarischen Rates war er, laut »Spiegel«, die »vorläufig höchste Staatsperson über 47 Millionen Deutsche« geworden.
Nun hätte er sich endgültig zur Ruhe setzen können. Oder wollte er der erste Bundespräsident der Bundesrepublik Deutschland werden? Bereits im September 1948 hatte das eine sozialdemokratische Zeitung behauptet. Auch Adenauers Dementis und Hinweise auf den FDP-Vorsitzenden Theodor Heuss und den ehemaligen sozialdemokratischen Reichstagspräsidenten Paul Löbe konnten die mehrfach wiederholte Vermutung nicht aus der Welt schaffen, die durch sein Alter an Glaubwürdigkeit gewann. In Wirklichkeit wollte der 73jährige nicht repräsentieren, sondern regieren.

Der Bundeskanzler

Die erste Bundestagswahl. Seit der Etablierung der Parteien im Jahre 1946 herrschte in den westlichen Besatzungszonen permanente Wahlkampfstimmung. Zwar spürten davon die Wähler selbst am wenigsten, denn sie hatten andere, ganz alltägliche Sorgen – sie mußten überleben. Aber die Politiker waren um so aktiver, weil sie es den Besatzungsmächten nicht allein überlassen wollten, ob Nachkriegsdeutschland restauriert, reformiert oder sozialisiert würde. Für sozialistische Experimente brachte aber allenfalls die britische Labourregierung Verständnis auf. Da sie sich zunächst intensiver um die innenpolitischen Verhältnisse kümmerte als die Amerikaner und mit dem Ruhrgebiet das wirtschaftliche Zentrum Deutschlands beherrschte, waren die Sozialdemokraten anfangs im Vorteil.

Die CDU eröffnet den Wahlkampf in Heidelberg. Von rechts nach links: Gustav Heinemann, Konrad Adenauer, Hans Ehard, Hans Schlange-Schöningen, Hermann Pünder, Peter Altmeier

Erst als sich die USA ab 1947 immer stärker in die Entwicklung Westeuropas einschalteten, wurde deutlich, daß die SPD mit London auf die falsche Karte gesetzt hatte. In diesem Punkt war freilich Adenauer, der frühzeitig Rückendeckung in Frankreich suchte, ebenfalls einer Täuschung erlegen: Auch er unterschätzte nach Kriegsende die Entschlossenheit der Vereinigten Staaten, sich in Europa zu engagieren. Diese Täuschung resultierte nicht nur aus dem Zögern Washingtons, in der Alten Welt eine aktive Rolle zu spielen – sie hatte ihren Grund auch in der europazentrischen Weltsicht Adenauers und Schumachers, die beide weder erfahrene Außenpolitiker waren noch über große Auslandserfahrungen verfügten.

Die SPD hatte zudem ihre Rechnung nicht nur ohne die USA, sondern auch ohne die Wähler gemacht, die mit Mehrheit die These vom Klassenkampf ablehnten, in dem sich nach Schumachers Meinung die Westdeutschen nach wie vor befanden. Adenauers Konzept einer sozialen Volkspartei der liberalen Mitte war genau das, was den Westdeutschen als politische Heimat vorschwebte. Er und die CDU hatten wohl mehr instinktiv als bewußt eine politische Marktlücke gefunden, die auch den Vertretern der größten und auf Dauer entscheidenden Besatzungsmacht einleuchtete, nachdem ihre Versuche gescheitert waren, aus den Deutschen durch eine großangelegte Umerziehung über Nacht angelsächsische Demokraten zu machen.

Als der Bundestagswahlkampf 1949 am Tage der Unterzeichnung des Grundgesetzes offiziell begann – er dauerte nur zwölf Wochen –, konnten die Unionsparteien schon selbstbewußt auf eine Reihe von Erfolgen verweisen. Sieht man von Niedersachsen ab, wo die CDU selbst im Bündnis mit der konservativen Deutschen Partei nur magere 19,9 Prozent der Stimmen errungen hatte, war die Union bei allen Landtagswahlen seit der Hamburger Bürgerschaftswahl am 13. Oktober 1946 in keinem Fall unter der Zwanzig-Prozent-Grenze geblieben. Ihr erstes Ziel hatte sie damit erreicht – eine Partei zu werden, die die konfessionellen Grenzen des katholischen Zentrums zu überschreiten vermochte.

Ludwig Erhard

Trotz der großen Erfolge der CDU bei den Landtagswahlen glaubten die Sozialdemokraten fest daran, bei der Bundestagswahl von 1949 stärkste Partei zu werden. Diese Zuversicht stützte sich zum einen auf die straffe Parteiorganisation der SPD, der gegenüber die Wahlkampfmannschaft der Union wie der Vorstand eines Honoratiorenvereins wirkte. Sie stützte sich zum anderen auf die sozialdemokratische Tradition als der ältesten deutschen Partei und auf das hohe Ansehen ihres Vorsitzenden Schumacher, der damals in der Welt als der legitime Sprecher Nachkriegsdeutschlands galt. Schließlich fühlte sich die SPD auch deshalb zur politischen Führung berufen, weil sie ein genau geplantes Programm zum Wiederaufbau des Landes anzubieten hatte.

Ausgerechnet die sozialistische Planwirtschaft aber war einer der Hauptangriffspunkte Adenauers. Er hatte es verstanden, den schon damals populären Ludwig Erhard, der als Wirtschaftsdirektor des Vereinigten Wirtschaftsgebietes nach der Währungsreform auf eigene Faust die Zwangsbewirtschaftung aufgehoben und damit die Marktwirtschaft eingeführt hatte, auf seine Seite zu ziehen. Erhard war zwar nicht Mitglied der CDU – seine Parteizugehörigkeit sollte bis zu seiner Wahl zum CDU-Bundesvorsitzenden umstritten bleiben –, trat aber als Wahlkämpfer der Union auf. Mit ihm hatte Adenauer einen Mann für die CDU/CSU gewonnen, der bekannt und beliebt genug war, um Schumacher das Wasser abzugraben, nachdem die ersten Erfolge seiner Wirtschaftspolitik sichtbar wurden: Die Industrieproduktion überschritt von Mitte 1948 bis Ende 1949 den Stand von 1936.

Die CDU/CSU erhielt am 14. August mit 31,0 Prozent 1,8 Prozent mehr Stimmen als die SPD. Mit 11,9 Prozent waren die Freien Demokraten drittstärkste Partei geworden vor der KPD mit 5,7, der föderalistischen Bayernpartei mit 4,2, der Deutschen Partei mit 4,0, dem katholischen (Rest-)Zentrum mit 3,1, der Wirtschaftlichen Aufbau-Vereinigung mit 2,9 und der rechtsradikalen Deutschen Rechtspartei mit 1,8 Prozent der Stimmen. 6,2 Prozent entfielen auf andere Splitterparteien.

Kurt Schumacher und Annemarie Renger

Adenauers Koalitionsverhandlungen. Das Wahlergebnis hatte zwar die Führungsrolle der CDU/CSU bestätigt, aber ihr Vorsprung vor den Sozialdemokraten war so gering, daß viele, wenn nicht die meisten Christlichen Demokraten angesichts der politischen und wirtschaftlichen Probleme für eine Große Koalition eintraten. Auch eine Reihe von SPD-Politikern und Gewerkschaftsführern plädierte für eine schwarz-rote Koalition, so zum Beispiel der damalige hessische Ministerpräsident Christian Stock. Als Koalitionskanzler waren neben dem früheren Reichsminister Hans Schlange-Schöningen der christlich-demokratische Ministerpräsident Karl Arnold aus Düsseldorf und der von den Sowjets abgesetzte CDU-Vorsitzende der Ostzone, Jakob Kaiser, im Gespräch. Beide stammten aus der katholischen Arbeiterbewegung.

Der CDU-Vorsitzende der britischen Zone lud führende Politiker seiner Partei und der CSU am 21. August in sein Haus nach Rhöndorf ein, wo sich der rheinland-pfälzische Ministerpräsident Peter Altmeier für ein Regierungsbündnis mit der SPD einsetzte. Adenauer dagegen favorisierte eine Koalition aus CDU/CSU, FDP und Deutscher Partei, denn nach seiner Meinung hatten sich 13,9 Millionen Wähler für die Marktwirtschaft und nur 8,5 Millionen für die von SPD und KPD verfochtene Planwirtschaft ausgesprochen. Am Anfang des Gesprächs bekannten sich Adenauers Gäste, bei denen es sich bezeichnenderweise weder um die Bundestagsfraktion der Unionsparteien noch um ihre

Konrad Adenauer und Jakob Kaiser

Karl Arnold

Theodor Heuss und Elly Heuss-Knapp, 1949

Landesvorsitzenden, sondern um ein inoffizielles Gremium handelte, zumeist zur Auffassung von Altmeier. Adenauer selbst erinnerte sich: »Der Beifall, den ich erhielt, war nicht sehr stark. Die Mehrzahl der Anwesenden hüllte sich in abwartendes Schweigen . . . Altmeier erhielt starken Beifall . . . Während der Essenspause führte ich mit einigen der hartnäckigsten Verfechter einer Koalition mit der SPD weitere Gespräche. Nach einer Stunde konnte ich es wagen, die Diskussion über die Frage Große Koalition oder Kleine Koalition fortzusetzen.«

Wenn Adenauer etwas »fortsetzte«, dann war er seiner Sache sicher. Auch an diesem Sonntag im August 1949 konnte Adenauer davon ausgehen, daß er obsiegt hatte. »Ich war«, so schrieb er später, »mit dem Ausgang dieses heißen Sommertages sehr zufrieden: Die CDU/CSU war bereit, für die nächsten vier Jahre die volle Verantwortung für die politische Entwicklung zu übernehmen.« Ministerpräsident Arnold, den Adenauer »zufällig« vergessen hatte einzuladen, erfuhr von diesem Ergebnis aus der Presse. Dennoch sprach die CDU-Fraktion im Düsseldorfer Landtag schon zwei Tage später Adenauer einstimmig ihr Vertrauen aus, was gleichbedeutend mit einem Freibrief der stärksten CDU-Landesverbände war. Da in Rhöndorf der Gastgeber als CDU-Kanzlerkandidat vorgeschlagen worden war – »Ich war überrascht«, behauptete Adenauer –, konnte nach dem Düsseldorfer Beschluß kein Zweifel mehr darüber bestehen, wie der erste Regierungschef der Bundesrepublik heißen würde. Adenauer hatte den in seinem Hause versammelten Christlichen Demokraten und Christlich-Sozialen die Entscheidung dadurch erleichtert, daß er sich als Übergangskanzler empfahl: »Ich habe mit Professor Martini, meinem Arzt gesprochen, ob ich in meinem Alter dieses Amt wenigstens noch für ein Jahr übernehmen könne. Professor Martini hat keine Bedenken. Er meint, auch für zwei Jahre könne ich das Amt ausführen.« Da niemand widersprach, nannte der frisch gebackene Kanzlerkandidat auch gleich den Preis für das Koalitionsbündnis mit der FDP: Ihr Bundesvorsitzender Theodor Heuss sollte Bundespräsident werden. Als ein CSU-Politiker einwandte, soviel er wisse, sei Professor Heuss nicht gerade kirchenfreundlich eingestellt, entgegnete Adenauer: »Aber er hat eine sehr fromme Frau, das genügt.« Noch gab sich die Runde der Unionsoberen nicht geschlagen. Der damals 45jährige Kurt Georg Kiesinger meinte: »Der Heuss, das ist doch ein liebenswürdiges Fossil aus der Weimarer Zeit!«, worauf ein anderer rief: »Und was ist Adenauer?« Bissig beendete dieser die Diskussion mit den Worten: »Meine Herren, es ist mir gänzlich neu, daß Sie mich für liebenswürdig halten!«

Die Kanzlerwahl. Schumacher hat Adenauers Entscheidung für die kleine Koalition, die über 208 von 402 Sitzen verfügte, erleichtert, wenn nicht sogar bewußt unterstützt, weil er nicht zweiter Mann sein wollte und weil er klare Verhältnisse bevorzugte. Schon kurz nach der Wahl knüpfte er die Beteiligung seiner Partei an einer von der CDU geführten Regierung an die Bedingung, daß der SPD das Wirtschaftsministerium überlassen würde – eine Bedingung, die, wie er genau wußte, für die CDU/CSU wie für die FDP unannehmbar war. Daß Schumacher die Konfrontation suchte, läßt sich auch aus seinem Verhalten bei der Wahl des Bundespräsidenten entnehmen. Selbst

links oben: Wilhelm Kaisen und Karl Carstens, 1949

rechts oben: Paul Löbe, 1949

viele Sozialdemokraten hätten es gern gesehen, wäre der gemäßigt linksliberale Theodor Heuss einstimmig zum Staatsoberhaupt gewählt worden. Andere Sozialdemokraten befürworteten eine Kandidatur des ehemaligen Reichstagspräsidenten Paul Löbe oder des Bremer Senatspräsidenten Wilhelm Kaisen, die beide auch im bürgerlichen Lager großes Ansehen genossen. Der SPD-Vorsitzende jedoch bestand darauf, selbst zu kandidieren; er wollte, daß die bürgerliche Koalition den Bundespräsidenten erhielt, den sie präsentiert hatte. Im SPD-Parteiausschuß sollen vor der Stimmabgabe 122 Mitglieder gegen Schumachers Kandidatur gewesen sein, die schließlich nur deshalb akzeptiert wurde, weil der SPD-Vorsitzende massiv mit seinem Rücktritt gedroht hatte. In der Bundesversammlung bewährte sich dann aber die sozialdemokratische Parteidisziplin, so daß Heuss im ersten Wahlgang nicht die erforderliche Mindeststimmenzahl von 403 erhielt, sondern nur 377. Für Schumacher hatten 311, für den Zentrumskandidaten Amelunxen 28 Mitglieder der Bundesversammlung gestimmt. Im zweiten Wahlgang errang dann Heuss 416 Stimmen, Schumacher 312.
Auch die Wahl Adenauers zum Bundeskanzler wäre beinahe gescheitert. Zwar scheint er von einem positiven Wahlausgang überzeugt gewesen zu sein: Am Tag der Kanzlerwahl war Adenauers Familie fast vollzählig auf der Bundestagstribüne versammelt, und sein Horch parkte wie schon bei der Bundespräsidentenwahl auf dem für den Kanzler reservierten Platz, was einen scharfen Protest Schumachers auslöste. Dennoch hätten ihm beinahe zwei Stimmen an der erforderlichen absoluten Mehrheit von 202 Mitgliedern des Bundestages gefehlt. Zuerst hatte Bundestagspräsident Erich Köhler vergessen, die statt Theodor Heuss ins Parlament eingerückte FDP-Abgeordnete Margarete Hütter aufzurufen; sie mußte sich schließlich selbst bemerkbar machen. Sodann hatte Johann Wartner von der Bayernpartei lange geschwankt, ob er gegen einen Fraktionsbeschluß verstoßen sollte oder nicht; schließlich stimmte er für Adenauer. Daß endlich der CDU-Kanzlerkandidat

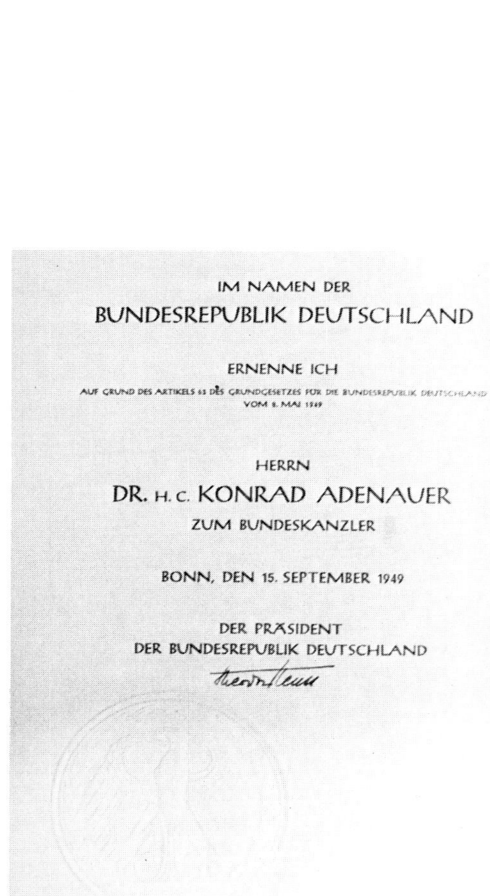
IM NAMEN DER
BUNDESREPUBLIK DEUTSCHLAND

ERNENNE ICH

AUF GRUND DES ARTIKELS 63 DES GRUNDGESETZES FÜR DIE BUNDESREPUBLIK DEUTSCHLAND VOM 8. MAI 1949

HERRN
DR. H. C. KONRAD ADENAUER
ZUM BUNDESKANZLER

BONN, DEN 15. SEPTEMBER 1949

DER PRÄSIDENT
DER BUNDESREPUBLIK DEUTSCHLAND
Theodor Heuss

Theodor Heuss und
Konrad Adenauer, 1952

für sich selbst votierte, hat er nie bestritten. Seinem Sohn Georg sagte er: »Da ich entschlossen war, die Wahl anzunehmen, hätte ich es für Heuchelei gehalten, wenn ich mich nicht selbst gewählt hätte.«
Daß Adenauer mit einer einzigen Stimme Mehrheit und dazu noch seiner eigenen der erste Kanzler der zweiten deutschen Republik geworden ist, hat immer wieder hämische Kommentare herausgefordert. Dabei ist die Frage, mit wie vielen Stimmen der Regierungschef gewählt wird, in der Verfassungswirklichkeit der Bundesrepublik von völlig untergeordneter Bedeutung: Ein einmal gewählter Kanzler kann nur dann gestürzt werden, wenn der Bundestag »mit der Mehrheit seiner Mitglieder einen Nachfolger wählt«, wie es im Artikel 67 des Grundgesetzes heißt. Zwar spielte dieses »konstruktive Mißtrauensvotum« weder beim Rücktritt Adenauers 1963 noch beim Sturz seines Nachfolgers Ludwig Erhard 1966 eine Rolle, 1972 wurde dann aber bewiesen, daß es einen Kanzler sehr wohl im Amte zu halten vermag. Willy Brandt jedenfalls verdankt dieser Verfassungsbestimmung, daß Rainer Barzel ihn damals nicht ablöste.
Für Adenauer gab es noch einen anderen Grund, seine Wahl zum Kanzler auf Anhieb sicherzustellen: Hätte nicht bereits im ersten Wahlgang die Mehrheit der Mitglieder des Bundestages für ihn gestimmt, wären seine innerparteilichen Gegner in der Lage gewesen, sich bis zum zweiten Wahlgang nach einem anderen Kanzlerkandidaten, vielleicht sogar nach einer anderen Koalition umzusehen. Immerhin war nicht auszuschließen, daß Arnold oder Kaiser mit dem Hinweis auf Adenauers Alter und die eigenmächtige Einberufung der Rhöndorfer Runde seine Kanzlerkandidatur in Frage stellen würden.

»Ich weiß gar nicht, was Sie wollen, eigentlich bin ich meiner Natur nach ein Veilchen, das im Verborgenen blüht.«

Adenauer und Schumacher. Die Gefahr, daß der 73jährige kurz vor dem Ziel von seinen Parteifreunden zu Fall gebracht wurde, war größer als die Chance Schumachers, doch noch die Führung der deutschen Politik übernehmen zu können. Weder die Bewunderung, die ihm zuteil wurde, noch die Macht, die ihm in seiner Partei zugewachsen war, konnten den SPD-Vorsitzenden darüber hinwegtrösten, daß ihm das Schicksal die letzte, die für ihn höchste Bewährung, die Bewährung in der politischen Verantwortung für sein Volk, versagt hatte. Die Bundestagswahl von 1949 war für ihn eine ganz persönliche Niederlage – eine Niederlage, die einem Manne zum Siege verholfen hatte, dessen Denken und Fühlen ihm, dem westpreußischen Grenzlanddeutschen, fremd waren und fremd blieben, den er, der marxistische Intellektuelle aus wohlhabendem Bürgertum, für einen Repräsentanten der rheinischen Bourgeoisie hielt.

Hatte er die Vertreter des Londoner Exil-Vorstandes der SPD, hatte er den früheren preußischen Innenminister Carl Severing gehindert, die Führung der deutschen Sozialdemokratie zu übernehmen, um jetzt zusehen zu müssen, wie ein alter Zentrumspolitiker aus der Weimarer Republik ganz selbst-

Ernst Reuter und Kurt Schumacher

verständlich nach dem Kanzleramt griff? Kurt Schumacher, der ein Jahrzehnt in Hitlers Konzentrationslagern gelitten hatte und 1943 körperlich ruiniert, aber geistig ungebrochen auf Bewährung entlassen worden war, wurde als unumstrittener Führer der Opposition noch bitterer und sarkastischer als zuvor. Dem Freiwilligen des Ersten Weltkrieges, der schon im Dezember 1914 als 19jähriger seinen rechten Arm verloren hatte und dem 1948 auch noch ein Bein amputiert werden mußte, sollte bis zu seinem frühen Tode im Jahre 1952 nicht einleuchten, warum die Westdeutschen dem beinahe zwanzig Jahre Älteren den Vorzug gegeben hatten.

Die Deutschen haben Schumacher viel, sehr viel zu verdanken, und erst heute, im Abstand von einem Vierteljahrhundert, ist ganz zu begreifen, wieviel sein

unbeugsamer Patriotismus, seine moralische Kraft, sein stählerner Wille damals vermochten. Ohne seine Unbeugsamkeit hätte die westdeutsche Sozialdemokratie möglicherweise den Kompromiß mit dem Kommunismus gesucht und wäre, wie die SPD in der sowjetisch besetzten Zone, der Versuchung erlegen, sich in die »Einheitsfront der Arbeiterklasse« einzureihen und damit der KPD unterzuordnen. Ohne seinen entschiedenen Widerstand hätte es auch die Bundesrepublik Deutschland wahrscheinlich nicht gegeben, wäre vielmehr nach dem Wunsch der Alliierten statt eines starken Bundesstaates ein schwacher Staatenbund entstanden. Auch parteiintern hat Schumacher schließlich die Konsequenzen aus der Wahlniederlage von 1949 gezogen und seine Partei auf den Weg vorbereitet, an dessen Ende schließlich das Godesberger Programm, die Aufkündigung ihres marxistischen Glaubensbekenntnisses, die Volks- statt der Klassenpartei stand.
Dennoch haben die Deutschen 1949 gewiß richtig entschieden, als sie nicht ihn, sondern Adenauer mit der Führung ihrer politischen Geschäfte betrauten. Denn gerade in seiner Kompromißlosigkeit, die Schumacher auszeichnete, gerade mit seinem unbedingten Führungsanspruch, den selbst seine

Mit Erich Ollenhauer
und Annemarie Renger

rechts: Kurt Schumacher und Herbert Wehner

Partei oft nur stöhnend ertrug, hätte er in der Auseinandersetzung mit den fast allmächtigen Besatzungsmächten, im Umgang mit Koalitionspartnern, Länderinteressen und Beamtenbedenken oft den taktischen Ausweg, den berechnenden Umweg verschmäht, der die anderen befriedigte und der trotzdem das strategische Ziel im Auge behielt. Schumachers Biograph Lewis J. Edinger schrieb 1965 über »Das ›Duell‹ mit Adenauer«: »Wenn man die politische Einstellung der beiden Männer vergleicht, wird man an Macchiavellis Unterscheidung zwischen dem Löwen und dem Fuchs erinnert. Schumacher, dessen ganze politische Karriere in der Opposition stattfand, entschloß sich, in der deutschen Nachkriegspolitik den Löwen zu spielen. Er begrüßte den Konflikt und bestand darauf, streng an politischen Prinzipien festzuhalten, mit denen man, wie er oft betonte, keinen Handel treiben könne. Er verabscheute politische ›Geschäfte‹ und politischen ›Handel‹ und nahm einen Alles-oder-Nichts-Standpunkt ein.«

»Der Bundeskanzler der Alliierten«. Adenauers Versuch, die Alliierten zäh und geduldig für seine Vorstellungen zu gewinnen, wurde von Schumacher verachtet. Das klassische Beispiel dafür lieferte die Auseinandersetzung um die Internationale Ruhrbehörde im November 1949. Die Behörde sollte das Ruhrgebiet verwalten, aber ihre Existenz konnte auch dazu führen, das wirtschaftliche Herz Deutschlands von der übrigen Bundesrepublik zu isolieren – ein Ziel, zu dem sich Frankreich offen bekannte. Die Bundesregierung war aufgefordert, in die Ruhrbehörde zwei Vertreter zu entsenden. Würde die Mitwirkung der Bundesrepublik Frankreich einen Schritt weiterbringen, oder konnte auf diesem Wege die Abtrennung des Ruhrgebietes verhindert werden? Vor dem Hintergrund von anderthalb Millionen Arbeitslosen und sieben Millionen Flüchtlingen gab für Adenauer die alliierte Zusage den Ausschlag, daß im Falle einer Mitwirkung der Bundesrepublik zumindest in einigen großen Werken die Demontagen beendet würden. Er erläuterte seine Politik am 20. September vor dem Bundestag: »Der einzige Weg zur Freiheit ist der, daß wir im Einvernehmen mit den Hohen Kommissaren unsere Freiheit und unsere Zuständigkeiten Stück um Stück zu erweitern suchen.« Die Hohen Kommissare der Besatzungsmächte wachten auf dem Petersberg im rechtsrheinischen Siebengebirge darüber, daß die Deutschen im linksrheinischen Bonn sich an ihre Vorstellungen hielten. Adenauer vertraute seit der Berliner Blockade im Jahre 1948 darauf, daß die Westmächte auf die Zusammenarbeit mit der Bundesrepublik angewiesen waren. Im Herbst 1949 trotzte er ihnen für seine Unterschrift unter das »Petersberger Abkommen«, mit dem die Bundesregierung dem Ruhrstatut zustimmte und den Beitritt zum Europarat ins Auge faßte, außer dem Demontagestop auch das Recht ab, konsularische Auslandsvertretungen zu errichten.
Die Opposition war empört, daß der Kanzler das »Petersberger Abkommen« ohne Zustimmung des Bundestages abgeschlossen hatte. Auch konnte sich Schumacher nicht vorstellen, daß die Alliierten weiter demontieren würden, wenn das gesamte Parlament ihre Forderung nach Hinnahme des Ruhrstatuts einmütig zurückgewiesen hätte. Der Bundeskanzler sagte in der Nacht vom 24. zum 25. November im Bundestag: »Ist sie (die Opposition – UFP) bereit,

Konrad Adenauer und die drei Hochkommissare: John McCloy (links), Sir Bryan Robertson und André François-Poncet (rechts)

einen Vertreter in die Ruhrbehörde zu schicken, oder nicht? Und wenn sie erklärt: nein – dann weiß sie aufgrund der Erklärungen, die mir der General Robertson abgegeben hat, daß die Demontage bis zu Ende weitergeführt wird.« Als Adenauer zugerufen wurde: »Sind Sie noch ein Deutscher?«, schleuderte Schumacher ein Wort in das Plenum, das sein Verhältnis zum Führer der CDU für immer vergiften sollte: »Der Bundeskanzler der Alliierten!«

Zwanzig Tage lang wurde Schumacher von den Verhandlungen des Bundestages ausgeschlossen. Die Wunde, die er mit seinem Zwischenruf geschlagen hatte, heilte auch nicht durch einen Entschuldigungsbrief an Adenauer. Selbst drei Aussprachen der beiden Kontrahenten konnten das Zerwürfnis nicht aus der Welt schaffen. Neunmal waren der Oppositionsführer und der Regierungschef von September 1949 bis zu jenem dramatischen Zwischenfall zusammengetroffen. 1950 trafen sie sich nur noch vierzehn-, 1951 gar nur noch siebenmal. Nach Schumachers Schlaganfall am 21. Dezember 1951, an dessen Folgen er nach vorübergehender Besserung am 20. August 1952 starb, haben sich die beiden Politiker offenbar nicht mehr gesehen.

Adenauers Stil. In den drei Jahren, die Schumacher nach der ersten Bundestagswahl noch blieben, wurde Adenauer mehrmals hart bedrängt. Ein anderer Politiker in seinem Alter hätte gewiß mit der Möglichkeit gespielt, sich angesichts offenbar unüberwindbarer Schwierigkeiten zur Ruhe zu setzen. Aber nichts lag ihm ferner als ein vorzeitiger Rücktritt. Er sei ein »dünner Dickhäuter«, ist über ihn gesagt worden, und diese Kennzeichnung war so falsch nicht.

Den Deutschen imponierte Adenauers Gelassenheit, seine Selbstsicherheit, die Autorität und ungezwungene Würde, die er ausstrahlte. Das ihnen bei der ersten Bundestagswahl noch weithin unbekannte Gesicht versprach eine listige Gewandtheit bei der Führung der politischen Geschäfte, der rheinische Tonfall der Stimme vermittelte jenes Maß an Vertrauen, das dem Volk am Ende eines vorgeblich »Tausendjährigen Reiches« abhanden gekommen war. Kurzum, die Deutschen gewöhnten sich rasch daran, von einem Manne regiert zu werden, der den ihnen bekannten Politikern so gar nicht ähnlich zu sein schien. Und willig überließen sie ihm nach zwölf Jahren totaler Politisierung das, was sie nun erst recht für ein »schmutziges Geschäft« hielten.

Konrad Adenauer, 1951

Der Kanzler war ein Beispiel dafür, daß ein Politiker nicht stets nach der wetterwendischen Gunst der Massen schielen darf, wenn er erfolgreich sein will. Hätte er sich auf das neue, aus Amerika importierte Instrument der Demoskopie so stark verlassen wie manche seiner Nachfolger, wäre gewiß vieles von dem, was er für notwendig hielt, unterblieben. In einer besonders schwierigen Phase seiner ersten Kanzlerschaft, im Dezember 1950, war Schumachers Beliebtheit genau so groß wie die Adenauers. Nur zwei Jahre später nannten 33 Prozent der Befragten Adenauer den fähigsten Politiker, für Schumacher entschieden sich bloß 12 Prozent. Aus der Kanzlerpartei war damit die Partei des Kanzlers geworden, die mehr vom Kanzleramt als von der CDU-Zentrale aus gesteuert wurde. Adenauers Hausmeier Hans Globke verfügte bald über mehr Einfluß als viele Minister und CDU-Politiker.

Adenauer faßte nicht nur seine berühmten »einsamen Entschlüsse«, er war auch, trotz des hektischen Treibens um ihn herum, ein einsamer Mann. Nach dem Tode seiner Frau fühlte er sich, so gestand er Heinrich Brüning, wie nach einer Amputation. Umso mehr engagierte er sich auf dem Gebiet, das ihm geblieben war – in der Politik. Aus dem geborenen Kommunalpolitiker wurde

Hans Christoph Seebohm

oben: Franz Blücher

rechts: Konrad Adenauer und Fritz Schaeffer

im Laufe der Jahre ein beschlagener Außenpolitiker, zumal der Bundesrepublik auf Grund der alliierten Oberhoheit zunächst ein eigener Außenminister verwehrt war.

Die Details der Innenpolitik überließ er den Ressortchefs, die dem Publikum bis auf Bundeswirtschaftsminister Ludwig Erhard und Jakob Kaiser, den Bundesminister für gesamtdeutsche Fragen, nicht sonderlich bekannt waren. Von den insgesamt dreizehn Ministern profilierten sich vor allem der FDP-Vorsitzende Franz Blücher, Bundesminister für Angelegenheiten des Marshall-Planes, Bundesinnenminister Gustav Heinemann, Bundesjustizminister Thomas Dehler, Bundesfinanzminister Fritz Schäffer und Bundesverkehrsminister Hans Christoph Seebohm.

Das Palais Schaumburg. Für vierzehn lange Jahre war Konrad Adenauer unangefochten Hausherr im Palais Schaumburg, dem Bonner Machtzentrum, das anstelle des Naturwissenschaftlichen Museums Koenig bald nach Gründung der Bundesrepublik den Amtssitz des Bundeskanzlers aufgenommen hatte. Vorher beherbergte es das belgische Hauptquartier. Das neoklassizistische Palais, 1858 in einem weitläufigen Park mit alten Bäumen errichtet, erinnerte an eine pikante Geschichte: Es war von einem Fürsten Schaumburg-Lippe erworben worden, der eine Schwester Kaiser Wilhelms II., die Prinzessin Viktoria von Preußen, geheiratet hatte. Nach dem Tode des Fürsten verehelichte sich die Prinzessin in den zwanziger Jahren mit dem erheblich jüngeren russischen Eintänzer Alexander Zoubkow.
Unter Konrad Adenauer gab es aus dem Palais Schaumburg keine Affären, keinen Klatsch, keine Histörchen mehr zu berichten – allenfalls Anekdoten, die der Bonner Hofchronist Walter Henkels sammelte und in mehreren Büchern verbreitete. Der Kanzler selbst fütterte ihn und andere Journalisten mit Stoff. Als Oberbürgermeister war ihm ein eher unterkühltes Verhältnis zur Presse nachgesagt worden – seine aufgeschlossene Haltung während der »Pressa« war nach der Ausstellung rasch vorbei –, als Kanzler dagegen entwickelte Adenauer ein feines Gespür für die Möglichkeit, mit Hilfe von Zeitungen und Zeitschriften, später auch mit Rundfunk- und Fernsehinterviews Politik zu machen. Als ihm amerikanische Freunde rieten, besonders solche Zeitungen zu bevorzugen, die von wichtigen Politikern in den USA gelesen würden, beherzigte er diesen Ratschlag. So erschienen Äußerungen von Adenauer etwa im weithin unbekannten »Cleveland Plain Dealer«.
Unter dem angeblich autoritären Adenauer – Kritiker bezeichneten die Bundesrepublik als »Demokratur« – wurde die kleine Bundeshauptstadt am Rhein eine der presse- und funkfreundlichsten Metropolen der Welt. Nicht wenige amerikanische Journalisten zogen ein schäbiges Büro in Bonn einer feudalen Residenz im kulturell so unendlich anregenderen Paris vor.

Das Palais Schaumburg, 1950

Deutschlands Rückkehr in die Völkergemeinschaft. Der Bundeskanzler war freilich nicht bloß sein eigener Publizist, er übernahm auch gegenüber den Besatzungsmächten die Rolle des politischen Aktivisten. Er hat das selbst unübertrefflich demonstriert, als ihm die Hohen Kommissare »das Besatzungsstatut in einer feierlichen Zeremonie« auf dem Petersberg überreichen wollten. »Dieses Vorhaben«, so stellte er in seinen »Erinnerungen« lakonisch fest, »gefiel mir nicht.« Die Alliierten hatten sich ausgedacht, daß ihre Statthalter feierlich auf einem Teppich stehen würden, während Adenauer wie ein Befehlsempfänger vor dem Teppich haltmachen sollte. Der Kanzler akzeptierte den Vorschlag zum Schein, nahm aber die erste beste Gelegenheit wahr – nämlich die Begrüßung durch François-Poncet –, um sich flugs ebenfalls auf den Teppich zu begeben. Nach diesem (heutzutage ziemlich merkwürdig anmutenden) Zwischenfall ließen die Hochkommissare das Besatzungsstatut in Packpapier einwickeln und Adenauers außenpolitischem Berater Blankenhorn in der Garderobe heimlich zustecken! Der Kanzler hütete sich, das Dokument zu berühren, und Blankenhorn deponierte es zu Hause.

Nach welchen Maximen Adenauer damals handelte, hat er in seinen »Erinnerungen« beschrieben: »Die verschiedenen Bestimmungen, Verträge und Statuten der ersten Nachkriegsjahre – wie zum Beispiel das Ruhrstatut – waren in meinen Augen Übergangsregelungen. Sie waren lediglich bestimmte Abschnitte auf dem Wege zur Wiedererlangung unserer Gleichberechtigung. Es kam mir bei der Beurteilung dieser Abmachungen stets in erster Linie darauf an, ob sie Möglichkeiten der Weiterentwicklung in sich bargen und welche. Ich war der Auffassung, der Gegensatz zwischen Sowjetrußland und den freien Völkern werde ständig wachsen. Es war auch für Amerika lebensnotwendig, daß ein starkes Westeuropa entstand. Hierzu war Deutschland unentbehrlich. Ein Land in Fesseln ist kein guter, vollwertiger Partner. Meines Erachtens würden unsere Fesseln daher allmählich fortfallen.«

Mit dieser Faustregel stellte der Kanzler die innenpolitischen Verhältnisse auf den Kopf. Denn anders als in der Weimarer Republik übernahm die Linke die Rolle der nationalen Opposition, während die Rechte »Erfüllungspolitik« betrieb. Da es sich bei der SPD um eine demokratische Partei handelte, mußte nicht befürchtet werden, daß ihre nationale Opposition gegen den Staat gerichtet war – auch dadurch blieben der zweiten Republik die Erschütterungen der ersten erspart. Außerdem war die Sozialdemokratie Schumachers so radikal antikommunistisch, daß die Gefahr eines außenpolitischen Zusammenspiels zwischen der Opposition und Moskau ausgeschlossen werden konnte.

Der Schuman-Plan. Zwischen 1949 und 1953 wurden die taktischen Talente des Kanzlers mehrmals auf eine harte Probe gestellt. Nach den parlamentarischen Stürmen, die schon das »Petersberger Abkommen« entfacht hatte, konnte er sich ausrechnen, wieviel schwieriger eine Lösung des Saar-Problems werden würde. Frankreich hätte das Saargebiet am liebsten annektiert, war dazu aber wegen des britischen und amerikanischen Widerstandes nicht in der Lage. So hatte sich die Pariser Regierung entschlossen, dem Saarland politische Autonomie zu gewähren, was praktisch eine enge Verflechtung mit Frankreich bedeutete. Das konnte Adenauer nicht hinnehmen. Die Situation

wurde noch problematischer, als das Saarland und die Bundesrepublik gleichzeitig assoziierte Mitglieder des Europarates werden sollten.
Der Straßburger Europarat, dem im Sommer 1949 Belgien, Dänemark, Frankreich, Großbritannien, Irland, Italien, Luxemburg, die Niederlande, Norwegen und Schweden beigetreten waren, stellte die erste praktische Antwort auf die Einigungsbestrebungen der Alten Welt dar. Winston Churchill hatte schon 1946 in Zürich zum Zusammenschluß der freien Länder Europas aufgerufen. Zwei Jahre später versammelte sich in Den Haag die Elite des Kontinents und forderte europäische Institutionen. An der Haager Konferenz hatten auch Vertreter aus den drei westlichen Besatzungszonen Deutschlands teilgenommen. Was lag also näher als der Beitritt der Bundesrepublik zum Europarat? Adenauer, der hier einen weiteren Schritt auf dem Wege zur Gleichberechtigung der Bundesrepublik sah, zögerte dennoch mit dem Beitritt, nachdem er wußte, wie sehr ihn auch die Westmächte wünschten und daß sie dafür auch einen Preis zu zahlen bereit waren. Die Haltung Frankreichs in der Saarfrage durchkreuzte seine Pläne, denn die gleichzeitige Zugehörigkeit dieses Gebietes und der Bundesrepublik zum Europarat konnte als Zustimmung Bonns zu den Pariser Absichten interpretiert werden.
Im Januar 1950 suchte der französische Außenminister Robert Schuman Adenauer in Bonn auf. Schon im November 1949 war der US-Außenminister Dean Acheson an den Rhein gekommen. Schumans Besuch unterstrich nicht bloß die wachsende Bedeutung der Bundesrepublik, sondern bewies auch, daß Frankreich sich gezwungen sah, in der Saarfrage zumindest Kontakt mit der Bundesregierung aufzunehmen. Zwar wurde die Saarkonvention dann schon im März unterzeichnet, Paris kam jedoch nicht umhin, das Provisorische dieser Lösung zu betonen. Adenauer reagierte auf die Unterzeichnung der Saarkonvention mit einem Interview, das er dem amerikanischen Journalisten Kingsbury-Smith am 7. März 1950 gewährte.

Konrad Adenauer und Robert Schuman

Das Echo war überwältigend, denn Adenauer hatte den sensationellen Vorschlag gemacht, eine deutsch-französische Union als Grundstein für die Vereinigten Staaten von Europa zu bilden: »Eine Union zwischen Frankreich und Deutschland würde einem schwerkranken Europa neues Leben und einen kraftvollen Auftrieb geben.« Für eine solche Union nannte der Kanzler zwei Voraussetzungen: Sie müßte auch Großbritannien, Italien und den Benelux-Ländern offenstehen, um den Eindruck zu vermeiden, ein deutsch-französischer Block wolle anderen Staaten seinen Willen aufzwingen, und zuvor müßte das Saarland zu Deutschland zurückkehren, wobei sich dieses Problem dann in einer deutsch-französischen Union von selbst lösen würde. In Paris, wo man als Antwort auf die Unterzeichnung der Saarkonvention eher mit einem deutschen Aufschrei der Empörung gerechnet hatte, schwiegen die offiziellen Stellen wie hypnotisiert. Nur General de Gaulle erklärte, eine Union zwischen Frankreich und Deutschland würde das Werk Karls des Großen fortsetzen; er jedenfalls sei sehr beeindruckt von dieser Idee.
Nachdem Adenauer die Flucht nach vorn angetreten hatte, geriet die französische Regierung zunehmend in die Defensive: Einerseits hatte sie an der Saar vollendete Tatsachen geschaffen, andererseits wurde sie von den USA gedrängt, die Integration der Bundesrepublik in den Westen nicht zu behindern.

Am 9. Mai hatten die Franzosen ihre Sprache wiedergefunden und präsentierten eine Zauberformel zur Überwindung der nationalstaatlichen Interessen – den Schuman-Plan zur Zusammenlegung der gesamten deutschen und französischen Kohle-, Eisen- und Stahlerzeugung. Sie sollte einer Hohen Behörde unterstellt werden, und diese Montan-Union stand nach Auffassung von Jean Monnet, dem geistigen Vater des Planes, auch anderen europäischen Ländern offen.

Jean Monnet

Die Vormittagsstunden des 9. Mai 1950 dürften Adenauer in eine euphorische Stimmung versetzt haben: War der Schuman-Plan nicht genau das, was er brauchte, um Deutschlands Beitritt zum Europarat trotz der Saarkonvention seinem Kabinett, seiner Partei, dem gesamten Parlament plausibel zu machen? Und war der Plan nicht auch ein unverhoffter Sprung nach vorn, mit dem das besiegte Deutschland aus dem Ring der Isolierung und Diskriminierung herauskam? Schließlich, war er nicht geradezu eine Kopie seiner eigenen Vorstellungen, die er als Kölner Oberbürgermeister in Paris hatte sondieren lassen? Hochgemut ließ er Schuman sein Einverständnis wissen.

Freilich war er auch darauf bedacht, die Möglichkeiten kühl zu kalkulieren, die sich ihm jetzt boten. Sie schienen nicht gering, wenn er die deutsche Zustimmung zum Schuman-Plan und den Beitritt der Bundesrepublik zum Europarat mit der Forderung verband, die Fesseln der alliierten Herrschaft über Deutschland zu lockern. Schon wenige Tage später gaben die Westmächte auf der Londoner Außenminister-Konferenz nach: Sie beschlossen, sofort eine Kommission zur Revision des Besatzungsstatuts einzusetzen.

Konrad Adenauer und Willy Brandt, 1960

Die Wiederbewaffnung. Am 25. Juni 1950 brach der Korea-Krieg aus. Damit verstärkte sich die bereits seit der kommunistischen Machtergreifung in der Tschechoslowakei und der Berliner Blockade gestiegene Furcht vor einem sowjetischen Angriff auf Westeuropa. Waren die Amerikaner und ihre europäischen Verbündeten allein stark genug, um die Rote Armee aufzuhalten? Schon am 3. Dezember 1949 hatte Adenauer in einem Interview mit dem »Cleveland Plain Dealer« darauf hingewiesen, daß in der sowjetisch besetzten Zone eine starke, zentral geführte Polizei, die sogenannte »kasernierte Volkspolizei«, mit schweren Waffen ausgerüstet würde. Zwar sprach er sich gegen eine Wiederaufrüstung Westdeutschlands aus, schloß aber ein deutsches Kontingent innerhalb einer europäischen Armee nicht aus.

Ein Vierteljahr später, im März 1950, trat Winston Churchill im britischen Unterhaus für die deutsche Wiederbewaffnung ein. Populär war der Gedanke in Deutschland ganz gewiß nicht. Aber der Schock des kommunistischen Angriffs in Korea bewirkte zumindest Nachdenklichkeit. Hatten die Sowjets nicht seit Jahren den Abzug der Besatzungstruppen aus Deutschland und Korea gefordert? 1948 realisierten sie ihre Forderung in Korea. Und anderthalb Jahre später traten die nordkoreanischen Formationen, die etwa der kasernierten Volkspolizei in der Ostzone entsprachen, zum Angriff auf den Süden an. Selbst ein so leidenschaftlicher Gegner der Wiederbewaffnung wie der Publizist Paul Sethe konnte sich der neuen Situation nicht entziehen. Aber wie bei den meisten Deutschen überwog doch auch bei ihm noch die Abneigung gegen die Remilitarisierung. Am 12. August schrieb er in der »Frankfurter Allgemeinen«:

»Ein Deutscher, der vor fünf Jahren einen rostigen Husarensäbel nicht ablieferte, sondern in seinem Garten vergrub, galt bei den Alliierten als ›Nazi‹ und ausgepichter Feind der Demokratie. Ein Deutscher, der heute erklärt, er trage nicht gerne ein Gewehr und werde nur mit Mißvergnügen einen Stahlhelm aufsetzen, gilt wieder als ein schlechter Demokrat. Was auch die verwegenste

Konrad Adenauer bei der Bundeswehr-Lehrtruppe in Andernach, 1956

Phantasie 1945 nicht voraussehen konnte, ist eingetroffen. Die Wandlung, die von den Gefühlen der Deutschen verlangt wird, entspricht ungefähr dem Tempo, in dem sich ein Karussell dreht. Aber so schnell vermögen Menschen ihre Meinung kaum umzustellen, und es verstärkt sich der Eindruck, als wüßten die Westmächte nicht, wie sie in den letzten Jahren die Gefühle der Deutschen hin und her gezerrt haben.«

Ab Ende Juni wurde das Thema Gegenstand von Besprechungen zwischen Adenauer und den Hohen Kommissaren. Der Kanzler hatte angesichts der ihm wohlbekannten Stimmung in Deutschland vorgeschlagen, eine starke Bundespolizei aufzubauen, stieß aber damit auf wenig Gegenliebe. Bei den Verhandlungen im Laufe des Sommers verfolgte er das Ziel, den unausweichlichen Verteidigungsbeitrag nur unter besonders günstigen Voraussetzungen zu leisten. Dazu zählten eine Sicherheitsgarantie der Alliierten für Westdeutschland und die Zuerkennung der vollen Gleichberechtigung der Bundesrepublik. In zähen Verhandlungen pochte er immer wieder auf dieses Junktim, das er am 29. August 1950 auch schriftlich fixierte. Zugleich lehnte er die »Aufstellung einer eigenen nationalen militärischen Macht« ab. Die Bundesrepublik, so schrieb Adenauer an den amerikanischen Hochkommissar McCloy, sei nur bereit, »im Falle der Bildung einer internationalen westeuropäischen Armee einen Beitrag in Form eines deutschen Kontingents zu leisten.«

Die Folge dieses Memorandums war zunächst eine innenpolitische Krise. »Wir Kabinettsmitglieder«, erzählte der damalige Bundesinnenminister Heinemann, »haben das alles am 31. August sozusagen beim Frühstück in der Zeitung gelesen.« Am selben Tag fand eine Kabinettssitzung statt. Zur Rede gestellt, las Adenauer das Memorandum vor. Heinemann sagte sofort: »Das verantworte ich nicht!« Der Kanzler versuchte ihn umzustimmen, aber der Minister blieb hart und erklärte, Gott habe den Deutschen zweimal die Waffen aus der Hand geschlagen; sie dürften sie nicht zum dritten Male ergreifen.

Konrad Adenauer und Gustav Heinemann, 1950

Martin Niemöller, Gustav Heinemann und Bischof Dibelius, 1950 (von links nach rechts)

Adenauer erwiderte, Gott habe den Menschen den Kopf zum Denken gegeben und Arme und Hände, um damit zu handeln, was Heinemann begreiflicherweise nicht beruhigte. Den Fortgang der Ereignisse schilderte Adenauer fünfzehn Jahre später: »Heinemann . . . unterbreitete mir in einem Augenblick der Erregung sein Rücktrittsgesuch. Ich nahm das Rücktrittsgesuch an, da das Bundeskabinett eine einheitliche Linie in dieser wichtigen Frage einnehmen mußte.« Zehn Tage lang hatte er versucht, Heinemanns Widerstand auszuräumen. Zwar wußte er längst, wie unbequem der Minister war – zusammen mit dem gesamtdeutschen Minister Kaiser hatte er schon gegen den Beitritt zum Europarat gestimmt –, aber aus zwei Gründen mußte er vorsichtig taktieren: Erstens genoß der moralisch integere, schon im Kirchenkampf gegen Hitler unerschrockene Heinemann als Präses der Synode der Evangelischen Kirche in Deutschland hohes Ansehen im Protestantismus; zweitens teilten auch Kaiser, Dehler und Wohnungsbauminister Wildermuth, beides FDP-Mitglieder, die Meinung des Innenministers.

Martin Niemöller, der Heinemann verbundene Kirchenpräsident von Hessen und Nassau, kam mit drastisch vorgetragenen Protesten gegen die Wiederbewaffnung Adenauer ungewollt zu Hilfe. Nach Heinemanns Ansicht »bot Niemöllers Art der Stellungnahme für Adenauer den ihm sehr willkommenen Anlaß, nun alles auf Niemöller und seine Ausdrucksweise abzulenken.« Tatsächlich solidarisierten sich nach den scharfen Angriffen des Kirchenpräsidenten Kaiser, Dehler und Wildermuth wieder mit dem Kanzler, so daß Heinemann am 10. Oktober allein aus der Regierung ausschied. Auf dem ersten Bundesparteitag der Christlichen Demokraten Ende Oktober in Goslar gelang es Adenauer, der hier zum CDU-Bundesvorsitzenden gewählt wurde, den »Fall Heinemann« herunterzuspielen. Im November 1952 verließ der eigenwillige, mitunter überempfindliche und rechthaberische Politiker auch die Union und gründete die neutralistische Gesamtdeutsche Volkspartei, nach deren Auflösung im Jahre 1957 er sich der SPD anschloß.

Kundgebung gegen die Wiederbewaffnung in Frankfurt

Eine Europäische Verteidigungsgemeinschaft? Heinemanns Rücktritt ermutigte auch diejenigen, die ihre Ablehnung gegen einen deutschen Verteidigungsbeitrag bislang nicht öffentlich ausgesprochen hatten. Das war keine kleine Minderheit, das war die große Mehrheit. Sie rief »Ohne mich«, hielt Versammlungen ab, sammelte Unterschriften, ging auf die Straße. Die Union verlor eine Landtagswahl nach der anderen. Adenauer ließ sich davon nicht entmutigen. Er glaubte, daß die »Ohne-mich«-Bewegung ins Leere laufen mußte und daß sich die Deutschen mit der Zeit wieder an den Anblick eigener Uniformen gewöhnen würden. Sein Ziel war eine Europäische Verteidigungsgemeinschaft, die er neben der Montan-Union als zweiten Baustein eines vereinigten Europa betrachtete.

Schon im September 1950 hatten sich die Westmächte auf einer Außenminister-Konferenz darüber verständigt, daß der Aufbau europäischer Streitkräfte unter deutscher Beteiligung vor sich gehen sollte. Am 20. Januar 1951 gab General Eisenhower, der Oberbefehlshaber des Nordatlantikpaktes, in der Bundeshauptstadt eine Ehrenerklärung für die deutschen Soldaten ab. Im selben Monat wurden die Demontagen beendet. Am 15. Februar begannen in Paris offiziell die Verhandlungen über eine Europäische Verteidigungsgemeinschaft, am 6. März wurde das Besatzungsstatut revidiert, am 18. April in Paris der Vertrag über die Montan-Union unterzeichnet, am 2. Mai beschloß der Europarat, die Bundesrepublik als vollberechtigtes Mitglied aufzunehmen, und am 9. Juli erklärten die drei Westmächte den Kriegszustand mit Deutschland für beendet, nachdem bereits zuvor 37 andere Staaten – als erster Indien – ähnliche Erklärungen abgegeben hatten.

Die Revision des Besatzungsstatuts hatte es der Bundesregierung ermöglicht, wieder ein Auswärtiges Amt zu errichten. Adenauer wurde sein eigener Außenminister und traf bereits im April zu seinem ersten offiziellen Besuch in Paris ein. Im Dezember 1951 fuhr er nach London, im selben Monat verlor das einst so heiß umkämpfte Ruhr-Statut seine Gültigkeit. Der Kanzler kon-

Konrad Adenauer und Dwight D. Eisenhower

zentrierte sich nun darauf, den Vertrag über die Europäische Verteidigungsgemeinschaft unter Dach und Fach zu bringen. Aber gerade das gelang ihm nicht. Am 30. August 1954 verweigerte die französische Nationalversammlung dem Vertrag ihre Zustimmung. Adenauer sprach von einem schwarzen Tag für Europa. Der Historiker Waldemar Besson kommentierte 1970:
»Der erste und hoffnungsvollste Anlauf für einen westeuropäischen Bundesstaat war gescheitert. Der Kanzler hatte konsequent die Auflösung des Provisoriums Bundesrepublik nach Westeuropa betrieben und sah sich nun vor einem Scherbenhaufen. Am 30. August 1954 zerbrach etwas in Adenauers Außenpolitik. Ihr idealistischer Impuls war jetzt gelähmt, und damit wurde ihr Immobilismus in der deutschen Frage fühlbarer. Zwar wird es im Herbst 1954 überraschend schnell eine Ersatzlösung geben, aber die neue atlantische Form der Integration betonte gerade den eigenstaatlichen, nicht den provisorischen Charakter der Bundesrepublik.«
Die Ersatzlösung bestand im Beitritt der Bundesrepublik zur Nato und zur Westeuropäischen Union, verbunden damit war die Ablösung des Besatzungsregimes durch den Deutschlandvertrag, der die völkerrechtliche Souveränität der Bundesrepublik bedeutete. Es war nicht die Lösung, für die Adenauer vier Jahre lang gekämpft hatte. Noch heute hat man seine pessimistischen Worte im Ohr, die gegenüber dem luxemburgischen Ministerpräsidenten Bech und dem belgischen Außenminister Spaak damals in London fielen und die zufällig ein Journalist hörte:
»Ich bin fest davon überzeugt, hundertprozentig überzeugt davon, daß die deutsche National-Armee, zu der uns der französische Ministerpräsident Mendès-France zwingt, eine große Gefahr für Deutschland und Europa werden wird. Wenn ich einmal nicht mehr da bin, weiß ich nicht, was aus Deutschland werden soll, wenn es uns nicht doch noch gelingen sollte, Europa rechtzeitig zu schaffen . . . Die französischen Nationalisten sind ebenso wie die deutschen bereit, allen bösen Erfahrungen zum Trotz die alte Politik zu wiederholen. Denen ist Deutschland mit einer National-Armee lieber als Europa, wenn sie nur ihre eigene Politik mit den Russen machen können. Und die deutschen Nationalisten denken genauso. Sie sind bereit, mit den Russen zu gehen . . . Mein Gott, ich weiß nicht, was meine Nachfolger tun werden, wenn sie sich selbst überlassen sind; wenn sie nicht in fest vorgeschriebenen Bahnen gehen müssen, wenn sie nicht an Europa gebunden sind.«

Paul Henri Spaak

Die zweite Bundestagswahl. Die dunklen Farben, in denen Adenauer 1954 in London die Zukunft Deutschlands und Europas gemalt hatte, entsprachen seiner tiefen Skepsis gegenüber seinem eigenen Volk und dessen Vergangenheit. Auch nach seinem glänzenden Wahlsieg von 1953 hielt er seine Landsleute nicht plötzlich für eingefleischte Demokraten. Dabei errang die CDU/CSU am 6. September 1953 mehr Stimmen als jemals eine deutsche Partei bei freien Wahlen: 45,2 Prozent. Sie verfügte nun über die absolute Mehrheit im zweiten Deutschen Bundestag. Die SPD, nach Schumachers Tod von Erich Ollenhauer geführt, brachte es nur noch auf 28,8 Prozent. Der Stimmenanteil der FDP ging auf 9,5 Prozent, der der Deutschen Partei auf 3,3 Prozent zurück. Die anderen Parteien – mit Ausnahme des Zentrums – kehrten nicht mehr in den Bundestag zurück, weil dafür 1953 zum ersten Male ein Direktmandat oder 5 Prozent der Stimmen auf Bundesebene erforderlich waren. 1949 hatten 5 Prozent auf Landesebene genügt. 1957 wurde das Wahlgesetz noch einmal verschärft: Nun waren drei Direktmandate erforderlich. Wie viele Vorschriften im Grundgesetz, geht auch die Fünf-Prozent-Hürde auf die Befürchtung zurück, in der Bundesrepublik könnten Weimarer Verhältnisse einreißen. Tatsächlich hatten sich im Juli 1932 61 (in Worten: einundsechzig!) Parteien zur Wahl gestellt! Sechs davon waren von den Nationalsozialisten eigens ins Leben gerufen worden, um gegen die »Auswüchse des Systems« agitieren zu können. In den Reichstag gelangten fünfzehn Parteien; von ihnen waren nur sieben mit mehr als fünf Abgeordneten vertreten. 1953 dementierte der Einzug des Blocks der Heimatvertriebenen und Ent-

Konrad Adenauer auf dem CDU-Parteitag 1953, links Heinrich v. Brentano

rechteten (BHE), der später mit der Deutschen Partei in der Gesamtdeutschen Partei aufging, die Behauptung, die Fünf-Prozent-Hürde unterbinde das Aufkommen neuer politischer Gruppierungen: Auf Anhieb erhielt er 5,9 Prozent. Allerdings ist nicht zu bestreiten, daß die Klausel den Abstieg einer Partei beschleunigt, was sich ebenfalls am Schicksal des BHE und seiner Nachfolgeorganisation ablesen läßt und was 1969 deutlich wurde, als die NPD die Fünf-Prozent-Hürde knapp verfehlte.

Mit juristischen Mitteln ging man in der Bundesrepublik gegen solche Parteien vor, die den Verdacht erweckten, verfassungsfeindlich zu sein. So beantragte die Bundesregierung am 19. November 1951 das Verbot der Sozialistischen Reichspartei; am 23. Oktober 1952 wurde diese rechtsextreme Gruppierung vom Bundesverfassungsgericht verboten. Am 22. November 1951 hatte die Bundesregierung auch die KPD verklagt, aber die Karlsruher Richter zögerten bis zum 17. August 1956, ehe sie diese Partei ebenfalls verboten. 1953 nahm sie zum letzten Male an einer Bundestagswahl teil – mit einem kläglichen Ergebnis, erhielt sie doch nur noch 2,2 Prozent. Auch die Rechtsextremen waren weiter dezimiert worden; sie mobilisierten gerade noch 1,1 Prozent der Wähler.

Warum errang die Union einen derart überragenden Sieg, während alle anderen, sieht man einmal vom BHE ab, geschwächt wurden? Die Antwort darauf interessierte schon damals brennend, weil es ein, zwei Jahre zuvor so ausgesehen hatte, als würde Adenauers Politik innenpolitisch Schiffbruch erleiden. Sogar noch 1953 ventilierten christlich-demokratische Kreise den Gedanken, Adenauer durch den fast zehn Jahre jüngeren Heinrich Brüning zu ersetzen. Der ehemalige Reichskanzler war erst 1951 aus dem amerikanischen Exil zurückgekehrt und lehrte bis 1955 als Professor für Politische Wissenschaften in Köln. Dann verließ er Deutschland wieder, nicht ohne Zutun Adenauers. »Ein sicherer Wahlkreis in Westfalen wurde mir angeboten«, berichtete Brüning am 30. April 1953, »aber ich habe abgelehnt.« Brüning sah in Adenauers Regierung die »volksfremdeste«, die er je in Deutschland erlebt habe.

Heinrich Brüning

Die Deutschen dachten anders. »Western Germany«, konstatierte Thomas Mann Anfang 1954, »will unter seinem mit Recht als lebensklug bewunderten Kanzler leben, vergessen, genießen, Geschäfte machen . . .« Tatsächlich honorierten die Wähler das beginnende »Wirtschaftswunder«, das sich nach dem Korea-Krieg erst so richtig ereignete. Auch hielten sie, nach dem Abklingen der »Ohne mich«-Stimmung, Adenauers Westkurs und seine ständigen Warnungen vor der Gefahr aus dem Osten für begründet. Und sie entdeckten, daß Europa ein Ziel sein konnte, für das es sich zu leben lohnte.

Schließlich waren auch die Demontagen zu Ende; hatte der Kanzler eine Begrenzung der deutschen Schuldenlast erreicht; wurde es durch die Bonner Bereitschaft, Wiedergutmachung zu leisten, möglich, allmählich die moralische Hypothek abzutragen, die durch die nationalsozialistischen Verbrechen am jüdischen Volk schwer auf Deutschland lastete. Auch Adenauers Auslandsreisen, vor allem sein erster Besuch in den Vereinigten Staaten und Kanada im April 1953, hatten ihren Eindruck auf die Wähler nicht verfehlt. Demgegenüber verblaßten die Probleme der Wiederbewaffnung, die faktische Annektierung des Saargebietes durch Frankreich und die erfolglosen Bemü-

rechts: Konrad Adenauer in der Kölner Synagoge, 1959

Berliner Ausgabe

DIE NEUE ZEITUNG

Mit großem Bildbericht aus dem Ostsektor

DIE AMERIKANISCHE ZEITUNG IN DEUTSCHLAND

9. JAHRGANG / NUMMER 139 — DONNERSTAG, 18. JUNI 1953 — PREIS 15 PFENNIG

Auch Ostzone rebelliert gegen ihre Unterdrücker

Unruhen in Dresden, Leipzig, Halle und Magdeburg — Sowjets verhängen Ausnahmezustand über Ostberlin
Karabiner- und MG-Feuer auf die demonstrierenden Arbeiter — Columbushaus in Flammen

Ostberlin kämpft um seine Freiheit. — Sowjetische Panzer werden in der Leipziger Straße gegen Demonstranten eingesetzt. — Mutiger Ostberliner versucht einen sowjetischen Panzer zum Halten zu bringen. — Tausende von Menschen am Potsdamer Platz. — Ein roh zusammengeschlagenes Holzkreuz bezeichnet die Stelle am Zeughaus, wo ein Arbeiter unter dem Feuer der Vopo fiel. Photos: Curtis/Rifleben

Stahlwerker kommen

Berlin (NZ). — Den streikenden Bauarbeitern vom Wohnbauprojekt in der Stalinallee, die schon am Dienstag gemeinsam mit vielen Bewohnern des Sowjetsektors eine Senkung der Arbeitsnormen, freie Wahlen für ganz Deutschland und den Sturz des SED-Regimes gefordert hatten, schlossen sich am Mittwoch tausende Eisenbahner, Textilarbeiter, Arbeiter aus volkseigenen Betrieben sowie Arbeiter des volkseigenen Stahlwerkes ...dorf und anderer Betriebe am Rande des Sowjetsektors an. Sie legten die Arbeit nieder und vereinigten sich zu Demonstra-

Berlin (NZ). — Die Bevölkerung des Ostsektors befand sich gestern in offener Erhebung gegen das SED-Regime. Die am Dienstag unter der Arbeiterschaft ausgebrochenen Unruhen steigerten sich in dramatischer Entwicklung zu einer allgemeinen Bewegung für die Freiheit und gegen die kommunistische Regierung. Über 100 000 Menschen versammelten sich schon in den frühen Morgenstunden auf den Straßen und Plätzen des Ostsektors; mehrere Demonstrationszüge drangen bis zu den Regierungsgebäuden in der Leipziger Straße vor.

Auch aus mehreren Städten der Sowjetzone wurden Unruhen gemeldet, so aus Dresden, Leipzig, Chemnitz, Halle und Magdeburg. Vor den Zuchthäusern in Waldheim, Halle, Torgau, Bautzen und Brandenburg forderten Demonstranten die Freilassung der politischen Gefangenen.

Während der Nacht in die Stadt geworfene sowjetische Panzer und Truppen sowie starke Einheiten der Volkspolizei gingen mit Waffengewalt gegen die Demonstranten vor und eröffneten das Feuer. Nach gestern abend vorliegenden Berichten wurden sieben Personen getötet und mehr als hundert verletzt. **Um 13 Uhr verhängte der sowjetische Militärkommandant den Ausnahmezustand. Er verbietet jeg-**

Vorkehrungen zur Bewältigung des Verkehrs zu treffen, da durch die Einstellung der Verkehrsmittel in Ostberlin durch den Streik der Angestellten und Arbeiter der S-, U- und Straßenbahn auch Teile Westberlins betroffen worden seien. Die außerordentliche Sondersitzung war im Hinblick auf die Ereignisse in Ostberlin einberufen worden.

Sondersitzung der Kommandanten

Berlin (NZ). — „Weder die alliierten noch die Westberliner Behörden haben in irgendeiner Weise direkt oder indirekt die

hungen, der Wiedervereinigung Deutschlands näherzukommen. Vielleicht hätte die ungelöste nationale Frage die von vielen CDU-Politikern befürchtete negative Rolle gespielt, wäre am 17. Juni 1953 der Aufstand in der DDR von der Roten Armee nicht so brutal niedergeschlagen worden. Nach diesem Anschauungsunterricht konnte Adenauer einen Wahlkampf von unnachsichtiger Härte führen, und der Sieg der CDU/CSU war sein Triumph.

Die deutsche Frage. Die Kritik an Adenauers Politik kam von nun an nicht mehr aus den Reihen der geschlagenen Opposition, sondern aus der Publizistik. Sie, nicht die SPD, stellte die Fragen, von denen noch heute viele nicht beantwortet sind: Hat der Kanzler die Wiedervereinigung wirklich gewollt? Oder war die Forderung nach ihr vielleicht nur ein Alibi, um hinter einer nationalen Fassade europäische Politik machen zu können? Hat er eine Gelegenheit zur Wiederherstellung der nationalen Einheit verpaßt, als er auf die sowjetische Note vom 10. März 1952 nicht einging, in der Stalin den Abschluß eines Friedensvertrages, freie Wahlen, eine Neutralisierung Deutschlands und die Schaffung einer deutschen Armee vorgeschlagen hatte? Es ließe sich eine beliebig lange Reihe solcher Fragen aufzählen. Sie alle kreisen um Adenauers Verhältnis zum Nationalstaat.
Aus Adenauers tiefer Verwurzelung im Katholizismus, aus seiner rheinischen Herkunft ist immer wieder auf seine Abneigung gegen das östliche, zumeist evangelische Deutschland geschlossen worden. Hatte er nicht einmal sogar im Scherz gesagt, für einen Kölner gehöre das Sauerland bereits zu Sibirien? Daß

Mit Kardinal Frings

rechts: Mit Bischof Dibelius

ihm Preußen und die preußische Staatsidee fremd geblieben sind, ist kaum zu bestreiten, obwohl er wegen seiner hohen Anforderungen an Disziplin, Moral und Pflichtbewußtsein, aber auch wegen seiner straffen Erscheinung hin und wieder mit einem preußischen General verglichen worden ist. Aber das war eher die Vorstellung von jenem alten Preußen, die Friedrich der Große geprägt und die als letzter Wilhelm I. verkörpert hatte; nicht das Preußen Wilhelms II., das Adenauer kannte und das er nicht sympathisch fand. Hätte er seine Politik nach seinen Sympathien ausgerichtet, wäre auch das katholische Bayern zu kurz gekommen, weil er zum Südosten Mitteleuropas keine tiefere Beziehung entwickelte: In Wien fühlte er sich ebenso wenig zu Hause wie in Berlin. Aber daß er dort »innerlich fror«, daß ihn schon die slawischen Namen Berliner Taxifahrer abstießen, ja daß Deutschland für ihn am Teutoburger Wald endete, gehört in den Bereich polemischer Fabeln.

Adenauer fürchtete vielmehr, daß Deutschland nach 1945 automatisch auf jenen dritten Weg zwischen Ost und West zurückkehren würde, der sich zu seinen Lebzeiten schon zweimal als Kriegspfad erwiesen hatte. Deshalb wollte er es fest im Westen verankern, zumal für eine Politik der dritten Kraft, die die Deutschen in maßloser Überschätzung ihrer eigenen Möglichkeiten betrieben hatten, allenfalls ein vereintes Europa, keinesfalls aber ein amputiertes Deutschland stark genug war. Adenauer ging davon aus, daß die Sowjetunion den ganzen Kontinent unterwerfen wollte, um mit seinem Potential den Vereinigten Staaten zunächst Paroli bieten und schließlich eine kommunistische Weltherrschaft errichten zu können.

Adenauer war überzeugt, daß schon die Neutralisierung Deutschlands die Gewichte zugunsten des Kremls verschieben mußte. Deshalb wäre seiner Meinung nach jeder Politiker, der die Wiedervereinigung durch Neutralisierung anstrebte, am Widerstand der Westmächte gescheitert. Aus diesem Grunde lotete er Stalins Angebot von 1952 nicht aus. Umgekehrt, so glaubte er, lag die Wiedervereinigung (»in Frieden und Freiheit«) dann im Interesse des Westens, wenn ganz Deutschland die Möglichkeit hatte, Mitglied des nordatlantischen Bündnissystems zu werden. Um seinen westlichen Nachbarn die Furcht vor dem gesamtdeutschen Potential zu nehmen, war er bereit, ein wiedervereinigtes Deutschland in ein vereintes Europa einzubringen.

Ein illusionäres Konzept? Der amerikanische Diplomat George Kennan hatte schon 1945 geschrieben: »Rußland könnte vermutlich auf die Dauer nicht das ganze Gebiet, das es sich heute abgesteckt hat, im Griff behalten.« Zwei Jahre später erklärte er, es sei notwendig, die Macht der Sowjetunion einzudämmen (»Containment«). Davon wurde die »Politik der Stärke« abgeleitet, die politisch und wirtschaftlich, aber nicht militärisch gemeint war, auch wenn sie vielfach so interpretiert worden ist. Auf den Überlegungen Kennans baute John Forster Dulles auf, der im Januar 1953 amerikanischer Außenminister wurde. Er trat angesichts der wachsenden kommunistischen Bedrohung dafür ein, Politik als »kalkuliertes Risiko« bis an den Rand des Kriegsausbruchs zu treiben. Er hoffte, damit könnten auch die unterdrückten Völker Osteuropas friedlich befreit werden. Aus der defensiven Politik des Eindämmens wurde eine offensive Politik des Zurückdrängens (»roll back«).

Dulles lieferte Adenauer die ethischen Grundlagen für seine Politik, woraus sich eine Freundschaft entwickelte, die bis zum Tode des amerikanischen Außenministers, zweifellos »eine der stärksten weltpolitischen Gestalten der Nachkriegszeit« (Paul Sethe), im Jahre 1959 währte. Dulles wie Adenauer waren nicht nur von der technisch-wirtschaftlichen, sondern auch von der geistig-sittlichen Überlegenheit des Westens überzeugt. Beide, der Protestant

Mit John Foster Dulles

Dulles und der Katholik Adenauer, bezogen aus dem christlichen Glauben die Zuversicht, daß die Kraft des Idealismus auch in Rußland selbst eines Tages den kommunistischen Materialismus überwinden würde. Beide nahmen zudem an, daß die Sowjetunion sich übernommen hatte und früher oder später mit Rotchina in Konflikt geraten mußte.

Nur vor diesem Hintergrund wird die häufig mißverstandene Deutschlandpolitik Adenauers schlüssig. Was hatte die Opposition vorzuschlagen? Beim ersten Brief des DDR-Ministerpräsidenten Otto Grotewohl, nach 1945 eine Zeitlang Schumachers Rivale im Kampf um die Führung der SPD, plädierten die Sozialdemokraten Ende November 1950 heftiger als Adenauer für eine harte, ablehnende Reaktion. Zugleich widersetzten sie sich seiner Westpolitik, obwohl sie der Übertragung von Souveränitätsrechten auf supranationale Institutionen, wie sie das Grundgesetz vorsieht, zugestimmt hatten. Ihre Deutschlandpolitik blieb deshalb unklar. Wie vielen Deutschen war auch den Sozialdemokraten offenbar entgangen, daß nach 1945 eine bis auf das 16. Jahrhundert zurückgehende Gleichgewichtspolitik zu Ende gegangen ist, in der die Machtbalance von den europäischen Staaten selbst zustande gebracht wurde, wie der Historiker Ludwig Dehio 1955 in seinem Buch »Deutschland und die Weltpolitik im 20. Jahrhundert« festgestellt hatte. Das weltpolitische Schwergewicht war an die Peripherie Europas verlagert worden, nach Washington und Moskau; hier fiel auch die Entscheidung über die Zukunft Deutschlands. Nur wenn es gelang, aus Westeuropa eine handlungsfähige Einheit zu machen, konnte der Einfluß der beiden Supermächte zurückgedrängt werden.

Die Bundesrepublik im Nordatlantikpakt. Während die SPD sich im Kreise drehte, hatte Adenauer sein 1954 an der Seine gestrandetes Europa-Schiff wieder flott gemacht. Zwar mußte er es jetzt auf den Atlantik hinaussteuern, aber auch auf diesem Umweg glaubte er, der Eingliederung einer

Mit Heinrich Krone

gleichberechtigten Bundesrepublik in ein vereintes Europa wenigstens ein Stück näherzukommen. Von den Rücktrittsabsichten, die er am 30. August 1954 geäußert hatte, war er von einem seiner engsten Berater, dem späteren CDU/CSU-Fraktionsvorsitzenden Heinrich Krone, mit dem Hinweis abgebracht worden, dann würde »das deutsche Gewicht in Amerika geringer und unsere Zukunft ungewiß« werden.
Einen knappen Monat nach der Entscheidung Frankreichs gegen eine Europa-Armee trafen sich in London acht westliche Außenminister mit Adenauer. Sie berieten sechs Tage lang – sechs Tage, an denen die Konferenz stündlich auffliegen konnte, weil der französische Ministerpräsident Mendès-France aus seinem Mißtrauen gegen Deutschland keinen Hehl machte. Er war in einer heiklen Situation: Konnte er einer deutschen National-Armee zustimmen, nachdem das französische Parlament sogar deutsche Soldaten in einer Europa-Armee abgelehnt hatte? Es kostete Dulles und seinem britischen Kollegen Anthony Eden erhebliche Mühe, Mendès-France zu überzeugen. Aber es gelang schließlich, weil Adenauer eine Bereinigung des deutsch-französischen Verhältnisses anbot. Danach stand der Aufnahme der Bundesrepu-

Pierre Mendès-France

Mit Pierre Mendès-France, dahinter Madame Mendès-France, Walter Hallstein und Ludwig Erhard

blik in die Nato und ihrem Beitritt zum Brüsseler Pakt, dem Amerikas Partner in der Alten Welt angehörten und der nunmehr Westeuropäische Union heißen sollte, außer Konferenzen nichts mehr im Wege.
Die Konferenzserie fand in Paris statt. Hier wiederholte sich, was in London begonnen hatte: Der Kanzler setzte mehr Wünsche durch, als er vor der Ablehnung der Europäischen Verteidigungsgemeinschaft überhaupt angemeldet hatte. So wollten sich die Alliierten in einem Deutschlandvertrag ursprünglich zahlreiche Eingriffsrechte in die Geschicke der Bundesrepublik vorbehalten; in der Neufassung des Vertrages dagegen wurde ihr die beinahe bedingungslose Souveränität zugestanden. Adenauer war es gelungen, die widerstrebenden Franzosen, mit denen er am Rande der Konferenzen in Celle

Saint Cloud das deutsch-französische Verhältnis bilanzierte, gewissermaßen weichzureden, so daß sich Mendès-France bereit erklärte, die Beschlüsse von London zu unterzeichnen. Nachdem der Kanzler aus freien Stücken auf die Produktion von nuklearen, chemischen und bakteriologischen Waffen und auf gewaltsame Grenzrevisionen verzichtet hatte, wurde die Bundesrepublik am 22. Oktober feierlich eingeladen, dem Nordatlantikpakt beizutreten.

Eine Europa-Lösung für die Saar? In einem Punkt hatte Adenauer in Paris nachgeben müssen – in der Saarfrage. Mendès-France überzeugte ihn, daß er mit deutschen Konzessionen aufwarten müsse, wenn er vor der Pariser Nationalversammlung den Deutschlandvertrag und den Beitritt der Bundesrepublik zur Nato vertreten wolle. Im Anschluß an ein Abendessen in der Pariser Residenz des britischen Botschafters zogen sich der deutsche und der französische Regierungschef in die Bibliothek zurück, um dort ungestört zu verhandeln. Es dauerte lange, ehe sich Mendès-France dazu überreden ließ, statt mit der Autonomie der Saar mit ihrer Europäisierung vorliebzunehmen. Aber er bestand auf einer Volksabstimmung über das neue Saar-Statut. Adenauer fürchtete, »daß in dem Abstimmungskampf stark nationalistische Töne angestimmt würden, die dem französisch-deutschen Verhältnis abträglich sein mußten.« Er gab erst nach, als Mendès-France zur Abhaltung einer freien Landtagswahl nach der Volksabstimmung bereit war.
Bis Mitternacht hatten die beiden Politiker verhandelt. Dann verließen sie »leise das Haus«, wie Adenauer berichtete, »um niemanden zu stören und auch um nicht Journalisten in die Hände zu fallen. Ich erreichte unbemerkt mein Hotel. Wir wußten nicht, daß Eden und zahlreiche seiner Gäste immer noch auf uns und das, was wir zu berichten hätten, warteten. Auch Dulles hielt sich noch in seinem Hotel für eventuelle Vermittlungsdienste bereit. Die wildesten Gerüchte kursierten über den Inhalt unseres Gespräches, wie wir am nächsten Tage hörten. Mendès-France war an sich Antialkoholiker. Als er, es war wohl kurz vor zwölf Uhr, Whisky verlangte, wurde das als negatives Zeichen für den Stand unserer Verhandlungen gewertet.«
Negativ wurde das Verhandlungsergebnis in Bonn aufgenommen. Der CDU/CSU-Fraktionsvorsitzende Heinrich von Brentano meldete vorsichtig Kritik an; der gesamtdeutsche, auch für die Saar mitverantwortliche Minister Jakob Kaiser wurde deutlicher. Der SPD-Vorsitzende Erich Ollenhauer be-

Mit Heinrich
v. Brentano (links)
und
Paul Henri Spaak

zeichnete Adenauers Verhalten als »ungeheuerlich«, und die Freien Demokraten, Koalitionspartner der CDU/CSU, kündigten Adenauer in dieser Frage die Gefolgschaft auf. War er ein »vaterlandsloser Geselle«? Hatte er, um seine Wiederbewaffnungspläne doch noch durchzusetzen, einen Teil Deutschlands verkauft? Die Empörung war groß, die Erregung außerordentlich. Als der Bundestag am 27. Februar 1955 über die Pariser Verträge abstimmte, wurde zwar auch das Saarabkommen ratifiziert, aber mit fünfzig Gegenstimmen mehr als gegen den Deutschlandvertrag, den Truppen-Stationierungsvertrag sowie den Beitritt zur Nato und zur Westeuropäischen Union abgegeben wurden.

Genau ein Jahr nach der Unterzeichnung der Pariser Verträge und sieben Monate nach ihrer Ratifizierung stellte sich heraus, daß sich sowohl Mendès-France und Adenauer als auch die Bonner Gegner des Saarabkommens geirrt hatten: 67,7 Prozent der wahlberechtigten Saarländer lehnten das »Europäische Statut« ab. Zwei Monate später erhielten die im »Heimatbund« vereinigten Parteien, die für die Rückkehr der Saar zu Deutschland eintraten, 33 von 50 Sitzen im Landtag, der schon am 31. Januar 1956 die Angliederung an die Bundesrepublik beschloß. Frankreich blieb unter diesen Umständen nichts anderes übrig, als die Entscheidung zu respektieren, was ihm durch Verhandlungen über neue europäische Projekte erleichtert wurde. So kam es schon am 5. Juni zu einer deutsch-französischen Vereinbarung, nach der das Saarland am 1. Januar 1957 politisch und bis Ende 1959 auch wirtschaftlich der Bundesrepublik angegliedert werden sollte.

Alfred Grosser, der Friedenspreisträger des Deutschen Buchhandels von 1975, schrieb 1970 in seiner »Deutschlandbilanz«, indem er sich auf eine deutsche Karikatur bezog: »Das kleine Mädchen Saar kommt zum Bundeskanzler und bittet ihn, in sein Haus aufgenommen zu werden, er setzt sie vor die Tür; andere helfen ihr hineinzukommen; daraufhin läßt sich Dr. Adenauer mit der Kleinen auf dem Schoß fotografieren und wird allseits beglückwünscht wegen der Heimkehr des verlorenen Kindes. Erfolgte die Rückgliederung des Saargebietes dank oder trotz der Politik des Kanzlers? Obwohl es nicht logisch erscheint, sind doch beide möglichen Antworten richtig.«

Immerhin bewies der Ausgang der Volksabstimmung, daß die nationalen Kräfte stärker waren, als viele Europäer bis dahin geglaubt hatten. Wer gegen die nationalen Interessen verstieß, war unpopulär. Die Volksabstimmung an der Saar enthielt auch ein Votum gegen Adenauer, der die Saarländer ausdrücklich dazu aufgefordert hatte, sich für die Annahme des »Europäischen Status« zu entscheiden, sich also auf dem Altar Europas zu opfern.

Die Bundesrepublik wird souverän. Die Diskussion über das Saarabkommen und die Pariser Verträge lenkte den Blick erneut auf das Schicksal der Menschen in der DDR. Am 15. Januar 1955 hatte der Kreml davor gewarnt, daß die deutsche Spaltung »auf lange Jahre« festgelegt werde, sobald die Pariser Verträge in Kraft gesetzt würden. Am 25. Januar gab die sowjetische Regierung bekannt, sie betrachte den Kriegszustand mit Deutschland als beendet. Ganz offensichtlich wollte Moskau in letzter Minute die parlamentarische Behandlung der Verträge beeinflussen. Ollenhauer beschwor den

Kanzler: »Man muß die Sowjetunion jetzt beim Wort nehmen. Man hat es 1952 versäumt, die Ernsthaftigkeit der damaligen Angebote der Sowjetunion zu erproben. Uns jetzt der gleichen Unterlassung schuldig zu machen, würde vor dem deutschen Volk nicht verantwortet werden können.«
Am 15. April 1955 einigten sich in Moskau der österreichische Bundeskanzler Raab und sein Außenminister Figl mit der Sowjetunion über die Bedingungen eines Staatsvertrages, der der Alpenrepublik die volle Souveränität bei dauernder Neutralität brachte! Zum ersten Male hatte der Kreml ein Beutestück des Zweiten Weltkrieges wieder herausgegeben. Heinrich Krone notierte: »Die Maßnahmen der Sowjetzonenregierung gegen Berlin, die Erhöhung der Autobahn-Gebühren sind . . . im Zusammenhang mit der sowjetischen Österreich-Politik zu sehen. Moskau will klarmachen, daß, wer mit den Russen verhandelt, auch zu einem Ergebnis kommt, daß man aber die Macht spüren werde, wenn man den Weg nach Moskau ablehnt.«
Das Beispiel Österreichs verwirrte die Bonner Geister selbst an einem Tag, an dem endlich, zehn Jahre nach der bedingungslosen Kapitulation der Deutschen Wehrmacht, die Bundesrepublik aus der Oberhoheit der Besatzungsmächte in die Souveränität entlassen wurde. Der Kanzler hielt das mit Recht für einen Grund zum Feiern. Die Opposition jedoch wollte im Bundestag nur mitfeiern, wenn sie Gelegenheit hatte, auf eine Erklärung Adenauers zu erwidern. Das wiederum gestand ihr der Kanzler nicht zu.
Die Bundesregierung und die Regierungsparteien begingen den 5. Mai 1955 schließlich allein im Park des Palais Schaumburg. Vor einem Zug des inzwi-

schen anstelle einer Bundespolizei entstandenen Bundesgrenzschutzes zog Konrad Adenauer die deutsche Flagge auf und verlas eine Proklamation: »Wir stehen als Freie unter Freien, den bisherigen Besatzungsmächten in echter Partnerschaft verbunden. Mit der Bundesregierung gedenken in dieser Stunde fünfzig Millionen freier Bürger der Bundesrepublik in brüderlicher Verbundenheit der Millionen Deutscher, die gezwungen sind, getrennt von uns in Unfreiheit und Rechtlosigkeit zu leben. Wir rufen ihnen zu: Ihr gehört zu uns, wir gehören zu Euch! Die Freude über unsere wiedergewonnene Freiheit ist so lange getrübt, als diese Freiheit Euch versagt bleibt. Ihr könnt Euch immer auf uns verlassen, denn gemeinsam mit der freien Welt werden wir nicht rasten und ruhen, bis auch Ihr die Menschenrechte wiedererlangt habt und mit uns friedlich vereint in einem Staate lebt.«
Zwei Jahrzehnte danach hören sich solche Worte hohl an, ja vielleicht sogar heuchlerisch. Wer sie damals jenseits der Zonengrenze gehört hat, wird anders urteilen: Obwohl der Westen am 17. Juni 1953 keinen Finger gerührt hatte, um den aufständischen Arbeitern gegen die sowjetischen Panzer zu helfen, vertrauten die Menschen in der DDR damals noch darauf, daß sie eines Tages befreit und mit ihren Brüdern und Schwestern in der Bundesrepublik wiedervereinigt würden. Hätte der Kanzler daran nicht erinnert, hätte er das Schicksal der siebzehn Millionen Menchen im anderen Teil Deutschlands nicht erwähnt, hätte er ihnen keine Hoffnung gemacht, wären noch viel mehr Mitteldeutsche geflohen, wäre die DDR nicht erst 1961, sondern schon sechs Jahre zuvor ausgeblutet, wäre möglicherweise sogar die Mauer quer durch Berlin Jahre früher errichtet worden.
Es ist nicht verwunderlich, daß die Menschen in der DDR, die seit 1933 unter einer Diktatur lebten, mit Neid auf die Menschen in der Bundesrepublik blickten, die nicht nur demokratische Freiheiten, sondern auch wirtschaftliche Erfolge ohne Beispiel in der deutschen Geschichte genossen. Der Bonner »Zeit«-Korrespondent Eduard Neumaier zog in seinem Buch »Bonn, das provisorische Herz« Bilanz über das bis 1955 ereichte: Waren im Werte von »25,7 Milliarden Mark führte die Bundesrepublik schon wieder aus, seit 1952 war die Ausfuhr umfangreicher als die Einfuhr. Der Anteil am Welthandel war um ein Viertel höher als der Frankreichs. 17 Millionen Beschäftigten standen nur noch 900000 Arbeitslose gegenüber – gegen 1,6 Millionen bei 13,8 Millionen Beschäftigten im Jahre 1950. Deutschland, das durfte Adenauer zu Recht behaupten, war auf dem Wege nach oben.«

Adenauer in Moskau. Am 10. Juni 1955 erhielt Adenauer eine Aufzeichnung des CDU-Pressesprechers Werner von Lojewski, in der es hieß: »Der Presseattaché der Österreichischen Botschaft, Dr. Seiffert, besuchte mich am Mittwochabend, ›um über einige politische Fragen zu sprechen‹ ... er habe Anlaß anzunehmen, daß die Sowjets bei einem Besuch des Bundeskanzlers in Moskau bereit sein würden, weitergehende Angebote als bisher zu machen.« Schon drei Tage zuvor hatte der deutsche Botschafter von Maltzan aus Paris telegrafiert, ihm sei von einem sowjetischen Diplomaten eine Note überreicht worden, in der die Aufnahme diplomatischer Beziehungen zwischen Bonn und Moskau und eine Reise des Bundeskanzlers in die Sowjetunion vorgeschlagen werde. Adenauer gab dem sowjetischen Botschafter in Paris vorsichtig zu erkennen, die Bundesregierung sei zur Aufnahme diplomatischer Beziehungen bereit. Auf die Einladung ging er nicht ein. Abermals ließ Moskau seine Drähte nach Wien spielen. Dort erklärte Außenminister Figl dem späteren CSU-Vorsitzenden Hanns Seidel, es liege eine Meldung aus dem Kreml vor, nach der die Sowjets die Absicht hätten, einer Wiedervereinigung Deutschlands in Freiheit zuzustimmen, diesem Deutschland militärische Kräfte zuzugestehen und einen Teil des Gebietes jenseits der Oder-Neiße-Linie zurückzugeben; als einzige Gegenleistung werde der Austritt der Bundesrepublik aus der Nato erwartet.

Dieses indirekte Angebot entsprach, um Konzessionen in der Grenzfrage erweitert, jener Note von 1952, mit der Stalin die Verhandlungen über eine Europäische Verteidigungsgemeinschaft unterlaufen wollte. »Die Einladung an die Bundesregierung zu Direktgesprächen in Moskau«, meinte Adenauer daher, »war offensichtlich ein Versuch, einen Keil zwischen die Bundesrepublik und die anderen Westmächte zu treiben.« Aber er wußte auch: »Ginge ich nicht nach Moskau, würde es in der deutschen Öffentlichkeit heißen, ich hätte eine Chance ungenutzt gelassen, ich wollte weder den Frieden noch eine Entspannung, noch die Wiedervereinigung Deutschlands.« So entschloß er sich – allen Zweifeln seiner Parteifreunde, vor allem Heinrich von Brentanos, der am 7. Juni 1955 Außenminister geworden war, zum Trotz und überzeugt davon, daß die Andeutungen aus Wien nur ein unverbindliches Lockmittel seien –, die sowjetische Einladung anzunehmen.

Die deutsche Delagation in Moskau: Carlo Schmid, Kurt Georg Kiesinger, Heinrich v. Brentano, Konrad Adenauer, Walter Hallstein, Karl Arnold (von links nach rechts)

Der deutschen Delegation, die am 8. September nach Moskau flog, gehörten neben Außenminister von Brentano sowie den Staatssekretären Hallstein vom Auswärtigen und Globke vom Kanzleramt und einigen Diplomaten auch der nordrhein-westfälische Ministerpräsident Arnold, der CDU-Bundestagsabgeordnete Kiesinger und sein sozialdemokratischer Kollege Carlo Schmid an. Erstmals seit mehr als vierzehn Jahren erklang in Moskau wieder das Deutschlandlied. Aber es hieß nicht mehr »Deutschland, Deutschland über alles . . .«, sondern nur noch bescheiden »Einigkeit und Recht und Freiheit . . .« Würde der Bundeskanzler diesen Zielen wenigstens ein kleines Stück näherkommen? Seine Zweifel waren seit der Genfer Gipfelkonferenz gewachsen, denn dort hatte der sowjetische Außenminister Molotow zum ersten Male die Existenz zweier deutscher Staaten zum Ausgangspunkt aller Überlegungen Moskaus gemacht.

Adenauers Zweifel erwiesen sich als berechtigt. Sobald er in seinen Verhandlungen mit dem sowjetischen Parteichef Chruschtschow, Ministerpräsident Bulganin und Außenminister Molotow auf die Wiedervereinigung zu sprechen kam, wurde ihm entgegnet, daß die Wiederherstellung der deutschen Einheit in erster Linie eine Sache der Deutschen selbst sei. Zeitweise nahmen die Verhandlungen »ziemlich harte Formen« an, »sie glichen«, nach Adenauers Worten, »eher einem offenen Streit als einer diplomatischen Konferenz«. Chruschtschow »wurde sehr erregt«; »zeitweilig drohte er mir mit den Fäusten«, fügte Adenauer hinzu. »Ich bin dann aufgestanden und habe auch gegen ihn meine Fäuste erhoben.« Molotow, der mit Hitlers Außenminister von Ribbentrop 1939 in Moskau einen Nichtangriffspakt unterzeichnet hatte, warf Adenauer vor, die Deutschen seien nicht imstande gewesen, sich vom Hitlerismus zu befreien. Adenauer konterte: »Wer hat denn eigentlich das Abkommen mit Hitler abgeschlossen, Sie oder ich?«

rechts oben:
Mit Bulganin (links) und Chruschtschow

rechts unten:
Im Bolschoitheater. Ganz links Molotow

Erst bei einem Gespräch in der Datscha des verstorbenen Dichters Maxim Gorki lockerte sich die Atmosphäre. Chruschtschow bat den Kanzler: »Helfen Sie uns, mit Rotchina fertig zu werden! Und mit den Amerikanern . . .« Adenauer ging nicht darauf ein. Aber von nun an wurde sachlicher miteinander gesprochen. Bei einer Galavorstellung im Bolschoi-Theater schüttelten sich Adenauer, Bulganin und Chruschtschow unter »dem rauschenden Beifall der Zuschauer« lange die Hände. Im Anschluß an die Vorstellung wurde Globkes Geburtstag gefeiert. »So viel habe ich in meinem Leben noch nie getrunken«, gestand der Bundeskanzler. »Überhaupt vertrugen wir sehr viel Alkohol, und das hatte seinen besonderen Grund. Globke verwaltete große Mengen von Olivenöl, und jedes Delegationsmitglied wurde zunächst vor Beginn irgendwelcher Veranstaltungen oder auch Verhandlungen durch einen kräftigen Schluck aus Globkes Vorrat trinkfest gemacht.«

Trotz aller Auflockerung drohten die Gespräche ein Fehlschlag zu werden. Zwar lag der Schlüssel zur Wiedervereinigung tatsächlich in Moskau, aber die Sowjets wollten ihn nur herausgeben, wenn die Bundesregierung ihre Türhüter in der DDR als gleichberechtigte Hausbesitzer anerkannte. Adenauer wünschte zumindest die Rückführung der deutschen Kriegsgefangenen zu erreichen. Aber seine sowjetischen Gesprächspartner erklärten kategorisch, bei ihnen befänden sich lediglich 9628 Kriegsverbrecher. Am 12. September

verfügte der Kanzler, »daß unverzüglich unsere Flugzeuge von Hamburg herbeigeordert und für den morgigen Abflug bereitgestellt würden. An sich war der Rückflug erst für den übernächsten Tag, den 14. September, vorgesehen. Ich war nicht gewillt, mich noch in weitere Verhandlungen mit den Russen einzulassen.« Das wirkte. Die Sowjets zeigten sich in der Frage der Kriegsgefangenen konzilianter und erklärten, Adenauer möge in einer Note der Aufnahme diplomatischer Beziehungen zustimmen »und wir geben sie Ihnen alle – alle! Eine Woche später! Wir geben Ihnen unser Ehrenwort!«
»Die russischen Herren«, berichtete Adenauer, »forderten mich auf, mit ihnen darauf anzustoßen. Unsere Gläser waren aber leer. Sie winkten Kellner herbei. Mir fiel auf – ich saß wie immer zwischen Bulganin und Chruschtschow, daß mir ein anderer Kellner einschenkte als Bulganin. Als Bulganins Kellner sich nun Chruschtschows Glas nahm, hielt ich den Kellner an, griff mir die Flasche . . . und siehe da, es war Wasser. ›Aber meine Herren!‹ rief ich aus. ›Das ist falsches Spiel! . . . Entweder wir trinken alle drei Wasser oder alle drei Wein!‹ Darauf sagten sie: Dann wollen wir alle Wein trinken! Das haben wir auch kräftig getan.«
Nach dem Umtrunk unterrichtete Adenauer die deutsche Delegation. Brentano und Hallstein protestierten gegen die Absicht, auf ein Ehrenwort hin diplomatische Beziehungen aufzunehmen. Aber der Kanzler blieb in dieser Frage hart; zu seiner Genugtuung trafen im Durchgangslager Friedland an der Zonengrenze dann am 7. Oktober 1955 die ersten Heimkehrer ein. Ihnen folgten nahezu zehntausend Kriegsgefangene und zwanzigtausend Zivilpersonen,

Pressekonferenz in Moskau vor dem Rückflug

deren Freilassung die sowjetischen Führer in letzter Minute auch noch zugesagt hatten. In einer anderen Frage gab Adenauer dem Drängen seiner Delegation nach: Er teilte der sowjetischen Regierung am Tage seines Abfluges, der nun, wie vorgesehen, erst am 14. September erfolgte, mit, daß die Aufnahme diplomatischer Beziehungen zwischen Bonn und Moskau weder eine Anerkennung der faktisch bestehenden Grenzen noch eine Aufgabe des Alleinvertretungsrechtes der Bundesrepublik bedeute.

Nach seiner Rückkehr erklärte der Kanzler vor dem Bundestag, die Bundesregierung werde die Aufnahme diplomatischer Beziehungen zwischen anderen Staaten und der DDR als unfreundlichen Akt ansehen. Die Akkreditierung von zwei deutschen Botschaftern in Moskau betrachtete Bonn als Sonderfall. Damit war das geboren, was später die »Hallstein-Doktrin« genannt wurde. Adenauer hatte sie vorformuliert; ihre endgültige Ausgestaltung stammte von Ministerialdirektor Wilhelm Grewe, damals Leiter der politischen Abteilung des Auswärtigen Amtes. Auf sie bezog sich die Bundesregierung, als sie 1957, nach Aufnahme diplomatischer Beziehungen zwischen der DDR und Jugoslawien, ihren Botschafter aus Belgrad abberief.

links: Heinrich v. Brentano, Walter Hallstein und Wilhelm Grewe (von links nach rechts) am Urlaubsort des Kanzlers

unten: Konrad Adenauer im Grenzdurchgangslager Friedland

Adenauers körperliche Leistungen. Der Kanzler war, als er in Moskau verhandelte, 79 Jahre alt. Als er 1949 sein Amt antrat, hatte er beinahe das Alter erreicht, in dem Bismarck von Wilhelm II. zum Rücktritt gezwungen wurde. Acht Kanzler der Weimarer Republik waren später geboren als er, darunter Gustav Stresemann und Heinrich Brüning. Er hatte Adolf Hitler überlebt, der dreizehn Jahre jünger war. Hatte er nun genug? Seine Erkrankung nach der Rückkehr aus Moskau täuschte über seine Zähigkeit, sein Stehvermögen, seine Regenerationskraft hinweg: Er würde länger als alle 21 Kabinette der Weimarer Republik regieren, länger auch als Hitler.

Die körperliche Gesundheit und die geistige Frische des »Alten«, wie er bald mehr respektvoll als abwertend genannt wurde, galten als Phänomen. Oder waren sie es nicht? Waren sie das Ergebnis von Zelleinspritzungen, wie man Ende der fünfziger, Anfang der sechziger Jahre zu munkeln begann, als ein solches Verfahren des Professors Niehans bekannt wurde? Adenauers Ärztin Ella Bebber-Buch dementierte dieses Gerücht 1963. Nach Meinung der Ärzte war Adenauers Gesundheit, wie sein außenpolitischer Berater Horst Osterheld in seinem Buch »Konrad Adenauer. Ein Charakterbild« berichtete, »einmalig in Deutschland«. Ihm wurde »ein Herz wie ein Pferd« und das »Arteriensystem eines jungen Mannes« bescheinigt. Vielleicht hat dazu beigetragen, daß er mäßig lebte; der Nichtraucher wog bei einer Körpergröße von immerhin 186 Zentimetern nur 150 Pfund.

Yrsa von Leistner,
Porträt Konrad Adenauer, 1954

Osterheld schrieb: »Bis zum letzten Tag seiner Kanzlerschaft, ja bis März 1967 – also noch mit 91 Jahren – las Adenauer ohne Brille auch schlecht vervielfältigte Telegramme. Er hörte so gut wie ein Vierzig- oder Fünfzigjähriger. Seine Hand zitterte nicht; bis zuletzt war seine Handschrift sicher und leserlich . . . Den ersten Besuch in einem anderen Land machte er 1951. Bis zu seinem Rücktritt folgten 77 weitere, die übrigens, schon weil die Flüge damals länger dauerten, wesentlich strapaziöser waren als heute . . . Adenauer stand zwischen 5 und 6 Uhr auf, stapfte einige Minuten durch die Badewanne mit kaltem Wasser, legte sich noch einmal ins Bett und erhob sich erneut zwischen 6 und 6.30 Uhr . . . Gegen 23 Uhr ging er zu Bett. Er mußte Schlaftabletten nehmen.«

An seinem achtzigsten Geburtstag demonstrierte er während einer stundenlangen Gratulationscour seine Unverwüstlichkeit. Diese Gratulationscouren waren zu einer Bonner Institution geworden; sie gemahnten an Kaisers Geburtstag, so wenig sich Adenauer auch als Ersatzmonarch fühlte. Inmitten der Gratulanten bildete, wie selbstverständlich, die Familie Adenauers den ruhenden Pol – ein Ausschnitt aus den »Buddenbrooks«, ein Genrebild des deutschen Großbürgertums, das erst vier Jahrzehnte nach dem Sturz der Monarchie wirklich regierte. Soziologisch höchst aufschlußreich, psychologisch ungeheuer tröstlich erschien dabei der Umstand, daß der Jubilar kein Großbürger von Geblüt war, daß er sich nach oben gearbeitet hatte und damit vielen Ansporn und Hoffnung gab, es ihm gleich zu tun. Die Schicht, die er repräsentierte, wollten die Deutschen nicht bekämpfen; ihr sehnlichster Wunsch war es, zu ihr zu gehören.

Nachdem er die Bundestagswahlen in Plebiszite für oder gegen seine Person umfunktioniert hatte, interessierte sich das Publikum für »Hofberichte« über

Adenauers Privat- und Familienleben mindestens ebenso sehr wie für seine Politik. Fotos von den Urlaubsorten Bühler Höhe im Schwarzwald, Bürgenstock am Vierwaldstätter See, Mürren im Berner Oberland, Vence in Südfrankreich, Ascona im Tessin und Cadenabbia am Comer See fanden reißenden Absatz.

Wilhelm II., Hindenburg und Hitler waren zu Übermenschen emporstilisiert worden. Adenauer dagegen trat seinem Volke als Erzvater entgegen; mit ihm konnten sich die Deutschen identifizieren. Daß er Späße auf Kosten anderer liebte und rheinische Fröhlichkeit mitunter als politische Waffe einsetzte, förderte seine Popularität. 1928 war ihm vorgehalten worden, er sei als Kölner Oberbürgermeister »möglicherweise ein bißchen zu ernst«. 1973 berichtete

Im Kreise der Kinder und Enkel

In Cadenabbia mit Tochter Lotte (links)

links: Vor der von Henri Matisse erbauten und ausgemalten Rosenkranz-Kapelle in Vence

oben: Theodor Blank und die Generale Speidel (rechts) und Heusinger (links)

unten: Franz Josef Strauß

Horst Osterheld, daß Adenauers Sinn für Humor »bis zum Schabernack« reichte: ». . . es war für einen alten Herrn schon ziemlich viel, einem Staatssekretär Mappe und Schuhe zu verstecken, seiner Tochter einen Frosch ins Bett zu legen oder höchstpersönlich mit einem Esel um die Wette zu schreien.«

Adenauer, wie ihn keiner kennt? Manche Politiker wurden sogar Ohrenzeugen seines schwarzen Humors. Osterheld schilderte den Besuch einer »recht kritischen Gruppe« im Jahre 1961: »Gegen Ende einer kurzen Ansprache fing deren Sprecher an zu stocken: ›So wünschen wir Ihnen denn Herr Bundeskanzler . . .‹ ihm gingen die Worte aus, ›so wünschen wir Ihnen denn . . .‹ er stockte wieder, ›. . .‹ ›einen baldigen Tod,‹ ergänzte hilfreich der Kanzler.«

Jahre danach war vom Plan eines Weltkongresses christlicher Parteien die Rede, der in Addis Abeba stattfinden sollte, der Hauptstadt des ältesten christlichen Staates der Welt. Adenauer wollte wissen, wie hoch die Hauptstadt Äthiopiens liege. »Zweieinhalbtausend Meter«, meinte Osterheld. »Wissen Sie,« sagte der 90jährige, »das ist mir viel zu dicht am Himmel.«

Die Spaltung der FDP. Nur sechs Wochen nach Adenauers achtzigstem Geburtstag kam es zur zweiten schweren Regierungskrise seiner Kanzlerschaft. Thomas Dehler, seit 1953 nicht mehr im Kabinett und seit März 1954 anstelle von Franz Blücher FDP-Vorsitzender, hatte mit wachsender Skepsis Adenauers Deutschlandpolitik begleitet. Zunächst, 1949/50, war Adenauer in seinen Augen »ein Glück für Deutschland«. Fünf Jahre später warf er ihm vor, nicht auf die Wiedervereinigung hinzuarbeiten und stellte sich damit in krassen Widerspruch zur Regierungspolitik. Nun begann Adenauer mit einer Änderung des Wahlrechts zu spielen, das die parlamentarische Existenz der Freien Demokraten bedrohte. Ihre »Jungtürken«, unter ihnen Walter Scheel, sprengten daraufhin am 20. Februar 1956 die CDU/FDP-Koalition in Nordrhein-Westfalen. Drei Tage später beantworteten 16 von 48 FDP-Bundestagsabgeordneten – darunter die vier Bundesminister – diesen Schritt mit ihrem Austritt aus der Partei und mit der Gründung der Freien Volkspartei, die in der Regierung verblieb (und später sang- und klanglos unterging). Die CDU/CSU nahm das zum Anlaß, am 24. Februar die Koalition mit der FDP auch formell aufzukündigen.

Die Sorge des Kanzlers freilich galt eher den Wehrgesetzen als der Koalition. Er streckte Fühler zur SPD aus, so daß der Bundestag schon am 6. März 1956 die notwendigen Grundgesetzänderungen verabschieden konnte. Zwölf Tage danach erklärte die Bundesregierung, sie werde Streitkräfte in Stärke von 500 000 Mann auf der Basis der allgemeinen Wehrpflicht aufstellen, wofür dann am 7. Juli (Einführung der allgemeinen Wehrpflicht für Männer zwischen dem 18. und dem 45. Lebensjahr) und am 5. Dezember (zwölfmonatige Wehrdienstzeit) auch die gesetzlichen Grundlagen geschaffen wurden. Der Mann, der die Bundeswehr aufbauen sollte, hieß seit 18. Oktober 1956 Franz Josef Strauß. Adenauer hatte den Bayern schon ein Jahr zuvor, gegen den Widerstand der FDP, vom Sonderminister zum Bundesminister für Atomkernenergie befördert; nun trat er die Nachfolge von Verteidigungsminister Theodor Blank an.

Die dritte Bundestagswahl. Die Deutschen nahmen von den »Bürgern in Uniform« kaum Notiz, ihre Aufmerksamkeit galt den steigenden Preisen in Erhards Wunderland. Auch für Adenauers Geschmack hatte die Marktwirtschaft allzu liberale und zu wenige soziale Züge angenommen, und Mitte 1956 war zum ersten Male von einem Kopf-an-Kopf-Rennen der beiden großen Parteien die Rede. Theodor Blank, vom Verteidigungsministerium ins Parlament zurückgekehrt, sorgte mit einer Rentenreform, die im Juli 1957 für 6 Millionen wirksam wurde, und der Lohnfortzahlung im Krankheitsfall für Wahlgeschenke. Erhard half der Industrie durch Zollsenkungen und Importerleichterungen auf die Sprünge; die Preiswelle verebbte.
Auch in Europa war nach der Enttäuschung von 1954 wieder ein Fortschritt

Wahlveranstaltung in Wipperfürth

zu verzeichnen: Am 25. März konnten in Rom die »Verträge zur Gründung der Europäischen Wirtschaftsgemeinschaft und zur Gründung der Europäischen Atomgemeinschaft« unterzeichnet werden. Von den Europäern der ersten Stunde trug nur noch Konrad Adenauer bei der Unterzeichnung der Römischen Verträge politische Verantwortung. Alcide de Gasperi, Italiens langjähriger Ministerpräsident, war 1954 gestorben; Robert Schuman war seit 1952 nicht mehr im Amt und seit 1956 auch nicht mehr im Kabinett.
Wie notwendig Einigungsbemühungen waren, wollte Westeuropa kein Vasall der Sowjetunion werden, hatte das vergangene Jahr mit aller Deutlichkeit demonstriert. Der ungarische Aufstand vom 23. Oktober 1956, der erst am 11. November von der Roten Armee endgültig niedergeschlagen wurde, gab Adenauers Warnungen vor den Sowjets erneut recht. Die Wahlplakate der CDU/CSU fielen entsprechend düster aus, und ihre Parole »Keine Experimente« fand die erwartete Resonanz. Sollte man den »Wohlstand für alle« aufs Spiel setzen? Stiegen nicht die Löhne und Gehälter, während die Arbeitszeit auf 45 Stunden sank? Wohnten nicht viele in funkelnagelneuen Häusern? Der Kontrast zum Osten war zu groß, die Lust auf den Weg, den die Opposi-

tion versprach, zu gering. Adenauer hätte es unter diesen Umständen gar nicht nötig gehabt, die SPD so zu attackieren wie am 7. Juli 1957 in Nürnberg: ». . . wir glauben, daß mit einem Sieg der Sozialdemokratischen Partei der Untergang Deutschlands verknüpft ist.« Aber im Juli lag die Union nach demoskopischen Erhebungen noch unter ihrem Stand von 1953, und ein solches Wahlergebnis wäre wahrscheinlich gleichbedeutend mit einem vorzeitigen Ende der »Ära Adenauer« gewesen. Um das zu verhindern, war ihm offenbar beinahe jedes Mittel recht. Erst kurz vor dem 15. September 1957 konnte er aufatmen. Am Wahlsonntag empfing er seine Enkel zum Nachmittagskaffee, ehe er sich, wie stets an solchen Tagen, früh schlafen legte.

Das Ergebnis übertraf dann alle Erwartungen, auch die Adenauers. Die Union hatte nicht nur ihre Parlamentsmehrheit erfolgreich verteidigt, ihr war auch zum ersten Male gelungen, was vordem (und bis heute) noch keine deutsche Partei erreichte – die absolute Mehrheit der Wähler zu gewinnen. 50,2 Prozent aller gültigen Stimmen entfielen auf die CDU/CSU, womit sie sich um genau 5 Prozent gegenüber 1953 verbesserte. Demgegenüber nahm sich der Zugewinn der SPD um 3 Prozent auf 31,8 Prozent bescheiden aus. Noch geringer war die Zunahme der konservativen Deutschen Partei um 0,1 Prozent auf 3,4 Prozent. Alle anderen Parteien hatten Stimmen verloren. Die FDP erreichte 7,7, der BHE 4,6, die Rechtsradikalen 1,0 und die Bayernpartei 0,5 Prozent. Auch ohne Mehrheitswahlrecht, mit dem Adenauer 1956 der FDP gedroht hatte, war die Bundesrepublik dem Zweiparteiensystem nähergerückt: CDU/CSU und SPD zusammen vereinigten 84 Prozent der Stimmen auf sich – gegenüber 74 Prozent 1953 und nur 60,2 Prozent 1949.

Der Höhepunkt ist überschritten. Acht Jahre regierte der Kanzler nun schon, ohne daß der Zeitpunkt seines Rücktritts auch nur andeutungsweise sichtbar war. Das Publikum, er hatte es eben erfahren, wollte keinen Wechsel und applaudierte Sprüchen wie diesen: »Ein Greis, gewiß, aber der jüngste, den wir kennen!« Oder: »Was für ein junger Mann, meine Güte, was für ein junger Mann – für dieses Alter!« Und: »Er ist 82, denken Sie . . . zwei-und-achtzig!«

Es war General de Gaulle, der sein Erstaunen über den rüstigen Kanzler mit den noch immer dunklen Haaren und den nach wie vor hellwachen graublauen Augen nicht verhehlen konnte. Konrad Adenauer sah seiner ersten Begegnung mit dem französischen Staatschef nicht ohne Bedenken entgegen. Damals, 1950, als er eine deutsch-französische Union vorgeschlagen hatte, war von de Gaulle ein positives Echo gekommen. Aber seitdem schien Europa in seinen Großmachtträumen nur noch eine geographische Funktion zu haben. Als ihm die Franzosen am 1. Juni 1958 zum zweiten Male die Geschicke ihres Landes anvertrauten, fürchtete Adenauer, daß der General den Austritt Frankreichs aus dem Gemeinsamen Markt betreiben würde, der am 1. Januar offiziell eröffnet und zu dessen erstem »Marktmeister« Professor Walter Hallstein als Präsident der EWG-Kommission am 7. Januar gewählt worden war. Aber der Kanzler sah zu schwarz. Der romantische Realist de Gaulle wußte, daß die Grande Nation allein zu schwach war, um den Weltmächten die Stirn zu bieten. Deshalb nutzte er bei aller Abneigung gegen supranationale Institutionen durchaus die Vorteile, die die Wirtschaftsgemeinschaft für sein »Europa der Vaterländer« zu bieten hatte. Befriedigt kehrte der Kanzler von seinem Gespräch mit dem französischen Staatspräsidenten nach Bonn zurück.

Atomdebatte im Bundestag. Dort stand es nicht zum Besten. Noch immer hatte Adenauer die Bundestagsdebatte vom 23. Januar 1958 in bitterer Erinnerung, als sich SPD und FDP vehement gegen eine nukleare Ausrüstung der Bundeswehr wandten und sich mittelbar den Plan des polnischen Außenministers Rapacki für eine atomwaffenfreie Zone in Mitteleuropa zu eigen machten. Georg Schröder erlebte die Bundestagssitzung mit; er berichtete damals in der »Welt«:
»Als Thomas Dehler zur Rednertribüne hinaufstieg, kletterte der schon zwölf Stunden unablässig der Debatte folgende Bundeskanzler von seinem Platz auf der erhöhten Regierungsbank herunter, um vorn, direkt vor Dehler, seinen Abgeordnetensitz neben Fraktionsführer Krone und Innenminister Schröder einzunehmen. Wirkte er wie ein rotes Tuch auf den so seltsam in Haßliebe

links: Gustav Heinemann am Rednerpult des Bundestages, Adenauer auf der Regierungsbank

rechts: Mit Thomas Dehler

mit ihm verbundenen Dehler? Der steigerte sich immer mehr in einen leidenschaftlichen Ausbruch hinein. Immer wieder zuckte sein rechter Arm wie anklagend und beschwörend nach vorn . . . ›Ich habe nicht mehr geglaubt, daß Adenauer die Wiedervereinigung erstrebt, deshalb habe ich mit ihm gebrochen‹, sagte Dehler. Der Bundeskanzler habe 1952 das Stalin-Angebot gesamtdeutscher freier Wahlen als Störungsmanöver abgetan. Bundespostminister Stücklen (CSU) rief Dehler wütend zu: ›Sie waren doch damals in der Regierung. Warum blieben Sie in der Regierung?‹ In einer seltsamen Mischung von Erregung und Offenbarungslust antwortete Dehler: ›Ich schäme mich. Ich schäme mich. Ich beneide Heinemann wegen seines Mutes. Aber er kannte seine Pappenheimer besser, er war ja in der CDU.‹ Dehler griff mit neuen Argumenten Adenauer an . . . ›Glauben Sie noch, daß dieser Mann den Willen hat, das deutsche Volk zur Einheit zu führen?‹ rief Dehler in den Saal. Das Plenum glich jetzt einem Hexenkessel. Vergeblich versuchte Bundestagspräsident Gerstenmaier sich Gehör zu verschaffen. Sofort anschließend an Dehler stach Heinemann, einstmals Minister Adenauers, wie mit einem spitzen Degen auf den Bundeskanzler ein. War Dehler leidenschaftlich bewegt, so Heinemann eiskalt und ruhig. Die Vorwürfe waren die gleichen. ›Ich habe dem Herrn Bundeskanzler nie und keinen Augenblick vorgeworfen, daß er mit den westlichen Nachbarn einen Ausgleich betrieb. Das war unerläßlich. Aber ich habe ihm immer vorgeworfen und tue es auch in dieser Stunde, daß er mit diesem westlichen Ausgleich neue Ostfeindschaft verbunden hat.‹ Wer Deutschland immer noch tiefer spalten wolle, könne nur auf Adenauers Weg weitergehen. ›Herr Bundeskanzler, dieses alles legt mir den Gedanken nahe, ob Sie nicht nachgerade zurücktreten sollten.‹«

Chruschtschows Berlin-Ultimatum. Adenauer blieb. Aber er mußte sich eingestehen, daß es immer hoffnungsloser wurde, Moskau die Wiedervereinigung nach westlichen Vorstellungen abzunötigen. Im Oktober 1957 hatten die Sowjets mit ihrem »Sputnik« den ersten künstlichen Erdsatelliten ins Weltall geschossen; inzwischen wußte man, daß sie nicht nur über Atom- und Wasserstoffbomben, sondern auch über Interkontinentalraketen verfügten. Ehe die Westmächte die neue Lage analysiert und aus ihr die Konsequenzen gezogen hatten, ließen die Sowjets ihre Muskeln spielen. Ihr Vorstoß traf den Westen an seiner schwächsten Stelle, in Berlin. Am 27. November 1958 verlangte Chruschtschow ultimativ den Abzug aller Besatzungstruppen aus Berlin und die Umwandlung der drei Westsektoren in eine »entmilitarisierte freie Stadt« binnen sechs Monaten. Zwar lehnten die Westmächte ab, unter dem Druck dieses Ultimatums zu verhandeln. Aber ihre zur Schau getragene Festigkeit konnte nur dürftig die Ratlosigkeit verdecken, die sowohl in den westlichen Hauptstädten wie in Bonn herrschte. Noch ehe sich der Westen von dem Schreck erholt hatte, lag am 10. Januar 1959 ein sowjetischer Entwurf für einen deutschen Friedensvertrag auf dem Tisch. Sinn dieses Vertrages war eine Revision des Potsdamer Abkommens, das den vier Siegern des Zweiten Weltkrieges die Verantwortung für ganz Deutschland übertragen hatte. Dadurch wäre die deutsche Spaltung auch völkerrechtlich besiegelt worden. Wiederum setzten die Sowjets den Westmächten eine Frist: Die Friedenskonferenz für Deutschland sollte innerhalb von sechzig Tagen in Prag oder Warschau stattfinden.
Chruschtschows Berlin-Offensive verwirrte selbst den starken Mann der amerikanischen Regierung, Außenminister Dulles. Angesichts der schwachen westlichen Position an der Spree dachte der Stratege einer westlichen »Politik der Stärke« laut über Zugeständnisse nach. War es nicht vielleicht überlegenswert, eine internationale Kontrollbehörde für den Zugang nach Berlin zu schaffen, und konnten in dieser Behörde nicht auch Vertreter der DDR sitzen? War seine Annahme, durch solche Kontakte könne das Ulbricht-Regime in Ost-Berlin nicht nur aufgewertet, sondern auch aufgeweicht werden, tatsächlich so verwegen? Selbst der Freund in Bonn schloß das nicht aus, aber für ihn

war viel entscheidender, daß die Amerikaner im Zeichen des atomaren Patt die Politik der Konfrontation zugunsten einer Politik der Entspannung aufgaben. Es gehörte nicht viel Phantasie dazu, sich auszumalen, daß eine solche Politik eines Tages auf Kosten Deutschlands betrieben werden würde. Adenauer erkannte, daß die Phase der atlantischen Orientierung seiner

de Gaulle und seine Minister in Bonn, 1963

Außenpolitik zu Ende ging – eine Phase, die 1954 begonnen hatte und in der die Bundesrepublik zum wichtigsten Bündnispartner der Vereinigten Staaten wurde. Solange die amerikanische Sicherheitsgarantie noch in Kraft war, galt es, eine europäische Auffangstellung zu errichten. Dieser Versuch, mit de Gaulle unternommen, bestimmte die letzten vier Jahre seiner Kanzlerschaft und schürte den Konflikt mit einem Teil der Union, der nach seinem Rücktritt im Streit zwischen Gaullisten und Atlantikern offenkundig wurde.

Mit Anastas Mikojan

Ein Plan Globkes für die DDR. Zugleich unternahm Adenauer, von der Öffentlichkeit nahezu unbemerkt, Anstrengungen, das Los seiner Landsleute in der DDR zu erleichtern.

Schon als im Frühjahr 1958 der stellvertretende sowjetische Ministerpräsident Mikojan zu Verhandlungen in die Bundesrepublik kam, hatte Adenauer ihm und Moskaus Botschafter Smirnow einen Plan unterbreitet, der einerseits der Freiheit für die Bewohner der DDR den Vorrang vor der Wiedervereinigung gab und andererseits besondere Rücksicht auf die Sicherheitsinteressen des Kreml nahm. Dieser Plan, der der DDR den Status Österreichs zuerkennen sollte und als Gegenleistung den Aufschub einer staatlichen Wiedervereinigung für einen längeren Zeitraum anbot, wurde von der Sowjetunion freilich nicht aufgegriffen.

Nach Chruschtschows Berlin-Ultimatum trat zunächst eine deutsch-sowjetische Funkstille ein. Am 18. August 1959 nahm der Moskauer Parteichef den direkten Kontakt durch einen Brief an Adenauer wieder auf. Daraus entwikkelte sich eine Korrespondenz, die bis zu Adenauers Rücktritt nicht mehr abriß. Bedeutsamer noch, wenn auch riskanter, waren die Sondierungen des impulsiven Botschafters Hans Kroll in Moskau, die großes Aufsehen erregten und zuweilen auch zu starken Spannungen mit Außenminister von Brentano und seinem Nachfolger Schröder führten. Als Grundlage für diese Aktivitäten

Hans Globke

Hans Kroll und Gerhard Schröder

diente ein Deutschlandplan, den Staatssekretär Hans Globke ausgearbeitet hatte. Globke ging davon aus, daß auch die Deutschen in der DDR für die Wiedervereinigung und den Anschluß an Westeuropa eintraten.
Der Artikel 1 des mehrfach überarbeiteten Globke-Planes lautete in seiner letzten Fassung vom 17. November 1960: »Innerhalb von fünf Jahren nach Inkrafttreten dieses Vertrages findet in der Bundesrepublik Deutschland und in der Deutschen Demokratischen Republik eine Volksabstimmung über die Wiedervereinigung statt. Deutschland wird vom Tage der Volksabstimmung an wiedervereinigt, wenn sich sowohl in der Bundesrepublik wie in der DDR die Mehrheit der Abstimmenden für die Wiedervereinigung ausspricht. Wird diese Mehrheit in einem der beiden Staaten nicht erreicht, so werden sie vom Tage der Volksabstimmung an getrennte souveräne Staaten.« Im Artikel 5 hieß es: »Das wiedervereinigte Deutschland entscheidet, ob es der Nato oder dem Warschauer Pakt angehören will. Entscheidet es sich für die Zugehörigkeit zur Nato, so bleibt das Gebiet der bisherigen DDR von allen militärischen Verbänden, Einrichtungen und Anlagen frei; entscheidet es sich für die Zugehörigkeit zum Warschauer Pakt, so bleibt das Gebiet der bisherigen Bundesrepublik von allen militärischen Verbänden, Einrichtungen und Anlagen frei.« In dem Plan war ein Zwischenstadium vorgesehen, in dem die Bundesrepublik und die DDR amtliche Beziehungen zueinander aufnehmen, die Verkehrsbeschränkungen zwischen beiden Staaten entfallen und freie Wahlen in beiden Teilen Deutschlands stattfinden sollten. Außerdem war vorgesehen, daß ganz Berlin in diesem Zwischenstadium den Status einer »Freien

Stadt« erhalten würde. Mit diesem Zugeständnis und durch die Anerkennung zweier deutscher Staaten kam Adenauer den sowjetischen Vorstellungen sehr weit entgegen, er verlangte aber dafür sofort menschlichere Verhältnisse in der DDR.

Nachdem die Sowjets sich 1958 durch den Wiener Botschafter Norbert von Bischoff erneut österreichischer Vermittlungsdienste bedient hatten, überlegte Adenauer 1960, ob er den damaligen österreichischen Außenminister Bruno Kreisky bitten solle, während der UNO-Vollversammlung im September 1960 Chruschtschow die vorletzte Fassung des Globke-Planes zuzuspielen. Er gab diesen Gedanken schließlich auf und teilte den Plan der Sowjetunion auf anderen Kanälen mit.

Nach Chruschtschows berühmtem »Schuh-Auftritt« in der UNO-Vollversammlung verhärtete sich die sowjetische Position zusehends. Auch der Globke-Plan wurde nicht weiter diskutiert. Durch Schikanen der DDR im Berlin-Verkehr spitzte sich die Krise um die geteilte Stadt zu. Zwar ließ der sowjetische Parteichef im Frühjahr 1961 wieder Verhandlungsbereitschaft erkennen, betonte aber gleichzeitig, das deutsche Problem müsse noch im selben Jahr gelöst werden. Botschafter Kroll drängte auf ein Gespräch zwischen Chruschtschow und Adenauer, aber der Kanzler wollte sich zunächst mit dem neuen amerikanischen Präsidenten John F. Kennedy abstimmen, gerade weil er dessen Gegenkandidaten Richard Nixon favorisiert hatte. Im April traf er mit Kennedy in Washington zusammen. Außerdem wurde im Herbst 1961 der vierte Deutsche Bundestag gewählt.

Mit John F. Kennedy

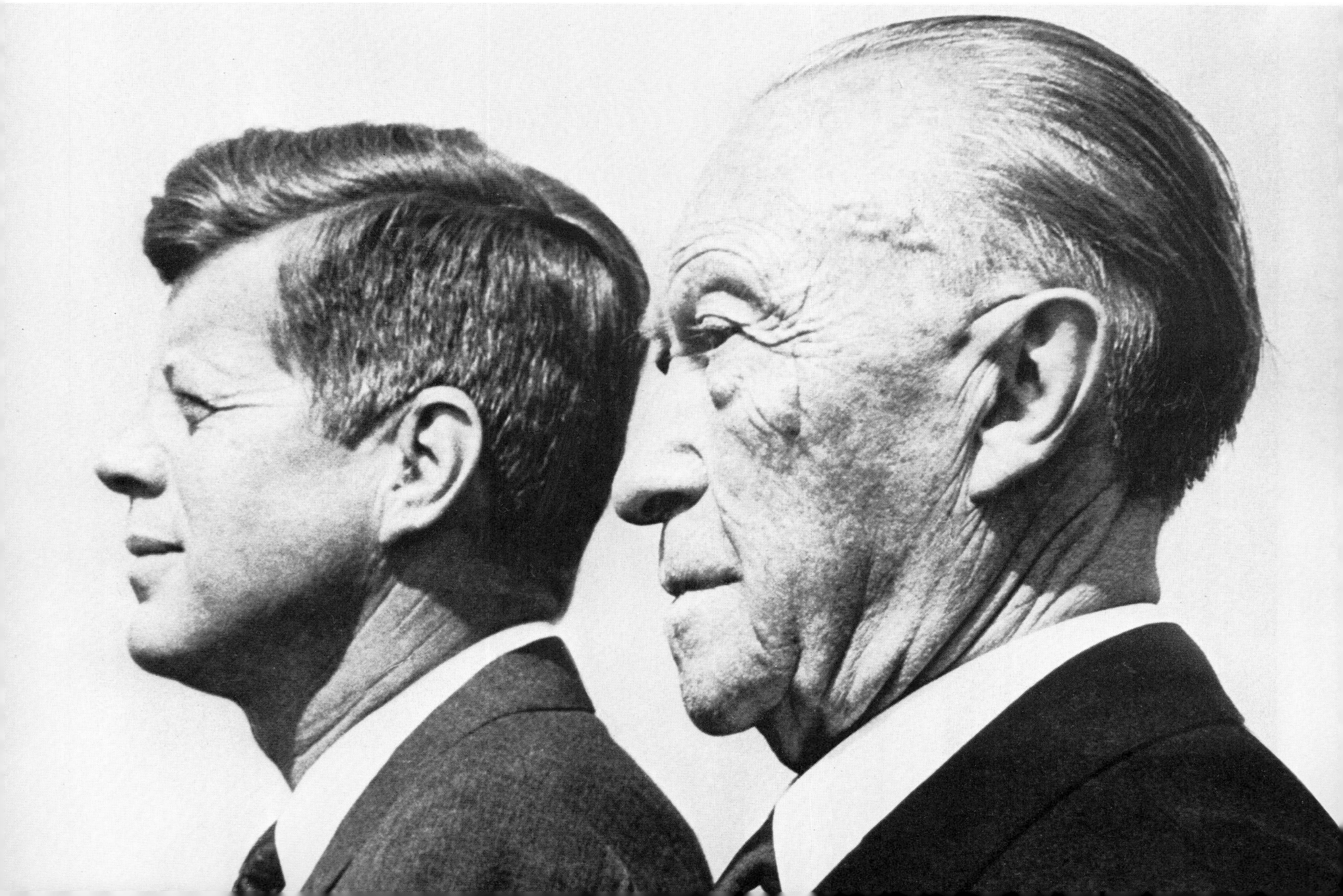

Ein Bundespräsident Adenauer? Ncch einmal, zum letzten Male, zog die CDU mit Adenauer an der Spitze in den Wahlkampf. Aber schon stand in seiner Partei und in der Publizistik sein Nachlaß zur Disposition; »Das Erbe Adenauers« hieß 1960 ein Bestseller von Rüdiger Altmann. Ein Jahr zuvor hatten die Deutschen fast zwei Monate lang geglaubt, der alte Mann in Bonn würde der Macht freiwillig entsagen und ihnen dennoch erhalten bleiben. Damals ging es um die Nachfolge von Theodor Heuss, der 1954 als Bundespräsident wiedergewählt worden war. Da das Grundgesetz die Wiederwahl nur einmal zuläßt, mußte 1959 ein neuer Hausherr in die Villa Hammerschmidt einziehen. Adenauer wollte die Gelegenheit benutzen, um einen potentiellen Rivalen aufs Abstellgleis zu schieben, der in seinen Augen als Regierungschef zudem eine Gefahr für die Kontinuität seiner Politik darstellen würde: Er überredete seinen populären Wirtschaftsminister Ludwig Erhard am 24. Februar 1959 telefonisch dazu, für die Heuss-Nachfolge zu kandidieren. Aber er hatte die Rechnung ohne die »Brigade Erhard« gemacht, die in ihrem Idol lieber den nächsten Kanzler gesehen hätte. Erhard, der sich ohnehin von Adenauer überrumpelt fühlte, ließ sich gern sagen, er werde in der aktiven Politik gebraucht. Am 4. März 1959 schrieb er hochgemut: »Pflicht und Gewissen heißen mich, Verzicht zu üben . . .«
Großer Mann, was nun? Oberkirchenrat Cillien lenkte die Blicke auf Bundesernährungsminister Heinrich Lübke, was ihm freilich nur Kopfschütteln eintrug. Da die Sozialdemokraten Professor Carlo Schmid nominiert hatten, konnte die CDU/CSU eigentlich nur mit Gerstenmaier bestehen, der zur klei-

links: Mit Theodor Heuss

rechts: Mit Heinrich Lübke

nen Schar ihrer Intellektuellen gehörte. Aber der Bundestagspräsident hatte nicht die Absicht, politisch vorzeitig pensioniert zu werden. Mehr als einen Monat lang schwankten die Meinungen in der Union hin und her. Nur beiläufig fiel am 2. April auch der Name Adenauer, aber ernst nahm das niemand. Gerade der Ernstfall aber wurde im Palais Schaumburg von den beiden engsten Vertrauten Adenauers, dem Fraktionschef Krone und dem Staatssekretär Globke, beraten. Der Jurist Globke war sich darüber im klaren, daß der politische Schriftsteller Heuss die Möglichkeiten seines Amtes nicht voll ausgeschöpft hatte. So abseits der Verfassungswirklichkeit, wie später immer wieder behauptet worden ist, lag das Gutachten des Staatssekretärs über die Rechte des Bundespräsidenten jedenfalls nicht. Daß der Präsident neben dem

von links nach rechts:
Heinrich Krone
Gerhard Schröder
Franz Meyers

Kanzler die Richtlinien der Politik mitzubestimmen habe, bescheinigte denn auch ein eigens vom Kanzleramt befragter Staatsrechtler. Adenauer, so suggerierten ihm Krone und Globke, könne ein politisch einflußreiches Staatsoberhaupt werden.
Durch einen Artikel von Marion Gräfin Dönhoff wurde er in dieser Hoffnung bestärkt: »In der größeren Ruhe und Distanziertheit des höchsten Amtes im Staate wird er als Schirmherr und Wächter der Bundesrepublik noch lange wirken können. Vielleicht wird sich zeigen, daß er von dort aus mehr Einfluß auf den Lauf der Dinge ausüben kann, als man sich bisher träumen lassen konnte. Denn in diesem Amt stecken viele nicht erschlossene Reserven.«
Kurzum, der 83jährige beschloß, sich einen würdigen Abgang zu verschaffen, ohne damit zugleich Abschied von der Politik zu nehmen. Das setzte freilich einen ihm genehmen Nachfolger im Kanzleramt voraus. Die beiden »starken Männer« Gerhard Schröder und Franz Josef Strauß schieden unter diesen Umständen aus. Eugen Gerstenmaier galt als zu eigenwillig, Heinrich von Brentano als zu weich. In Frage kamen nur Heinrich Krone und Bundesfinanzminister Franz Etzel, die sich im Palais Schaumburg als Statthalter Adenauers betrachten würden. Da Krone die Bundestagsfraktion niederzuhalten hatte, fiel die Wahl schließlich auf Etzel, der auch das richtige Gesangbuch besaß. Denn Adenauer nahm an, daß die Union aus Proporzgründen auf einem evangelischen Kanzler bestehen würde, wenn er die Nachfolge des Protestanten Heuss antrat. Daß viele den Finanzminister mit dem Hunnenkönig verwechselten, kam Adenauer zustatten – je unbekannter der neue Regie-

Franz Etzel

rungschef bei Amtsantritt war, desto unangefochtener konnte die strenge Kanzler- in eine milde Präsidialdemokratie umgewandelt werden.
Krone unternahm es, drei besonders verschwiegene Parteifreunde in Adenauers Entschluß einzuweihen; sie sollten ihm die Kandidatur antragen und sogleich den Kanzlerkandidaten benennen. Am 6. April versammelte »Papa Krone« den stellvertretenden CDU-Vorsitzenden Kai-Uwe von Hassel, den Düsseldorfer Ministerpräsidenten Franz Meyers und den CSU-Landesgruppenchef Hermann Höcherl bei Adenauer. Nachdem sie erklärt hatten, die SPD beabsichtige, in der Bundesversammlung im letzten Moment Gerstenmaier zu nominieren, meinte Meyers: »Unter diesen Umständen, Herr Bundeskanzler, bleibt Ihnen gar nichts anderes übrig, als sich selbst als Kandidat auf-

Konrad Adenauer mit Eugen Gerstenmaier (links) und Kai-Uwe v. Hassel

stellen zu lassen.« Wie schon zehn Jahre zuvor bei seiner Nominierung zum CDU-Kanzlerkandidaten tat Adenauer erstaunt. Dann fragte er, »wen die Herren sich als Bundeskanzler dächten.« Erwartungsgemäß antworteten sie übereinstimmend: »Etzel!« Am nächsten Tage, bei einer Sitzung des Wahlmännergremiums der CDU/CSU, wiederholte sich dieses Spiel, nur daß Etzels Name nicht offiziell fiel. Adenauer nahm nun die Kandidatur an und sagte: »Ich werde mich aber in mancher Beziehung ändern müssen«, was das Gremium mit Heiterkeit quittierte. Beifall kam auf, als er ganz unverhohlen seine Absichten bloßlegte: »Ich möchte keinen Zweifel daran lassen, aber auch gar keinen Zweifel, . . . daß ich für eine extensive Interpretation des Grundgesetzes eintreten werde.« Bei einer Fernsehansprache wurde er noch deutlicher:

»Die Stellung des Bundespräsidenten . . . ist viel größer, als man schlechthin glaubt.«
Die Blitzmeldung der Deutschen Presse-Agentur über Adenauers Kandidatur, die am 7. April um 14.36 Uhr über die Fernschreiber tickerte, hatte die Wirkung einer politischen Taschenatombombe. Der sozialdemokratische Parlamentsgeschäftsführer Karl Mommer brachte zum Ausdruck, was die meisten Deutschen zuerst dachten: »Daran ist doch das Datum falsch, es soll wohl 1. April heißen.« Als sich die Aufregung gelegt hatte und die Konsequenzen sichtbar wurden, fand Adenauers Entscheidung allgemeinen Beifall: Der Lotse würde nicht, wie fast sieben Jahrzehnte zuvor Bismarck, von Bord gehen; er verließ nur die Kommandobrücke. Die respektvolle Anerkennung auch seiner Gegner, ja die Verehrung eines ganzen Volkes würden Adenauer auf dem Wege in die Villa Hammerschmidt begleiten. Aber es war auch Erleichterung dabei, und gerade sie machte ihn stutzig.
Als nicht Etzel, sondern Erhard von der Union auf den Kanzlerschild gehoben werden sollte, zog Adenauer seine Kandidatur kurzerhand zurück. Zwar behielt er mit seinen Bedenken gegen den Wirtschaftsminister recht, aber als er am 4. Juni 1959 erklärte, er werde Kanzler bleiben, nahm nicht nur sein Prestige, sondern auch die deutsche Demokratie Schaden. Adenauers offizielle Begründung, er bleibe wegen der schwieriger gewordenen außenpolitischen Lage, klang hohl, obwohl er nach dem Tode von John Foster Dulles am 25. Mai in der Tat besorgt über die internationale Entwicklung gewesen ist. Von nun an war vom Altersstarrsinn, vom Machthunger, von der Herrschsucht Adenauers die Rede. Die Entrüstung, mit der Eduard Neumaier die Entscheidung kommentierte, gibt die Stimmung jener Tage wieder: »Das Denkmal, das sich der Alte gesetzt hatte, zeigte plötzlich Risse . . . Der Ämterschacher des Jahres 1959 . . . leitete den Beginn jener Staatsverdrossenheit ein, die in den folgenden Jahren in alle Volksschichten drang und endlich in eine Krise des Staates münden sollte. Das war damals nicht zu sehen, nur zu ahnen. Zu sehen war, daß Deutschland auf die Ablösung des Alten wartete, sie herbeisehnte und dem Grundsatz huldigte, schlimmer könne es nicht mehr werden.«

Mit Ludwig Erhard

Die Sozialdemokratie paßt sich an. Es sollte zwar noch schlimmer kommen, aber zunächst hatte Adenauer sein Ziel erreicht: Ludwig Erhard war nicht Kanzler geworden. Dennoch konnte nun niemand mehr übersehen, daß das Ende der »Ära Adenauer« bevorstand. Ohne große Begeisterung hatten die Vertreter der Unionsparteien in der Bundesversammlung einen Verlegenheitskandidaten zum Nachfolger von Heuss gewählt: Heinrich Lübke. Die Sozialdemokraten witterten endlich, endlich Morgenluft. Um aus dem Niedergang der Union Nutzen ziehen zu können, mußten sie jedoch erst einmal ideologischen Ballast abwerfen. Wie rasch sich der Wind seit der Präsidentschaftskrise gedreht hatte, wurde an der Schnelligkeit deutlich, mit der der stellvertretende SPD-Vorsitzende Herbert Wehner seinen Deutschlandplan vom 18. März 1959 wieder in der Versenkung verschwinden ließ.
Tatsächlich war dieser Plan dazu geeignet, das alte Mißtrauen gegen die SPD zu mobilisieren: Deutschland, Polen, die Tschechoslowakei und Ungarn soll-

ten eine militärisch verdünnte Entspannungszone bilden und in ein kollektives Sicherheitssystem unter Beteiligung der Vereinigten Staaten und der Sowjetunion eingebracht werden. Um der Wiedervereinigung näherzukommen, waren paritätisch besetzte Gremien aus Vertretern der Bundesrepublik und der DDR vorgesehen, die freie Wahlen vorzubereiten hatten. Mit Adenauers Westpolitik war dieser Neutralisierungsplan nicht zu vereinbaren. Die SPD selbst zeigte sich schon drei Tage nach der Veröffentlichung ernüchtert, als Carlo Schmid und Fritz Erler von Moskau »mit hängenden Ohren« (Heinrich Krone) zurückkamen.

Am 13. November 1959 versammelten sich die Sozialdemokraten in Bad Godesberg zu einem Parteitag, der Geschichte machen sollte, denn hier, in unmittelbarer Nähe des Bonner Machtzentrums, paßte sich die Opposition den Realitäten an, die Adenauer und Erhard geschaffen hatten: Aus der Klassen- sollte eine Volkspartei werden – weil sie ihre marxistische Vergangenheit bewältigen wollte, meinten die einen; weil sie die Wähler nur mit dieser Täuschung gewinnen konnte, behaupteten die anderen. Was sich in Godesberg bereits angedeutet hatte, vollzog Herbert Wehner, der vom Kommunismus über den linken Flügel der Partei schließlich auf den rechten gewandert war, ohne auch dort für immer auszuharren: Am 30. Juni 1960 bekannte er sich in einer inzwischen schon historischen Bundestagsrede zur Deutschland- und Außenpolitik Adenauers, die er mehr als zehn Jahre lang – und noch 1959 in seinem Deutschlandplan – scharf bekämpft hatte. »Die Sozialdemokratische Partei Deutschlands geht davon aus,« sagte er, »daß das europäische und das atlantische Vertragssystem, dem die Bundesrepublik angehört, Grundlage und Rahmen für alle Bemühungen der deutschen Außen- und Wiedervereinigungspolitik ist.« Mit dieser Rede und mit ihrem Godesberger Programm hatte die Opposition ihre Neinsagerrolle aufgegeben, hatte sie sich mit dem von Adenauer geprägten Staat abgefunden und ausgesöhnt.

Mit Herbert Wehner

Der dreizehnte August. Die SPD propagierte im Bundestagswahlkampf von 1961 nicht nur ihr neues Programm, sondern auch ihren neuen Spitzenkandidaten Willy Brandt, den Regierenden Bürgermeister von Berlin. Der damals 47jährige, eine europäische Kopie des amerikanischen Präsidenten Kennedy, sammelte auf einer Deutschlandfahrt gerade Sympathien, als SED-Chef Walter Ulbricht am 13. August die Berliner Sektorenübergänge abriegelte und mit dem Bau einer Mauer quer durch die geteilte Stadt begann. Während Brandt sofort nach Berlin flog, brach Adenauer den Wahlkampf nicht etwa ab, sondern fuhr, scheinbar seelenruhig, zur nächstbesten Kundgebung nach Regensburg. Die Deutschen waren fassungslos. Warum eilte er nicht wie alle anderen Politiker nach Berlin? Warum verlangte er nicht von Kennedy, mit Panzern gegen den Mauerbau vorzugehen? Warum ließ er nach einem Gespräch mit Botschafter Smirnow erklären, die deutsch-sowjetischen Beziehungen dürften nicht unter den Ereignissen leiden?

Für Adenauers Verhalten gibt es einige einleuchtende Gründe. Er konnte sich ausrechnen, daß er in Berlin die Lage nicht zu ändern vermochte, und er fürchtete, seine Anwesenheit an der Mauer könnte der Funke im Pulverfaß sein, zumal niemand einen Aufstand in der Zone ausschloß. Ehrenwerte

Willy Brandt
im Bundestag,
1956

Gründe, gewiß, doch kein Grund, den Wahlkampf so fortzusetzen, als wäre nichts geschehen, ja, sogar am 14. August in Regensburg zu erklären: »Meine Damen und Herren, ich bin der Auffassung, wenn einer mit der größten Rücksicht behandelt worden ist von seinen politischen Gegnern, dann ist das Herr Brandt alias Frahm.« Als wäre diese Anspielung auf Brandts uneheliche Herkunft und seine Emigration noch nicht genug, fuhr der Kanzler fort: ». . . die Sozialdemokratie mit ihrer Außenpolitik würde Deutschland den Russen ausliefern, meine Damen und Herren . . .«

Adenauers Popularität sank. Fünf Wochen vor der Wahl antworteten auf die Frage, ob sich Adenauer in der Berlin-Krise richtig verhalten habe, 47 Prozent mit »nicht richtig« und nur 31 Prozent mit »richtig«. Ende August wollten 42 Prozent der Befragten Brandt und nur 31 Prozent Adenauer als Kanzler. Gerhard Schmidtchen meinte: »Das Verhalten der Bundesregierung war einem sozialpsychologischen Zustand angepaßt, in dem es noch kein Fernsehen gab. Aber die Mauer wurde nicht unsichtbar im fernen Berlin, sondern durch die Gegenwart des Fernsehens in Millionen Wohnzimmern errichtet.«

Die vierte Bundestagswahl. Zur Verblüffung der in tiefer Depression vor sich hin brütenden Unionspolitiker trat die befürchtete Katastrophe nicht ein. Zwar fiel der Sieg der CDU/CSU nicht mehr so spektakulär aus wie 1953 und 1957, aber die Union errang nur einen Sitz weniger als acht Jahre zuvor und sogar 0,1 Prozent mehr Stimmen als damals. 45,3 Prozent signalisierten den zweitgrößten Erfolg der CDU/CSU seit 1949. Doch die parteiinternen Gegner des Kanzlers beriefen sich auf den Verlust der parlamentarischen Mehrheit und auf eine Umfrage, nach der mehr Wähler Erhard als Adenauer vertrauten. Der Alte mußte weg! Diese Parole war ganz im Sinne der Freien Demokraten, die ihren Wahlkampf unter der Devise »Mit der CDU, aber ohne Adenauer« geführt und mit 12,8 Prozent ihr bislang bestes Ergebnis erzielt hatten. Demgegenüber verblaßte auch der Achtungserfolg der SPD, die sich auf 36,2 Prozent steigern konnte, während alle anderen Parteien zur Bedeutungslosigkeit herabgesunken waren.
»Erfolge in der Politik erzielt man dadurch, daß man länger sitzen kann als andere«, lautete eine Erkenntnis Adenauers. Diesmal kam es darauf an, beizeiten auf dem politischen Kriegsschauplatz einzutreffen. Gegen 23 Uhr war er am 17. September schlafen gegangen; nun, am Montagmorgen, hielt er schon eine Pressekonferenz ab, während seine Rivalen noch schliefen: Natürlich sei er wieder der Kanzlerkandidat der CDU/CSU. Die Verblüffung war groß, denn immerhin hatten vor dem Wahltag Gespräche zwischen Ludwig Erhard, Eugen Gerstenmaier, Franz Josef Strauß und dem FDP-Vorsitzenden Erich Mende stattgefunden, in denen die Ablösung Adenauers erörtert, wenn

Mit Erich Mende

nicht beschlossen worden war. Doch nach zweimonatigen Verhandlungen mußte sich selbst der widerstrebende FDP-Vorsitzende davon überzeugen, daß an dem 85jährigen kein Weg vorbei führte. Unmerklich erst, dann für alle sichtbar war ein Freier Demokrat nach dem anderen umgefallen. Der alte Kanzler, der auch der neue sein würde, hatte sie nicht zuletzt mit der Drohung in die Ecke getrieben, notfalls auch mit der SPD zu koalieren. Nur Mende wahrte eine Anstandsfrist: Er wollte erst Minister werden, wenn Adenauer seine Zusage eingelöst hatte, in der Mitte der Legislaturperiode zurückzutreten. Das eigentliche Koalitionsopfer war Heinrich von Brentano, den die Freien Demokraten durch einen Staatsminister kontrollieren wollten. Der

Mit Heinrich v. Brentano

Kanzler, der seit längerem argwöhnte, sein Minister setze sich im Auswärtigen Amt nicht durch, wies diese Forderung nicht rundheraus ab – in der Hoffnung, Brentano werde die Konsequenzen ziehen. Am 30. Oktober traf sein Entlassungsgesuch im Palais Schaumburg ein, das postwendend angenommen wurde. Nun war der Weg für den bisherigen Innenminister Gerhard Schröder frei, den die FDP als Außenminister favorisierte und dem auch Adenauer insgeheim zuneigte, weil er sich von ihm eine größere Festigkeit in internationalen Verhandlungen versprach.

Adenauers Charakter. Der nicht ganz freiwillige Rücktritt Brentanos wurde nicht kommentarlos hingenommen. Thomas Dehler empörte sich: »Sie sehen die Infamie des Bundeskanzlers, der seinen treuesten Palladin einfach fallenläßt. Sie sehen die Kälte dieses Mannes, seine treulose Art!« Viele hatte er gekränkt, manche tief verletzt, und einige berichteten nun, mit welchen Mitteln er sie dazu gebracht habe, dies zu tun oder jenes zu lassen. Er war oft nicht wählerisch, hatte nicht selten dunkle Punkte im Leben eines anderen benutzt, um seinen Willen durchzusetzen. Selbst Anneliese Poppinga deutete an, daß er dabei nicht immer Samthandschuhe anzog: »Wenn es sein mußte, führte er eine sehr direkte, harte Sprache, manches Mal gewiß nah an der Grenze der Beleidigung, alles je nach Person und Situation. Er scheute auch vor Bloßstellungen nicht zurück, wenn es nicht anders klappen wollte; doch meistens begnügte er sich damit, seine Widersacher der Lächerlichkeit preiszugeben, aber das ist ja wohl dasselbe.« Horst Osterheld hatte ähnliche Erlebnisse: »Die Urteile über ihn differieren deshalb so, weil sein Verhalten wechselte, weil er sich nicht nur im ›anständigen‹ Feld bewegte, sondern auch in der Nähe des Unerfreulichen, und weil er diese Grenze bisweilen überschritt.« Adenauer selbst gab zu, »die Schwächen anderer ins Kalkül zu ziehen.« Er war sich darüber im klaren, daß »der Beruf eines Politikers für einen Christen nicht gerade förderlich« ist. Aber er fand eine lakonische Entschuldigung: »So recht sind dem Hergott die Menschen eben nicht geglückt. Wären sie dümmer, ließen sie sich leichter regieren. Wären sie klüger, könnte man vernünftiger mit ihnen reden.« Kannte er deshalb »mehrere Arten von Wahrheit, die einfache, die reine und die lautere«?

Unter der viel beklagten Untreue litten seine Minister und die Spitzenpoliti-

Auf der Boccia-Bahn mit den Kardinälen Testa und Wendel und Erzbischof Bafile

ker seiner Partei mehr als seine engen Mitarbeiter, die er gewissermaßen zu seiner Vorfamilie zählte. Widerspruch unter vier Augen war ihm lieber als Beflissenheit. Sein Selbstbewußtsein feite ihn gegen Schmeicheleien; es erlaubte ihm auch, Begabungen neben sich zu dulden, vor denen sich andere hüteten. Aber er ließ sie nicht groß werden; mit Lob und Anerkennung ging er äußerst haushälterisch um. »Man war«, erinnerte sich Osterheld, »eigentlich immer auf Probe.« Unter diesen Umständen genügte Sarkasmus, um sich Respekt zu verschaffen. So sagte Adenauer einmal, als sich seine Sekretärinnen verspätet hatten, lediglich: »Sie brauchen sich an mir nicht zu stören.«

Adenauer haßte Zeitverschwendung, vielen war er allein durch seinen Fleiß überlegen: »Wenn der Bundeskanzler«, berichtete Anneliese Poppinga, »abends gegen 20 Uhr das Palais Schaumburg verließ, meistens war es sehr viel später, nahm er in seiner Aktentasche Papiere, für die er am Tage keine Zeit gefunden hatte, mit nach Rhöndorf . . . Am nächsten Morgen kamen die Akten, mit Weisungen versehen, nach Bonn zurück.« Die bloße Zahl der öffentlichen Äußerungen während seiner Kanzlerschaft vermittelt eine Ahnung von dem, was er leistete: Er hielt in vierzehn Jahren 647 Reden, gab 69 Regie-

rungserklärungen ab und schrieb 152 Zeitungsartikel. Sicherlich konnte er sich dabei auf Material und Vorlagen seiner Mitarbeiter stützen, aber im Gegensatz zu seinen Nachfolgern beschäftigte er keinen »Ghostwriter«; alle Grundsatzreden arbeitete er handschriftlich aus oder diktierte sie.
Nur gelegentlich bedauerte sich Adenauer selbst, und auch in diesen Fällen verbargen sich vermutlich dahinter taktische Überlegungen – wie in einer Rede vor dem CDU-Vorstand am 7. Februar 1962: »Man darf Bundeskanzler sein, man darf alle möglichen Scherereien auf seinem Buckel haben, aber ein Recht auf Grippe hat man nicht! . . . Und wenn ich nun Grippe habe, dann heißt es in gewissen Kreisen: Er ist fertig. – Ich glaube sogar, man wollte Kränze bestellen.« War das ein Appell an die Emotionen der Partei? Der

86jährige wußte, daß das, was ihm in den ersten Jahren der Bundesrepublik manchen Vorteil verschafft hatte, nun sein ärgster Feind wurde – das Alter. Daß sein publizistischer Intimfeind Rudolf Augstein einräumte, er sei eigentlich »physisch präsenter« als früher, half wenig, weil solche Feststellungen aus einem Lager kamen, in dem, wie die Union unterstellte, Erhards Popularität besonders gefürchtet war.

Die »Spiegel«-Affäre. Mit dem »Spiegel«–Herausgeber Augstein legte sich Adenauer gegen Ende seiner Kanzlerschaft auf spektakuläre Weise an. Im Oktober 1962 wurden Augstein sowie seine Redakteure Conrad Ahlers, Johannes K. Engel und Claus Jacoby verhaftet. Im Bundestag fiel Adenauers geflügeltes Wort über einen »Abgrund von Landesverrat«. Besonders verstrickt in den Fall war Verteidigungsminister Franz Josef Strauß, seit langem das Hauptangriffsziel des »Spiegel«. Unter dem Druck einer hochgradig erregten Öffentlichkeit, in der Vergleiche mit der NS-Zeit angestellt wurden, verwickelte sich Strauß immer mehr in Widersprüche und deutete an, Adenauer habe die Aktion gebilligt.

links: Franz Josef Strauß bei der Gratulationscour anläßlich des 84. Geburtstages von Konrad Adenauer. In der Mitte General Kammhuber

unten: Mit Paul Lücke

Am 20. November war aus der »Spiegel«-Affäre eine Regierungskrise geworden: Die FDP, deren Justizminister Wolfgang Stammberger sich übergangen fühlte, zog ihre fünf Minister aus dem Kabinett zurück. War damit auch Adenauers Kanzlerschaft beendet? Am 26. November meldete sich Wohnungsbauminister Paul Lücke im Palais Schaumburg und regte Verhandlungen über eine Große Koalition an, die noch am selben Tag zwischen ihm und Herbert Wehner begannen. Ausgangspunkt war die Überlegung, durch die Einführung eines Mehrheitswahlrechtes, wie es Adenauer schon 1956 geplant hatte, im Bundestag klare Verhältnisse zwischen Regierung und Opposition zu schaffen. Für Adenauer bot sich daneben die Chance, seine Kanzlerschaft zu retten und vielleicht die Zusage zu annullieren, in der Mitte der Legislaturperiode zurückzutreten. Wehner dagegen sah die Möglichkeit, nach einer schwarz-roten Koalition eine rot-schwarze und schließlich eine SPD-Alleinregierung zu bilden. Schon am 29. November überbrachte der CSU-Abgeordnete Karl Theodor Freiherr zu Guttenberg dem stellvertretenden SPD-Vorsitzenden die Nachricht, der Kanzler sei zu einem Bündnis bereit. Wehner hatte es freilich schwer, seine Parteifreunde zu überreden, Adenauers Angebot anzunehmen. Als sich der Widerstand der unversöhnlichen Gegner Adenauers in der SPD verstärkte, blieb dem Kanzler nichts anderes übrig, als sich erneut mit der FDP zu verbünden, die den Kopf von Strauß forderte und auch erhielt. Weit schwerer fiel es Adenauer, sein Rücktrittsversprechen zu wiederholen. Aber am 7. Dezember 1962 fügte er sich, um wenigstens noch ein Projekt zum Abschluß zu bringen, das ihm besonders am Herzen lag.

Die Aussöhnung mit Frankreich. Die Zeit verrann zwischen Aktendeckeln und Koalitionshändeln, zwischen Kabinettssitzungen und Parlamentsdebatten. Konrad Adenauer tat seine Pflicht, aber seine Gedanken kreisten um den Plan, der ihn mehr als vier Jahrzehnte lang in immer neuen Varianten beschäftigt hatte, die Aussöhnung mit Frankreich. War er ein Karolinger, wollte

Weihnachten in Rhöndorf

er mit seinen katholischen Nachkriegspartnern Schuman und de Gasperi das christliche Abendland in den Grenzen des großen Frankenkaisers restaurieren? In Wahrheit war Adenauer klerikale Politik zuwider, so wie er es nicht mit seiner Würde vereinbaren konnte, einen Bischofsring zu küssen. »Das ist mir zu unhygienisch«, soll er einmal, fast schnippisch, gesagt haben. Hans Maier entdeckte bei ihm eine »persönliche, ganz aufs Praktische gerichtete Frömmigkeit«. Er lebte »in seinem Familienkreis in Rhöndorf im sichernden Rhythmus kirchlicher Feste und Gebräuche«, aber er unterdrückte keineswegs »gelegentliche herbe Äußerungen der Kirchenkritik«. Hermann Ehlers, Gerstenmaiers Vorgänger als Parlamentspräsident, spottete: »Die alte Regel, daß unsere katholischen Brüder vom Kardinal aufwärts Protestanten sind, gilt auch für Adenauer.«

Nicht Glaubenseifer also, sondern die europäischen Selbstmordversuche von 1914 und 1939 bestimmten den Kanzler bei seinen Annäherungsversuchen an Frankreich. Doch seit 1958 hatte er es mit einem Partner zu tun, der stärker als er in den nationalen Kategorien des 19. Jahrhunderts dachte und der sich sein »Europa der Vaterländer« nur unter der Vorherrschaft Frankreichs vorzustellen vermochte. Adenauer war seit der ersten Begegnung in Lothringen oft mit de Gaulle zusammengetroffen; häufig, häufiger als nach außen drang, hatte er mit ihm gehadert, nicht selten mußte er das Talent eines Seiltänzers aufbringen. Obwohl das Verhältnis nicht frei von Mißverständnissen und Selbsttäuschungen war, entwickelte sich zwischen dem deutschen Kanzler und dem französischen Präsidenten eine Atmosphäre der Freundschaft.

Diese Freundschaft wurde in einem Augenblick gestiftet, in dem die deutsch-amerikanischen Beziehungen sich verschlechterten. Das »besondere Verhältnis« zwischen Bonn und Washington überlebte den Tod von John Forster Dulles nicht. Schon aus persönlichen Gründen waren seine Nachfolger nicht so eng mit der Bundesrepublik verbunden wie dieser von der Idee der menschlichen Freiheit besessene Protestant, der 1919 als Berater des US-Präsidenten Wilson und in den zwanziger Jahren als Rechtsanwalt die europäischen, vor allem die deutschen Probleme kennengelernt hatte. Die atlantische Orientierung Adenauers wurde aber auch wegen der amerikanischen Entspannungspolitik fragwürdiger, weil Washington nun ohne allzu viele Rücksichten auf die europäischen Verbündeten den Ausgleich mit Moskau suchte. An die Stelle von Dulles trat bei Adenauer de Gaulle, der, wenn auch anders motiviert, die Meinung des Kanzlers teilte, daß gegenüber der Sowjetunion so lange eine harte Haltung angebracht war, wie der Kreml westliche Zugeständnisse nicht mit gleichwertigen russischen honorierte. In der Hoffnung, daß den Deutschen die Wahl zwischen Amerika und Frankreich erspart bleiben würde, setzte der Kanzler nach dem 13. August 1961 immer stärker auf die französische Karte. Die Formel von der »dritten Kraft« bürgerte sich auch bei ihm ein, ein Hang zum »europäischen Nationalismus« wurde deutlich.

Mit Charles de Gaulle in Bonn

Der General, der sein eigener Zeremonienmeister und Protokollchef war, wollte die deutsch-französische Aussöhnung zelebrieren. Als Adenauer am 2. Juli 1962 zu einem Staatsbesuch in Paris eintraf, erwartete ihn dort ein symbolträchtiges Programm, dessen voller Glanz sich freilich nicht in der Hauptstadt, sondern erst in der Provinz entfaltete – in einem Hochamt in der Kathedrale von Reims und bei einer deutsch-französischen Parade auf dem Truppenübungsplatz von Mourmelon. War die deutsch-französische Versöhnung, die da gefeiert wurde, zugleich die Stunde einer deutsch-französischen Gemeinschaft? Würde die Zeit den Rest besorgen? Adenauer war so optimistisch nicht; hinter dem feierlichen Vorhang der Geschichte, den de Gaulle vor die Vergangenheit gezogen hatte, wollte er die politischen Weichen stellen: Am 4. Juli schlug er dem General in einem Gespräch unter vier Augen ein »Konsultationsarrangement hinsichtlich aller Ereignisse« vor, »die die kommunistische Gefahr« betrafen.

Beim Gegenbesuch de Gaulles in der Bundesrepublik vom 4. bis 9. September wurde vereinbart, »praktische Maßnahmen zu ergreifen, um die Bande wirksam zu verstärken, die bereits auf zahlreichen Gebieten bestehen.« Diese nüchterne Formulierung bedeutete politisch noch mehr als die Begeisterung, die dem Staatspräsidenten auf allen Stationen seiner triumphalen Reise durch Deutschland entgegenbrandete. Niemals seit der Fußballweltmeisterschaft, die die deutsche Nationalmannschaft 1954 in Bern gegen Ungarn gewann, hatten die Deutschen sich so einig mit sich selbst gefühlt wie bei dem Besuch des imposanten und imponierenden Franzosen, der ihr großes Volk hochleben ließ, der ihnen in ihrer eigenen Sprache mit der Diktion des europäischen Führers schmeichelte. Und im Gegensatz zu dem sportlichen Ereignis acht Jahre zuvor galt der Jubel diesmal einem Ziel, das jenseits der nationalen Grenzen lag.

Die politische Union Europas, ihr deutsch-französischer Kern jedenfalls, so

rechte Seite: Reims 1962

mochte man glauben, lag nun zum Greifen nahe. Wie am 9. Mai 1950, als Schumans Brief mit dem Vorschlag einer Montan-Union in Bonn eintraf, war Adenauer euphorisch, beherrschte ihn ein Gefühl des Triumphes. Aber wie damals war er auf der Hut, sich seinen Gefühlen auszuliefern: Nicht er durfte die Konsequenzen ziehen, insbesondere nicht öffentlich – er mußte das dem Generalpräsidenten überlassen. Die Rechnung ging auf. Schon zehn Tage nach der Abreise de Gaulles legte die französische Regierung den Entwurf eines Protokolls vor, der das deutsch-französische Sonderverhältnis skizzierte. Auf dieser Grundlage wurde ein deutsch-französischer Vertrag ausgearbeitet, bei dessen Unterzeichnung am 22. Januar 1963 sich im Salon Murat des Pariser Elysée-Palastes jener Vorgang ereignete, der die Erinnerung an die Erbfeindschaft zwischen Deutschen und Franzosen auslöschte: Mit weit geöffneten Armen ging der General auf den Kanzler zu, umarmte ihn und küßte ihn auf beide Wangen. Sekundenlang hielten sich die beiden alten Männer umschlungen. Sie waren, stellvertretend für viele Millionen, am Ende einer Wegstrecke angelangt, an der die Toten aus vier Jahrhunderten lagen, gestorben für eine Sache, die nicht die ihre gewesen ist.

Die Unterzeichnung
des deutsch-französischen
Freundschaftsvertrages

Die letzten Monate im Palais Schaumburg. Nur kurz nach der denkwürdigen Szene in Paris holte der graue Alltag die europäischen Zukunftsvisionen wieder ein. Am 29. Januar, nicht einmal eine Woche nach der Unterzeichnung des Elysée-Vertrages, schlug Frankreich gegen den erklärten Willen der Bundesrepublik den Engländern die Tür nach Europa vor der Nase zu. Damit verflog in Bonn auch die positive Stimmung gegenüber de Gaulle; Adenauer mußte hilflos zusehen, wie der Bundestag den Sinn des deutsch-französischen Vertrages am 16. Mai in einer Präambel mit atlantischen und probritischen Beschwörungsformeln aushöhlte. Er hatte diese Manifestation des Mißtrauens vorausgesehen und de Gaulle eindringlich gebeten, in der England-Frage wenigstens zeitlich anders zu taktieren. Aber der kompromißlose Franzose war nicht umzustimmen gewesen – im Gegenteil, er hatte sein Veto gegen den Beitritt Großbritanniens zur EWG schon acht Tage vor der Unterzeichnung des Freundschaftsvertrages mit Deutschland angekündigt. Nur mit Mühe gelang es Adenauer, seine Partei davon zu überzeugen, daß der Vertrag trotzdem unterzeichnet werden müßte. Sie gab nach, weil sie ihm das heiß ersehnte Abschiedsgeschenk nicht verweigern wollte.

Freilich, Adenauer war Rückschritte gewöhnt. Vielleicht gelang ihm im Osten, was im Westen auf stets neue Schwierigkeiten stieß? Schon am 7. Dezember 1961 hatte er verraten, für den Rest seines Lebens halte er es für das Wichtigste, das Verhältnis zu Rußland »in eine erträgliche Ordnung« zu bringen. Am 6. Juni 1962 bot er der Sowjetunion insgeheim einen zehnjährigen Burgfrieden für den Fall an, daß die Menschen in der DDR freier leben könnten. Die sowjetische Antwort fiel zwar negativ aus, aber der Kanzler ließ nicht locker. Am 9. Oktober sagte er in einer Regierungserklärung, die Bundesregierung sei bereit, »über vieles mit sich reden zu lassen, wenn unsere Brüder in der Zone ihr Leben so einrichten können, wie sie wollen. Menschliche Überlegungen spielen hier für uns eine größere Rolle als nationale.« Diese Erklärung wirkte deshalb sensationell, weil es Adenauer strikt vermieden hatte, über das Burgfriedensangebot, die Österreich-Lösung und den Globke-Plan etwas verlauten zu lassen. Viele Aktivitäten wurden erst nach seinem Rücktritt bekannt, einige Initiativen erst nach seinem Tode.

Botschafter Smirnow

Als die Sowjets den ihnen im Oktober 1962 zugespielten Ball nicht auffingen, wiederholte Adenauer am 6. Februar 1963 seine Offerte. Am 25. Juni meldete Botschafter Smirnow, Chruschtschow sei bereit, zu Gesprächen mit dem Kanzler nach Bonn zu kommen. Zum ersten Male seit acht Jahren zeichnete sich die Möglichkeit zu persönlichen Verhandlungen mit dem Parteichef ab, ohne daß die Sowjets Vorbedingungen gestellt hatten. Den ganzen Sommer lang wurde sondiert. Weshalb auch dieser letzte Versuch scheiterte, erklärte Adenauer in seinen Memoiren mit dem bevorstehenden Kanzlerwechsel: »Es wurde die Befürchtung geäußert, ich wolle diese Angelegenheit benutzen, um länger im Amt zu bleiben, und ich konnte deshalb nicht mit der erforderlichen Unterstützung rechnen.«

Daß er in der deutschen Frage keinen Schritt weitergekommen war, daß das deutsch-französische Verhältnis unter der England-feindlichen Politik de Gaulles und der Bonner Reaktion darauf gelitten hatte – berührte es ihn noch? Daß sein Außenminister Gerhard Schröder mit der Unterzeichnung eines

Empfang von John F. Kennedy. Hinter Adenauer links Dean Rusk, rechts Gerhard Schröder

deutsch-polnischen Handelsvertrages am 7. März eine neue, aktivere Ostpolitik einleitete – erinnerte ihn das an seine Rede vom 1. September 1959, in der er von dem Bestreben gesprochen hatte, »Verständnis, Achtung und Sympathie zwischen dem heutigen Deutschland und dem polnischen Volk zu begründen, damit auf diesem Boden dereinst eine wahre Freundschaft erwachse«? Daß Präsident Kennedy bei seinem Deutschlandbesuch im Juni ebenso gefeiert wurde wie ein Jahr vorher de Gaulle – bestätigte das nicht seine Skepsis gegenüber dem politischen Gespür des eigenen Volkes? Kennedy hatte in letzter Minute versucht, den Abschluß des deutsch-französischen Vertrags zu verhindern. Danach forderte er die Bundesregierung in einem »schulmeisterlichen und arroganten Brief« (Heinrich Krone) auf, sich zwischen Washington und Paris zu entscheiden. All das bestärkte Adenauer in seinem Mißtrauen gegen den Präsidenten, dem er seit seinem ersten Treffen nicht persönlich nähergekommen war, obwohl sich Kennedy wiederholt bemühte, »mir einige Freundlichkeiten zu sagen«.

Am 4. März hatten der geschäftsführende CDU-Vorsitzende Josef Hermann Dufhues und Fraktionschef Heinrich von Brentano den Bundeskanzler an sein Versprechen gemahnt, im Laufe des Jahres zurückzutreten. Zugleich bedrängten sie ihn, sich, wenigstens äußerlich, mit Ludwig Erhard, dem Weggefährten vieler Jahre, zu versöhnen.

Er wußte seit langem, daß sich viele seiner Parteifreunde das Kanzleramt zutrauten und daß man ihn los sein wollte. Und er merkte wohl auch, daß die Union in Erhard einen Übergangskanzler sah, hinter dem erst die wirklichen

Diadochen lauerten. Er hätte die Macht gern festgehalten. »Das war natürlich«, sagte Golo Mann über Bismarck, »die Macht ist eine Droge, die freiwillig aufzugeben den wenigsten je gelungen ist.« Adenauer kannte Bismarcks Schicksal zu genau, um daraus nicht zu lernen. Er gab nach. Vielleicht hat ihm auch Horst Osterheld damals gesagt, was er später schrieb: ». . . diejenigen, die 1963 noch zu Adenauer hielten . . . hätten in der kleinen Pfarrkirche von Rhöndorf Platz gehabt.«

Sieben Wochen, nachdem Dufhues und Brentano Adenauer den Rücktritt abgerungen hatten, machte er im Fraktionsvorstand der Union einen letzten Ausfall: Gab es tatsächlich nur einen Kanzlerkandidaten? Was war mit Brentano, Krone, Schröder? Schließlich hatten in einer demoskopischen Untersuchung auf die Frage, wer der nächste Kanzler werden solle, im April 1963 nur noch 39 Prozent gegenüber 54 Prozent im Dezember 1961 mit Erhard geantwortet. Schröder dagegen, den 1961 nur 3 Prozent als Nachfolger Adenauers wünschten, wurde 1963 von 23 Prozent genannt. Wußte das die Union? Wenn sie es wußte, dann verdrängte sie ihr Wissen in der Furcht, es könne dem gewitzten Taktiker Adenauer im letzten Moment doch noch gelingen, sich aus der Schlinge zu ziehen.

So kam es, daß Erhard am 22. April von der gemeinsamen Bundestagsfraktion der Unionsparteien als Kanzlerkandidat nominiert wurde. Auch der Tag des Kanzlerwechsels, der 15. Oktober 1963, wurde bestimmt. Adenauer raffte sich zu einer versöhnlichen Geste gegenüber Erhard auf. Seine Ära war zu Ende, aber seine Geschichte noch nicht.

Der Abschied

Ein stummes Denkmal? Kerzengerade stand Konrad Adenauer am 15. Oktober 1963 zum letzten Male auf seinem Platz als Bundeskanzler im Plenum des Deutschen Bundestages. 35 Minuten lang hörte er stehend die Laudatio des Parlamentspräsidenten Eugen Gerstenmaier, der zum Schluß sagte: »Am 15. September 1949 haben Sie sich hier von Ihrem Abgeordnetensitz erhoben, um den Platz des Bundeskanzlers der Bundesrepublik Deutschland einzunehmen. Heute verlassen Sie ihn wieder mit einer geschichtlichen Leistung, ungebeugt und in Ehren. Damals standen Sie auf und traten vor das Haus. Heute steht der Deutsche Bundestag vor Ihnen auf, Herr Bundeskanzler, um für das deutsche Volk dankbar zu bekunden: Konrad Adenauer hat sich um das Vaterland verdient gemacht.« Nachdem sich die Abge-

Dankrede von Eugen Gerstenmaier im Deutschen Bundestag

Entgegnung des scheidenden Kanzlers. Auf der Regierungsbank der Nachfolger Ludwig Erhard und Gerhard Schröder

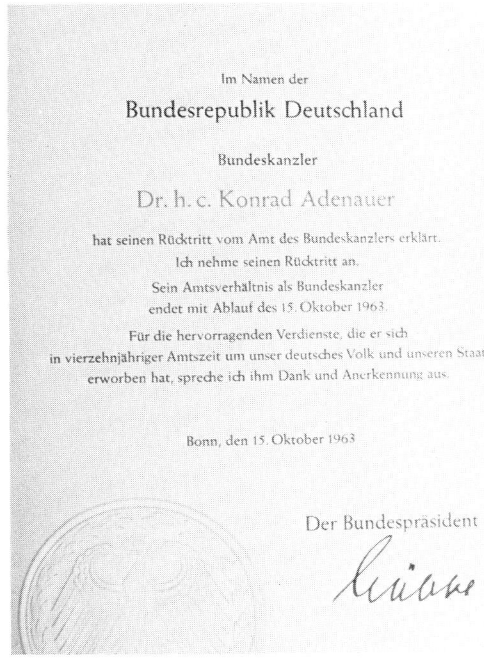

Im Namen der

Bundesrepublik Deutschland

Bundeskanzler

Dr. h. c. Konrad Adenauer

hat seinen Rücktritt vom Amt des Bundeskanzlers erklärt.
Ich nehme seinen Rücktritt an.
Sein Amtsverhältnis als Bundeskanzler
endet mit Ablauf des 15. Oktober 1963.

Für die hervorragenden Verdienste, die er sich
in vierzehnjähriger Amtszeit um unser deutsches Volk und unseren Staat
erworben hat, spreche ich ihm Dank und Anerkennung aus.

Bonn, den 15. Oktober 1963

Der Bundespräsident

Die Familie Adenauer auf der Zuschauertribüne des Bundestages

Abschiedsparade der Bundeswehr mit Kai-Uwe v. Hassel und General Foertsch

ordneten, auch die der Opposition, zu Ehren Adenauers erhoben hatten, sagte der scheidende Kanzler: ». . . ich werde zuhören, ich hoffe, wenig zu sprechen.« Drei Tage zuvor war ihm als erstem Deutschen seit Bismarck von Papst Paul VI. der Christusorden verliehen worden, der im allgemeinen Staatsoberhäuptern vorbehalten ist.

Würde er das stumme, eherne Denkmal sein, das sich seine Parteifreunde erhofften? Wenige Stunden nach der feierlichen Sitzung des Bundestages sagte er Walter Henkels bei einem Abschiedsempfang in der Bonner Beethovenhalle: »Ich gehe nicht frohen Herzens.« Aber am nächsten Tage, bei der Kanzlerwahl Erhards, zeigte er demonstrativ seinen Stimmzettel, auf den er klar und deutlich »Ja« geschrieben hatte. Seine Stimmung wechselte in diesen Tagen beinahe stündlich. »Alle Menschen«, hatte er an seinem 85. Geburtstag gesagt, »die ich kannte, die mir lieb waren, meine beiden Frauen, meine Freunde, sind tot. Es ist keiner geblieben. Es ist ein trauriger Tag.« Ähnliche Gefühle bewegten ihn wohl auch, als er am Spätnachmittag des 18. Oktober Abschied vom Palais Schaumburg nahm. Bedrückt bezog er am nächsten Tage wieder die Räume des Bundeshauses, die er schon als Präsident des Parlamentarischen Rates 1948/49 benutzt hatte.

Dort besuchte ihn die amerikanische Journalistin Marguerite Higgins, der Adenauer seine Sorgen über das Verhältnis Bonn-Washington anvertraute. Seine Äußerungen wurden publiziert, und SPD-Sprecher Franz Barsig fragte süffisant, wer denn eigentlich die Richtlinien der deutschen Politik bestimme und ob in der Bundesrepublik eine Nebenregierung existiere?

Der Christusorden

Adenauers »Erinnerungen«. Der Altkanzler hatte sich vorgenommen, ein fleißiger Parlamentarier zu werden. Weder Plenarsitzungen des Bundestages noch Fraktionssitzungen der CDU/CSU wollte er versäumen. Aber die meiste Zeit plante er für die Parteiarbeit und für die Niederschrift seiner Memoiren ein, deren deutsche Ausgabe bei der Deutschen Verlags-Anstalt in Stuttgart

unten links: Bei der Niederschrift der »Erinnerungen«

unten rechts: Eine Leserin – Liselotte Pulver

Auf dem Weg zum Arbeitspavillon

erscheinen sollte, während der Pariser Verlag Hachette die fremdsprachigen Rechte erworben hatte. Vorgesehen waren zunächst zwei Bände. Im ersten, so versprach er, würde die Zeit bis 1945 geschildert, im zweiten die Zeit von 1945 bis zu seinem Rücktritt. Später wurden aus zwei Bänden vier. Der letzte Band mit den Ereignissen von 1959 bis 1963 ist nicht mehr fertig geworden; er erschien 1968 und enthält Skizzen, Grundlagen für das Manuskript. Auch die Zeit bis 1945 hat Adenauer nicht mehr behandeln können, denn auf Wunsch seiner Verleger begann er mit der Niederschrift seiner »Erinnerungen« an die Nachkriegszeit.

Bei den Vertragsverhandlungen war der Autor, um eines seiner Lieblingsworte zu benutzen, nicht »pingelig« gewesen. Nach Vertragsschluß entschädigte er die Verleger, indem er unbekannte Geschichten aus seiner Kanzlerzeit erzählte, was manche Indiskretion in seinen »Erinnerungen« erwarten ließ. Diese Erwartung trog. Trotzdem erreichte allein die deutsche Ausgabe seiner Memoiren eine Auflage von einer halben Million Exemplaren. Adenauers Honorar entsprach denn auch dem literarischer Bestsellerautoren wie Heinrich Böll und Günter Grass.

Adenauer hatte es nicht nur strikt abgelehnt, sich an den Memoiren anderer Staatsmänner zu orientieren, sondern auch aufbegehrt, als ihm der Pariser Verleger nach Durchsicht der ersten Kapitel nahelegte, einen Schriftsteller oder Journalisten zur stilistischen Bearbeitung heranzuziehen: »Ich schreibe das, was ich zu schreiben habe, und wenn einem der Stil nicht paßt, braucht er es ja nicht zu lesen!« Selbst die Hilfe eines Tonbandgerätes verschmähte er: »Der Autor«, berichtete Anneliese Poppinga, »diktierte lieber ins Stenogramm . . . bei besonders wichtigen Passagen zog er es vor, sie mit der Hand zu schreiben.« Erst als er im August 1964 für zwei Monate nach Cadenabbia zog, wurden die ersten Kapitel fertig. Nachdem man sich darauf geeinigt hatte, die Nachkriegszeit in mehreren Bänden zu behandeln, arbeitete Adenauer konzentrierter. Am 12. Juni 1965 wurden die letzten Manuskripte für den ersten Band abgeliefert, der dann zur Frankfurter Buchmesse erschien.

Sommerresidenz Cadenabbia. Im Sommer 1964 war Adenauer zum dreizehnten Male in Cadenabbia. Dieses Städtchen am Comer See, wo Stendhal seinen Roman »Die Kartause von Parma« geschrieben haben soll, war seit 1957 so etwas wie eine Sommerresidenz der Bundesrepublik. Während Adenauers Kanzlerschaft wurde hier ein Beamtenstab tätig, um die Verbindung mit Bonn aufrechtzuerhalten und dringende Regierungsgeschäfte zu erledigen. Pressekonferenzen fanden statt, Politiker und Diplomaten wurden empfangen. Auch die Familie stellte sich ein. In dem ironisch »Cadenossia« genannten Urlaubsort ging es lockerer zu als in Bonn oder Rhöndorf, wo sich

In Cadenabbia, 1958 und 1960

Mit Tochter
Ria Reiners, 1958

die Verwandtschaft nur am Geburtstage Adenauers oder am zweiten Weihnachtsfeiertag versammelte. In der milden Luft Oberitaliens erlaubte sich der sonst immer korrekt nach der vorletzten Herrenmode Gekleidete Kuriositäten wie den Pepita-Hut aus New York, aber er »explodierte« auch leichter.
Im April 1966, während seines letzten Urlaubs am Comer See, porträtierte ihn Oskar Kokoschka. Der 90jährige wirkte ausgelassen, ja seltsam heiter: »Tizian wurde über 100 Jahre alt, und ich habe noch gar nicht angefangen zu malen.« Am 19. April 1966 mittags signierte der für sein visionäres Röntgenauge bekannte Maler das Porträt. »Genau auf den Tag,« heißt es in seinen Lebenserinnerungen, »ein Jahr, nachdem ich das Bild beendet hatte, ist dieser Mann, der mir in Freundschaft so nahe gekommen war, gestorben.«

Zwischen Oskar Kokoschka (rechts)
und Eugen Gerstenmaier

OK

Adenauers letzter Kampf. »Es ist«, so rief sich Adenauer nach seinem Rücktritt selbst zu, »immer Zeit für einen neuen Anfang.« Er empfand es als Genugtuung, daß er am 25. Februar 1964 wieder einstimmig als Kandidat für den CDU-Bundesvorsitz nominiert wurde, den er erst am 23. März 1966 niederlegte. Die politische Entwicklung freilich bereitete ihm Kummer: »Wohin treibt das Ganze? Die Außenpolitik? Und die Entwicklung der Partei?«
Seine größte Sorge galt dem Verhältnis mit Frankreich; er verschwieg sie nicht, als ihn de Gaulle am 3. Juli 1964 im Bundeshaus besuchte. Das Gespräch dauerte länger als vorgesehen. Mit großer Verspätung traf der General bei Erhard ein und unterbreitete ihm das Angebot: Sollten sich Frankreich und die Bundesrepublik nicht auf allen Gebieten vereinigen und die Führung Europas übernehmen? Der Gedanke einer deutsch-französischen Union lag in der Luft. Erhard und sein Außenminister Schröder lehnten in der Befürchtung ab, sich damit den Pariser Vormachtplänen auszuliefern und die Beziehungen mit Amerika aufs Spiel zu setzen. Der General war tief enttäuscht und sagte am nächsten Tag zu Adenauer, die deutsch-französische Ehe sei zwar geschlossen, aber er fahre als Jungfrau nach Paris zurück.

linke Seite:
Lithographie von
Oskar Kokoschka, 1966

Hatten sich in Adenauers letzten Kanzlerjahren die deutsch-amerikanischen Beziehungen merklich abgekühlt, so waren nun die deutsch-französischen auf einem Tiefpunkt angelangt. Die Konsultationstreffen zwischen den Regierungen in Bonn und Paris erstarrten »zu einem freudlosen Ritual« (Waldemar Besson).

Um die Bundesrepublik in den west-östlichen Entspannungsprozeß einzugliedern, brachte Gerhard Schröder sowohl die atlantischen Bindungen wie die osteuropäischen Interessen der Bundesrepublik stärker zur Geltung, was zur Vernachlässigung der zuletzt beinahe exklusiven Frankreich-Politik Konrad Adenauers führte. Dessen Außenpolitik stand stets unter einem europäischen Vorbehalt; Schröder dagegen betonte, auch von de Gaulles Haltung dazu animiert, die nationale Komponente. Der Konflikt zwischen dem Altkanzler, der in Schröder einen der bedeutendsten politischen Köpfe der Bundesrepublik respektierte, und dem Außenminister, der in Adenauer den Klassiker der deutschen Nachkriegspolitik verehrte, war unausweichlich, so daß es bald hieß, die CDU/CSU stelle nicht nur die Regierung, sondern auch die Opposition.

Mit Charles de Gaulle, 1963

De Gaulle zauderte nicht mit Sympathiebeweisen für seinen deutschen Freund: Am 9. November 1964 wurde Adenauer Mitglied der Pariser »Akademie der moralischen und politischen Wissenschaften« – als erster Deutscher seit 1865. Ein halbes Jahr später stürzte sich Adenauer in den Bundestagswahlkampf, obwohl er im Sommer in Cadenabbia drei Rippen gebrochen hatte. Am 19. September 1965 fragte mancher Kommentator, ob die Union 47,6 Prozent trotz oder wegen Adenauers Einsatz errungen hatte.

Am 19. Oktober 1965 eröffnete er als Alterspräsident die erste Sitzung des fünften Deutschen Bundestages mit der üblichen Frage, ob ein älterer Abgeordneter anwesend sei. Als sich erwartungsgemäß niemand meldete, meinte er: »Meine Damen und Herren, ich stelle fest, daß ich – ganz offenbar – einzig bin!« Das Ende der Regierung Erhard verfolgte er im November 1966 vom Krankenbett aus: »Wäre ich jetzt in Bonn, das würde nur dem Erhard nützen. Dann hieße es ja doch, dahinter steckt natürlich der Adenauer.« Bis zuletzt hielt er daran fest, daß Ludwig Erhard – er schrieb stets »Erhardt«! – keine Kanzlerqualitäten besitze. Die Große Koalition begrüßte er unter der Voraussetzung, daß sie auf Zeit geschlossen werde.

Als Abgeordneter bei der Wahl von Kurt Georg Kiesinger zum Bundeskanzler

Mit Kurt Georg Kiesinger

Das letzte Jahr. Als Adenauer am 5. Januar 1966 seinen neunzigsten Geburtstag feierte, erreichten ihn 35 000 schriftliche Glückwünsche aus allen Teilen und allen Bevölkerungsschichten Deutschlands. Tausende drängten sich zu den Geburtstagsempfängen. Der Jubilar scherzte bitter: »90 Jahre, das ist eine Last . . . wie eine Art Museumsstück . . . Aber ich werde denen sagen: 90 Jahre. Und nur zweimal im Gefängnis!«

Sein Weg war noch nicht zu Ende. Am 2. Mai 1966 fuhr er zu einem Besuch nach Israel. Die Wiedergutmachung am jüdischen Volk war ebenso wie die deutsch-französische Aussöhnung eines jener Ziele, die Konrad Adenauer jenseits aller taktischen Überlegungen über Jahre hinweg hartnäckig verfolgt hatte. Seit dem deutsch-israelischen Wiedergutmachungsabkommen von 1952 und insbesondere seit seinem historischen Gespräch mit Ben Gurion 1960 in New York wußten auch viele Israelis, daß es ihm damit ernst war. Dennoch wurde er in Israel nicht nur freundlich empfangen. Als Ministerpräsident Eschkol in einer Tischrede sagte, es gäbe »keine Sühne für die Greuel und keinen Trost für unsere Trauer«, reagierte er empört. Nur mit Mühe gelang es den Israelis, den 90jährigen davon abzuhalten, sofort abzureisen. Bei Ben Gurion im Kibbuz Sde Boker widerfuhr ihm Gerechtigkeit: »Sie haben der Welt ein Beispiel gegeben, daß Völker sich einander nähern können, ohne dabei ihre eigene Vergangenheit zu leugnen.«

Seine letzte große Reise führte ihn am 14. Februar 1967 nach Spanien, wo er in einer außenpolitischen Rede die Europäer ermahnte, sich endlich zusammenzuschließen. Auf der Rückreise besichtigte Adenauer in Paris Schätze aus

Konrad Adenauer an seinem 91. Geburtstag mit Helmut Kohl

links: Mit David Ben Gurion, 1960

der Grabkammer des Pharao Tut-ench-Amun. Dazu gehörte die Figur eines altägyptischen Schreibers. Wer seine ausgestreckte Hand ergreift, so eine alte Legende, den holen die Götter bald zu sich. Gab Adenauer ihm die Hand? Als Anneliese Poppinga ihm diese Frage stellte, beobachtete sie an ihm »ein merkwürdiges Lächeln«. Tags darauf sah er de Gaulle zum letzten Male.

Am 12. April 1967, einem Mittwoch, meldete die Deutsche Presse-Agentur kurz nach 18 Uhr: »Konrad Adenauer ist an einem grippalen Infekt mit einer Bronchitis erkrankt, die den Gesamtorganismus belasten. Die Behandlung leitet Professor Adolf Heymer.« Da der Altkanzler seit 1949 immer wieder unter den gleichen Beschwerden litt, ließ nur der Name des behandelnden Arztes, des Direktors der Medizinischen Universitätsklinik Bonn, aufhorchen. Tatsächlich führte die Erkrankung »zu einer fortschreitenden Verschlechterung des Allgemeinzustandes«. Die Deutschen in Ost und West verfolgten den Todeskampf des 91jährigen in einer seltsamen Mischung aus Anteilnahme und Unruhe. Noch einmal zogen die Bilder des Wiederaufbaus und Wiederaufstiegs ihres Landes an ihnen vorüber – untrennbar mit seinem Namen verbundene Bilder. Würde die Ordnung Bestand haben, die er hinterließ? »Kein Grund zum Weinen«, hatte er selbst seine Familie getröstet. Am 19. April hörte sein Herz auf zu schlagen, Konrad Adenauer war tot.

Horst Osterheld schrieb: ». . . als ihn am Osterdienstag jenes Jahres die erste Herzattacke traf, wollte Adenauer letztlich nicht mehr. . . . Als ich ihn auf dem Sterbebett sah, drei Stunden nach dem Tod, war er ganz bleich, fast weiß. Sein Gesicht war schmal, wie ich es nie gekannt.« Auch Eugen Gerstenmaier sah ihn so: »Er war schmal geworden und sehr, sehr alt. Viel älter, als wir ihn je gekannt haben . . . Sein Arbeitstag war, auch als er aus dem Kanzleramt geschieden war, noch immer so lang, . . . daß keiner von uns auf den Gedanken kam, er sei ein Greis. Jetzt, im Sarg erst, sah man unverhüllt, wie sehr Konrad Adenauer seine große und kraftvolle Natur bis auf das letzte im Dienste seiner Berufung ausgeschöpft hat.«

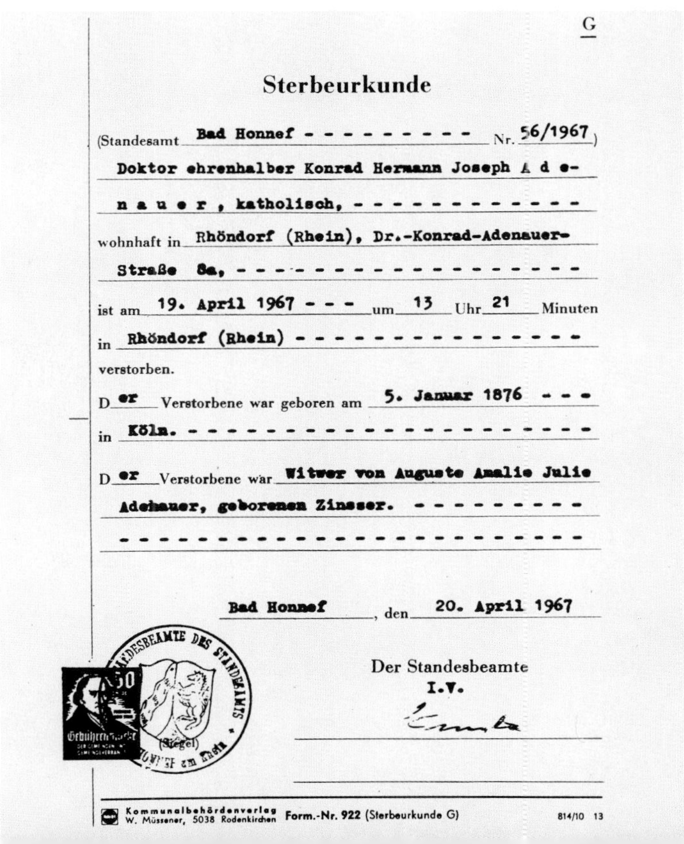

G

Sterbeurkunde

(Standesamt Bad Honnef - - - - - - - - - Nr. 56/1967)

Doktor ehrenhalber Konrad Hermann Joseph A d e n a u e r , katholisch, - - - - - - - - - - - -

wohnhaft in Rhöndorf (Rhein), Dr.-Konrad-Adenauer-Straße 8a, - - - - - - - - - - - - - - - - -

ist am 19. April 1967 - - - um 13 Uhr 21 Minuten

in Rhöndorf (Rhein) - - - - - - - - - - - - - - -

verstorben.

Der Verstorbene war geboren am 5. Januar 1876 - - -

in Köln. -

Der Verstorbene war Witwer von Auguste Amalie Julie Adenauer, geborenen Zinsser. - - - - - - - - -

- -

Bad Honnef, den 20. April 1967

Der Standesbeamte
I.V.

(Siegel)

Kommunalbehördenverlag W. Müssener, 5038 Rodenkirchen Form.-Nr. 922 (Sterbeurkunde G) 814/10 13

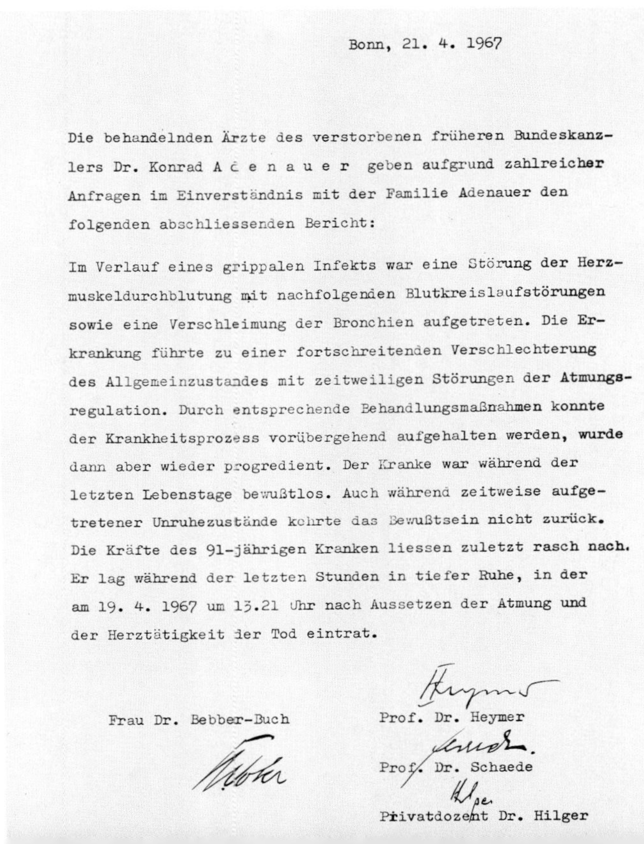

Bonn, 21. 4. 1967

Die behandelnden Ärzte des verstorbenen früheren Bundeskanzlers Dr. Konrad A d e n a u e r geben aufgrund zahlreicher Anfragen im Einverständnis mit der Familie Adenauer den folgenden abschliessenden Bericht:

Im Verlauf eines grippalen Infekts war eine Störung der Herzmuskeldurchblutung mit nachfolgenden Blutkreislaufstörungen sowie eine Verschleimung der Bronchien aufgetreten. Die Erkrankung führte zu einer fortschreitenden Verschlechterung des Allgemeinzustandes mit zeitweiligen Störungen der Atmungsregulation. Durch entsprechende Behandlungsmaßnahmen konnte der Krankheitsprozess vorübergehend aufgehalten werden, wurde dann aber wieder progredient. Der Kranke war während der letzten Lebenstage bewußtlos. Auch während zeitweise aufgetretener Unruhezustände kehrte das Bewußtsein nicht zurück. Die Kräfte des 91-jährigen Kranken liessen zuletzt rasch nach. Er lag während der letzten Stunden in tiefer Ruhe, in der am 19. 4. 1967 um 13.21 Uhr nach Aussetzen der Atmung und der Herztätigkeit der Tod eintrat.

Frau Dr. Bebber-Buch

Prof. Dr. Heymer

Prof. Dr. Schaede

Privatdozent Dr. Hilger

Adenauers Beisetzung. Am 22. April 1967 verließ Konrad Adenauer sein Rhöndorfer Heim für immer. Noch einmal nahm seine sterbliche Hülle den Weg, den er seit 1948 – als Präsident des Parlamentarischen Rates, als Bundeskanzler und schließlich als Abgeordneter – fast täglich gefahren war. In Niederdollendorf wurde die Lafette mit seinem Sarg auf der Fähre »Christopherus II« nach Bad Godesberg übergesetzt. Im Großen Kabinettssaal des Palais Schaumburg, genau auf dem Platz, von dem aus er vierzehn Jahre lang den Ministerrat geleitet hatte, wurde er aufgebahrt. Hier verabschiedeten sich das politische, das bürgerliche und das akademische Bonn von ihm. Am Abend des 23. April wurde der Sarg in den Hohen Dom seiner Heimatstadt übergeführt, wo Hunderttausende ihrem großen Kanzler die letzte Ehre erwiesen.

Die Überführung nach Bonn. Hinter dem Sarg Konrad Adenauer junior, gefolgt von Frau Ria Reiners, Paul Adenauer, Frau Lotte Multhaupt und Georg Adenauer

Am 25. April war Bonn für einen Tag Hauptstadt der westlichen Welt. Präsident Johnson, General de Gaulle, dreizehn andere Staatsoberhäupter und Regierungschefs, zwanzig Außenminister, mehr als hundert Botschafter und Sonderbotschafter, selbst Israels ehemaliger Ministerpräsident Ben Gurion nahmen an einem Staatsakt zu Ehren Adenauers teil. Zwei Stunden lang waren im Bundeshaus mehr ausländische Politiker und Diplomaten versammelt als auf dem Berliner Kongreß von 1878. Am Nachmittag desselben Tages zelebrierte Erzbischof Josef Kardinal Frings vor zweitausend Ehrengästen und dreitausend Kölnern im Dom ein Pontifikalrequiem. Dann wurde der Sarg auf dem Schnellboot »Condor« zur Insel Grafenwerth bei Bad Honnef übergeführt. Von dort gab ihm die Sankt-Hubertus-Schützenbruderschaft das letzte Geleit auf den Rhöndorfer Waldfriedhof, wo Konrad Adenauer am Abend im engsten Familienkreise neben Emma und Gussie Adenauer vor einem rechteckigen Sandstein beigesetzt wurde.
Vierhundert Millionen Fernsehzuschauer in aller Welt erlebten die Trauerfeierlichkeiten in Bonn und Köln mit. Hunderttausende standen an den Straßen Kölns und an beiden Ufern des Rheins, als Konrad Adenauer zum letzten Male nach Rhöndorf fuhr. Obwohl sich die Bundesregierung bei dem Staatsbegräbnis für den deutschen Friedenskanzler an der Beisetzung des britischen Kriegspremiers Churchill orientiert hatte, um vom ersten Regierungschef der Bundesrepublik würdig, aber nicht mit unangemessenem Pomp Abschied zu nehmen, wurde Konrad Adenauer dank der Anteilnahme des In- und Auslandes wie ein König zu Grabe getragen.

In der ersten Reihe von links nach rechts: Frau Pandit, Frau Lübke, Charles de Gaulle, Heinrich Lübke, Lyndon B. Johnson, Kurt-Georg Kiesinger, John McCloy, Joseph Bech, David Ben Gurion

Nationaldenkmal in Rhöndorf. Konrad Adenauer gab in seiner Abschiedsstunde den Deutschen eine »späte Nachricht vom Staat« (Rüdiger Altmann), in der nicht von Glanz und Gloria, aber auch nicht von Stahlgewittern und Feuernächten, sondern von Maß und Mitte die Rede war. Ludolf Herrmann fand diese Nachricht in Rhöndorf bestätigt, das er 1972 in der »Deutschen Zeitung« beschrieb: ». . . das war Adenauers Welt, ohne Ehrgeiz arrangiert, in Zufälligkeit belassen, nicht von Stilwillen, sondern von Lebenswillen beseelt. Wer hier wohnte, konnte sich ein bürgerliches Deutschland denken, eine Welt, die den Frieden in der guten Stube nicht stören durfte. Erstaunlich, wie man sich hier wiedererkennt; ein Land wurde nach diesem Bilde geformt, zumindest sein mittleres Ideal kulminierte in diesen vier Wänden.«
Seit dem Jahre 1970 ist Adenauers Wohnsitz eine Art Nationaldenkmal, nachdem ihn seine Erben der Stiftung Bundeskanzler-Adenauer-Haus zur Verfügung gestellt haben. Jährlich kommen über 100000 Besucher aus Deutschland und der Welt, um zu sehen, wo der erste Kanzler der Bundesrepublik gewohnt und wie er gelebt hat. An der unteren Begrenzung des steilen Grundstücks ist ein Ausstellungsgebäude entstanden; der kleine Bungalow, den früher Adenauers jüngster Sohn Georg mit seiner schwedischen Frau Ulla bewohnt hat, wurde in das Gebäude einbezogen. Hier werden Schriftstücke und Fotos gezeigt, die Leben und Werk des Bundeskanzlers und seine Zeit dokumentieren.
Hausherrin ist heute die Geschäftsführerin der Stiftung, Anneliese Poppinga. Sie hat nach dem Tode ihres Chefs studiert und 1974 über »Das Grundsätzliche in der Politik Konrad Adenauers in seinem Selbstverständnis« promoviert. Sie ist nicht der einzige alte Mitarbeiter Adenauers, der ihm über seinen Tod hinaus die Treue hält. In Rhöndorf besorgt Resi Schlief wie zu seinen Lebzeiten den Haushalt, und sein letzter Fahrer Peter Seibert führt Besucher durch Haus und Garten. Im Ort lebt auch noch Lucie Köster, die von 1946 bis zu seinem Tode Adenauers Privatsekretärin war.

Das Ausstellungsgebäude in Rhöndorf

Erzvater Adenauer. Rhöndorf ist zu einem politischen Wallfahrtsort geworden, was selbst jenen Einheimischen zugute kommt, deren Vorfahren – wie die des Cafébesitzers mit dem ungemein rheinischen Namen Profittlich – mit Konrad Adenauer wegen einer Seilbahn auf den Drachenfels jahrelang im Streite lagen. (Der Kanzler fürchtete um seine Ruhe.) Treibt die Deutschen Dankbarkeit hierher oder pure Neugier? Oder ist es eine sentimentale Reise in die jüngste Vergangenheit, die bereits als gute alte Zeit erscheint? Für viele Besucher sind solche Fragen ohne jede Bedeutung; sie haben die »Ära Adenauer« nicht mehr bewußt erlebt, mit ihr beginnt für sie die Geschichte.

Der Erzvater der Bundesrepublik hatte sich dank seines kämpferischen Elans und seiner rheinischen Schlagfertigkeit, aber auch dank des Fernsehens selbst im hohen Alter allen Versuchen entzogen, ihn zum Denkmal zu erheben. Jetzt aber blühen in seinem Garten nicht nur Rosen, sondern auch Legenden, und Konrad Adenauer ist längst zum Mythos geworden.

Schon am Tage der Überführung des Sargs widerfuhr ihm das Schicksal derjenigen, denen bereits die Zeitgenossen historische Größe zubilligen: Der Rat der Bundeshauptstadt beschloß einstimmig, die Koblenzer Straße, an der das Palais Schaumburg liegt, in Adenauer-Allee umzutaufen. Seitdem sind viele Straßen, Plätze und Brücken in aller Welt nach ihm benannt worden; auch in Paris gibt es seit 1973 eine »Place du Chancelier Adenauer«. Türme, wie sie Bismarcks Gedächtnis dienen, blieben ihm freilich erspart. Aber wie nach dem Tode des »eisernen Kanzlers« hieß es bald und heißt es mitunter noch jetzt: »Das wäre ihm nicht passiert . . .!« »Dahin hätte er es nicht kommen lassen . . .!« »So nachgiebig wäre er nicht gewesen . . .!«

Inzwischen hat der Mythos Adenauer mit Hannes Messemer als Titelheld auch die Welt des Fernsehens erobert und mit einem Antrag auf Seligsprechung selbst die Pforten des Vatikan erreicht. Wer hinter dem Mythos den Staatsmann sucht, entdeckt einen konservativen Revolutionär, der »der politischen Tradition, in der er groß geworden ist, mit seiner Politik den Abschied gegeben« hat (Eugen Gerstenmaier). Zwar blieb sein europäisches Werk unvollendet, aber der deutsch-französische Gegensatz wurde ausgeräumt. Zwar blieb die nationale Frage unbeantwortet, aber Westdeutschland wurde demokratisch stabilisiert. So ging sein Wunsch in Erfüllung, »daß später einmal, wenn die Menschen über den Nebel und Staub dieser Zeit hinwegsehen, von mir gesagt werden kann, daß ich meine Pflicht getan habe.«

rechte Seite:
Radierung (Aquatinta)
von
Salvador Dali
»Hommage à
Konrad Adenauer«,
1967

Epreuve d'Artiste

Bildquellenverzeichnis

Autor und Verlag danken vor allem auch den privaten Leihgebern, die für dieses Buch unveröffentlichte Aufnahmen zur Verfügung gestellt haben.

Dr. Konrad Adenauer jun. S. 111
Galerie Arntz, Haag S. 196
Archiv der Stadt Bad Sachsa S. 16
Benediktiner-Abtei, Maria Laach S. 87 (3)
Foto British Features, Bonn S. 90
Frau Ilse Bscher, Köln S. 84
Deutsche Verlags-Anstalt, aus »Konrad Adenauer, Erinnerungen 1959–1963« S. 22
Econ Verlag, Düsseldorf S. 134
Foto Engels – »stern« S. 83, 98 (2), 192
Foto-Fischer, Erftstadt-Niederberg S. 77, 107
Ulrich Frank-Planitz S. 52
Grünflächenamt der Stadt Köln, Dr. Klaus R. Uhlig S. 58/59
Landesbildstelle Berlin S. 84
Foto Lang, Köln-Sülz S. 81, 86, 99 (2)
Foto Gustav Lübbe Verlag (René Durand) S. 13, 14, 15, 29, 44, 71, 89, 90, 91, 93, 94 (2), 94/95 (3), 95, 96, 97, 103, 104, 204, 205
Gustav Lübbe Verlag, aus »Kortmann/Wolf, Die Lage war noch nie so ernst« S. 127, 134
Bundesminister a. D. Paul Lücke, Bensberg S. 160, 164, 182
Bundesminister a. D. Dr. Erich Mende, Bonn S. 178
Foto Munker, Bonn S. 7, 161, 165, 171, 174, 175, 192 (2), 193, 195, 199, 206
Galerie Orangerie, Köln S. 207
Marc Pont, Sierre S. 53
Presse- und Informationsamt der Bundesregierung – Bundesbildstelle, Bonn S. 57, 65, 67, 92, 93, 102, 113, 118, 120, 123, 134, 138, 142, 145, 147, 153, 159, 161, 162, 168 (2), 169, 171, 177, 183, 184, 185, 186 (2), 188, 189, 194 (2), 195, 197, 198, 199, 200, 201 (2)
Bildarchiv Preußischer Kulturbesitz S. 8/9 (2), 9 (2), 36, 36/37, 37 (2), 48, 76/77, 108, 109 (2), 146
Frau Annemarie Renger, Bonn S. 124
Rheinisches Bildarchiv, Kölnisches Stadtmuseum S. 30, 31, 56, 66, 72, 82, 85, 105
Foto Sven Simon, Bonn Schutzumschlag
Foto Dr. Walter Sölter, Köln S. 16
Foto Süddeutscher Verlag, München S. 21, 113, 115, 116, 117, 119, 121, 122, 124, 125 (2), 126 (2), 127, 128, 129 (2), 131, 132, 133 (3), 137 (2), 139, 140, 141, 142, 143, 144, 147, 149, 150 (2), 151, 155, 157 (2), 158, 159, 163 (2), 166 (2), 169, 172 (4), 173, 176, 179, 182, 187, 190, 191 (3), 202, 203, 204
Frau R. Schumann, Bonn S. 13 (3)
Staatsarchiv Hamburg S. 84
Stadtarchiv Köln S. 32, 40, 80, 91
Standesamt Köln-Altstadt S. 12
Stiftung Bundeskanzler-Adenauer-Haus, Bad Honnef-Rhöndorf S. 11, 12, 17 (3), 18, 19, 20 (2), 23, 24/25, 25, 26 (2), 28, 29 (2), 30, 32, 33, 34, 35, 40, 41, 43, 46, 50 (2), 51, 53, 54, 55, 60, 61, 62 (2), 63 (2), 64 (2), 68 (2), 69, 70, 71, 73 (2), 74, 75, 79, 88, 100 (3), 101 (3), 106, 112, 127, 136, 148, 170, 180/181 (4), 191, 200
Foto Ullstein Bilderdienst, Berlin S. 8 (2), 36, 36/37, 39, 42, 45, 47, 49, 50, 52, 76/77, 76 (2), 77 (2), 85, 102, 108/109 (2), 108, 109
Wallraff-Richartz Museum, Köln S. 27